体育礼仪教程

赵红红　丁云霞　胡桂英　编著

ZHEJIANG UNIVERSITY PRESS
浙江大学出版社
·杭州·

图书在版编目（CIP）数据

体育礼仪教程 / 赵红红，丁云霞，胡桂英编著. —
杭州：浙江大学出版社，2024.1(2025.1重印)
　　ISBN 978-7-308-23359-0

　　Ⅰ.①体… Ⅱ.①赵…②丁…③胡… Ⅲ.①体育—
礼仪—教材 Ⅳ.①G80-05

　　中国版本图书馆 CIP 数据核字(2022)第 235414 号

体育礼仪教程

赵红红　　丁云霞　　胡桂英　　编著

责任编辑	傅百荣
责任校对	徐素君
封面设计	周　灵
出版发行	浙江大学出版社
	（杭州市天目山路 148 号　邮政编码 310007）
	（网址：http://www.zjupress.com）
排　　版	浙江大千时代文化传媒有限公司
印　　刷	广东虎彩云印刷有限公司绍兴分公司
开　　本	710mm×1000mm　1/16
印　　张	18.75
字　　数	333 千
版 印 次	2024 年 1 月第 1 版　2025 年 1 月第 2 次印刷
书　　号	ISBN 978-7-308-23359-0
定　　价	59.00 元

序

习近平总书记指出:"体育是提高人民健康水平的重要途径,是满足人民群众对美好生活向往,促进人的全面发展的重要手段,是促进经济社会发展的重要动力,是展示国家文化软实力的重要平台。"[①]

体育发展的最终目的是促进体育文明并以这种文明来推动社会的发展。体育文明有着深厚的精神内涵和精美的外在表现。"相互了解、友谊、团结和公平竞争"是体育文明的精髓,和谐、秩序和尊重是体育文明的表象,而这些表象在赛场上的具体呈现就是一系列悦人耳目的体育礼仪。

从古希腊的奥林匹亚,到双奥之城北京,历史和现在,西方和东方,世界和中国,他们和我们,在各类体育活动中,作为文明的追求和体现,厚重而又充满创新活力的体育礼仪文明一直贯穿其中。体育礼仪,不仅使体育活动充满人文情怀,更像一面多棱镜,在赛场内外折射着一个国家、一个民族、一个团体和一个人的文明程度。

《体育礼仪教程》致力于把弘扬中华体育精神同坚定文化自信结合起来,以重大国际赛事为契机,加强奥林匹克精神与中华体育精神教育,传播中华文化,讲好中国故事;通过《乡射礼》《孟子出妻》等传统文化案例的引入、分析,致力于加强运动员和青少年体育道德教育,通过体育礼仪教育不断提升他们的思想道德水准,加强优秀传统文化与体育项目的传承。

《体育礼仪教程》运用国内外礼仪学研究的成果,结合体育发展特点,阐释了体育礼仪的功能内容、不同场景的表达方式以及多种运动项目的赛场礼仪。该书注重概念的明晰性和理论的系统性,对体育礼仪的形成与发展、体育活动人员一般礼仪(形象礼仪、社交礼仪)、运动员的特殊礼仪、教练员的特殊礼仪、体育工作人员的特殊礼仪、观众的特殊礼仪进行了清晰全面的分析梳理,并根

---

① 习近平:在教育文化卫生体育领域专家代表座谈会上的讲话[EB/OL]. (2020-09-22)[2023-12-12]. http://www. xinhuanet. com/politics/leaders/2020 — 09/22/c_1126527570. htm? from_source = fengjie. cbg. cn.

据时代的发展和要求,充实了体育项目礼仪的内容,规范了各类体育活动人员在体育活动中被推崇的言行举止,属于体育院校思政课范畴,是落实立德树人根本任务的关键课程,也是学习贯彻党的二十大精神与思政课教学紧密结合的具体体现,为全面建设社会主义现代化国家提供基础性、战略性的教育和人才支撑,立德树人、凝心铸魂,为培养担当民族复兴大任的时代新人作出我们应有的贡献。书中还介绍了体育运动仪式和体育运动会标识。该书可为竞技体育参与人员、全民健身指导人员以及体育产业从业人员提供礼仪方面的知识补充和实践参考。

目　录

第一章 导　论

理论目标

　　了解礼仪的基本涵义,掌握礼仪的原则,理解东西方由于地理环境、历史背景和文化传统的不同,在礼仪上存在的明显差异。

实务目标

　　了解礼仪的核心是尊重,礼是人和人之间的相待之道,是秩序,是内核,仪是外在,是形式,是待人之道的具体表现。掌握在体育活动中要正确运用的礼仪规范。

导入案例

　　礼仪属于道德范畴,是中国传统文化的核心,是建立和谐社会的重要基础。我国古代《礼记·曲礼》就有这样的论述:"道德仁义,非礼不成;教训正俗,非礼不备;分争辨讼,非礼不决;君臣,上下,父子,兄弟,非礼不定;宦学事师,非礼不亲;班朝治军,莅官行法,非礼威严不行;祷祠祭祀,供给鬼神,非礼不诚不庄。"道德为万事之本,仁义为群行之大,人要施行道德仁义四事,不用礼则无由得成。要通过教人师法、训说义理,来端正其乡风民俗,不得其礼就不能备具。争讼之事,不用礼则难以决断。君臣、上下、父子、兄弟等等的上下、先后之位,也必须根据礼才能确定。从师学习仕官与六艺之事,没有礼就不能亲近。班朝治军、莅官行法,只有用礼,才有威严可行。祷祠祭祀、供给鬼神,也只有依礼而行才能诚敬。所以,礼是决定人伦关系、明辨是非的标准,是定道德仁义的规范。礼不仅是一种思想,而且还是一系列行为的具体规则,它不仅制约着社会的伦理道德,而且还制约着人们的生活行为。有"礼",才使整个社会生活秩序化、和谐化。

第一节 礼仪的涵义

"礼仪"一词,由"礼"和"仪"组成。在古文献中,"礼"常常单独出现,尤其是在先秦的典籍中,"礼"几乎成为一种无所不包的社会生活的总规范。王国维先生认为,"礼"字的原型是甲骨文的"豐",描绘的是两块玉盛在器皿中的图形。夏商时,把玉放在器皿中以祭祀鬼神,以表达对神的尊敬。《说文解字》也认为礼是对神的尊敬,"礼,履也。所以事神致福也"。随着社会的发展,礼逐渐由"敬神"演变成"敬人",于是礼有了人际交往的涵义。

一、古人理解的"礼仪"

古人对"礼仪"的理解很多,归纳起来大致上包括这样一些内容。

1. 是人类自别于禽兽的标志

《礼记·冠义》:"凡人之所以为人者,礼仪也。"《礼记·曲礼》说:"鹦鹉能言,不离飞鸟,猩猩能言,不离兽,今人而无礼虽能言,不亦禽兽之心乎?夫唯禽兽无礼,故父子聚麀。是故圣人作,为礼以教人,使人以有礼,知自别于禽兽。"人与动物的根本区别不是语言的有无,而是在于礼的存在。唐代孔颖达说:"人能有礼,然后可异于禽兽也。"

2. 是治国的大纲和根本

礼,尤其指的是我国奴隶社会和封建社会的等级制度和与之相关的礼仪。《左传·隐公十五年》说:"礼,经国家、定社稷、序民人,利后嗣者也。"先秦时代的人们把礼看成是高于一切的,认为礼是天、地、人统一的规律和秩序。对于统治者来说,只要抓住了礼,也就等于抓住了治国的根本;对于老百姓来说,守礼合礼,就是最大的本分。礼是天经地义,谁也不敢违背。那时候,"礼"的范畴极其宽泛,包括了国家政治制度,诸如官制、法律等内容在内,和我们今天一般的理解有较大的区别。大概到了秦、汉以后,官制、法律才逐渐从"礼"的范畴里剥离出来,而"礼"则主要是指仪式和各种行为规范,开始与今天人们的理解接近起来。

3. 是人际交往的方式

礼仪的"仪"字顾名思义,仪者,仪式也,即尊重自己、尊重别人的表现形式。人与人交往,如何称呼对方,彼此如何站立,如何迎送,如何宴饮等等,都有礼的规定。行为合乎于礼,是有教养的表现,反之则不能登大雅之堂。进而言之,礼仪其实就是交往艺术,就是待人接物之道。礼仪是指人们在社会交往中由于受历史传统、风俗习惯、宗教信仰、时代潮流等因素而形成,既为人们所认同,又为人们所遵守,是人们在社会交往活动中应共同遵守的行为规范和准则。

4. 是为了表示敬意或表示隆重而举行的仪典、仪式

《史记》中说,汉高祖得了天下,看到他当年的部下在皇宫里"饮酒争功,醉或妄呼,拔剑击柱",有些不成体统,就让叔孙通为他制定朝廷上的礼仪规范。后来,叔孙通为汉高祖制定出一套礼仪,并让群臣演习,进退有序,颇有规矩。汉高祖非常高兴地说:"今天我才知道作为皇帝的尊贵。"古代有五礼:吉礼、凶礼、军礼、宾礼、嘉礼。民间家家户户都要举行的婚礼、葬礼、寿礼,以及为了招待客人而举行的宴饮等都属五礼范畴。

二、我们要讲的礼仪

主要是指人际交往中为了维护正常社会秩序而逐渐形成的一系列行为规范与准则。礼仪具体表现为礼貌、礼节、仪表、仪式等。礼貌是指人们在交往过程中表示敬重、友好的行为规范,如尊老爱幼、热情待客等。礼节是指人们在交际活动中待人接物的形式,如拜会、回访、挥手致意等。仪表是指人的外表,如容貌、服饰、表情、姿态等。仪式是指在一定场合举行的具有专门程序的活动,如开业典礼、迎送仪式等。

礼仪的根本内容是"约束自己,尊重他人";礼仪的目的是让人们轻松愉快地交往;基本原则是"为他人着想";"己欲立而立人,己欲达而达人""己所不欲,勿施于人"则是礼仪的精髓。

第二节 礼仪的原则

一、尊重平等的原则

古人云:"敬人者,人恒敬之。"只有相互尊重,人与人之间的关系才会融洽和谐。尊重他人,就是要求在运用礼仪时,务必将对交往对象的恭敬与重视放在首位,切勿伤害对方的自尊心。

上海有一家电影院曾发生过这样一件事:年末,电影院经理把员工包括离退休人员及其家属都请到电影院来一个茶话会。会前，专门制作了离退休人员和在职职工的生活录像片，会上放给大家看。每个人，尤其是离退休职工非常感动。原因很简单，这些人一辈子干的工作就是给别人放电影，从未感受过自己上银幕是什么滋味。今天他们有机会在给人们放了一辈子电影的电影院里，看自己走上银幕，感到电影院领导没有忘记自己一辈子的辛苦，感受到充分尊重，他们能不感动吗？因而很自然地加深了对自己单位的感情，同时也使在职职工感到振奋，团队的凝聚力大增。

要想在与人交往中通过礼仪的形式体现出对对方的尊重，就应从以下几个方面做起：

第一，与人交往，要热情而真诚。热情的态度，意味着对别人的隆重接纳，会给人留下受欢迎、受重视、受尊重的感觉，而这本来就是礼仪的初衷和要旨。当然，热情不能过火，过分的热情会使人感到虚伪和缺乏诚意。所以，待人热情一定要出自真诚，是尊重他人的真挚情感的自然流露。

第二，要给他人留有面子。所谓面子，即自尊心。即便一个缺少廉耻之心的人，也存在一定的自尊心。失去自尊，对一个人来说，是一件非常痛苦、难以容忍的事情。所以，伤害别人的自尊是严重失礼的行为。

第三，允许他人表达思想，表现自己。每个人都有表达自己思想、表现自身的愿望。现代礼仪中的互尊原则，要求人们必须学会彼此宽容，尊重他人的思想观点和个性。

现代礼仪中的平等原则，是指以礼待人，有来有往，既不能盛气凌人，也不能卑躬屈膝。平等原则是现代礼仪的基础，是有别于以往礼仪的最主要原则。

但礼仪中存在的"优先"又是怎么回事？这与各民族的风俗习惯、宗教信仰等有很大关系。以"女士优先"原则为例，在一些国家如巴基斯坦，男士非常尊重妇女，对待女士彬彬有礼，见了女性，一般不得主动握手，除非女士先伸手。尽管公共汽车非常拥挤，男士也会让女士们先上车，车上的座位分得很清楚，女性坐前面，男性坐后面。餐厅的情形也一样，男女桌位分开，陌生的男士们是绝不可以随意过界或上前搭讪的。在任何时候排长龙，女性都可直接走到队伍的前端去。

礼仪的"礼"字指的是尊重，即在人际交往中既要尊重自己，也要尊重别人。古人讲"礼仪者敬人也"，实际上是一种待人接物的基本要求。礼仪的"仪"字顾名思义，仪者仪式也，即尊重自己、尊重别人的表现形式。总之礼仪是尊重自己尊重别人的表现形式，进而言之，礼仪其实就是交往艺术，就是待人接物之道。礼仪是指人们在社会交往中由于受历史传统、风俗习惯、宗教信仰、时代潮流等因素而形成,既为人们所认同,又为人们所遵守,是以建立和谐关系为目的的各种符合交往要求的行为准则和规范总和。总而言之,礼仪就是人们在社会交往活动中应共同遵守的行为规范和准则。

从本质上说,礼仪是治人之道,属于道德范畴。它以文明为基础,以真诚为原则,以对他人的尊重为核心。

在具体运用礼仪时,允许因人而异,根据不同的交往对象,采取不同的具体方法。但是,与此同时必须强调指出:在礼仪的核心点,即尊重交往对象、以礼相待这一点,对任何交往对象都必须一视同仁,给予同等程度的礼遇。不允许因为交往对象彼此之间在年龄、性别、种族、文化、职业、身份、地位、财富以及与自己的关系亲疏远近等方面有所不同,就厚此薄彼,区别对待,给予不同待遇。这便是社交礼仪中平等原则的基本要求。

二、适度自律的原则

礼仪宛如一面镜子。对照着它,你可以发现自己的品质是真诚、高尚还是丑陋、粗俗。真正领悟礼仪、运用礼仪,关键还要看你的自律能力。

还是看看下面的例子:

2022 年北京冬奥会越野滑雪男子 15 公里比赛中,芬兰选手尼斯卡宁第一名冲线后,一直站在终点线旁,等到倒数第一的哥伦比亚的 36 岁老将卡洛斯-金塔纳完赛,给他送上掌声,表达鼓励和敬意。中美冰壶赛中,因美国选手的冰刷轻微碰到冰壶,有违规嫌疑时,他们主动向中国队员表示可以将冰壶放回到中心处,但中国选手最后却拒绝了。在这里,无论是芬兰选手留在终点线上鼓励最后一名的行为,还是美国队主动要求将冰壶放回中心处,抑或是中国选手的拒绝,都体现了高度自律的礼仪修养。

从总体来看,礼仪规范由对待个人的要求与对待他人的做法两大部分构成。对待个人的要求,是礼仪的基础和出发点。学习、应用礼仪,最重要的就是要自我要求、自我约束、自我控制、自我对照、自我反省、自我检点,这就是自律的原则。古语云:"己所不欲,勿施于人。"若是没有对自己的基本要求,人前人后不一样,只求律人,不求律己,不讲慎独与克己,遵守礼仪就无从谈起,就是一种蒙骗他人的大话、假话、空话。

适度的含义,是要求应用礼仪时,为了保证取得成效,必须注意技巧,合乎规范,特别要注意把握分寸,行为得体。这是因为凡事过犹不及,运用礼仪时,假如过了头,或者不到位,都不能正确地表达自己的自律、敬人之意,当然,运用礼仪要真正做到恰到好处,恰如其分,只有勤学多练,积极实践,除此别无他途。

三、诚实守信的原则

诚信原则是指准时守信,"言必信,行必果"。取信于人在人际交往中是非常重要的。《史记·季布栾布列传》中的季布一向说话算数,信誉很高,凡是他答应过的事,无论有多大困难,都能设法办到,有"得黄金百斤,不如得季布一诺"之美誉。后来季布得罪了汉高祖刘邦,被悬赏捉拿。但他的那些朋友,却能冒着危险保护他。在人际交往中,你诚实守信,自然得道多助,才能在关键时刻免遭祸殃。信任是靠慢慢积累的,与客户初次打交道,客户都会抱着怀疑的态度跟你沟通,一旦接触多了,你在工作上做到言而有信,一诺千金,客户也就慢慢开始信任你了,这样就更利于自己开展工作,以更好地为客户服务。

四、仁爱宽容的原则

宽容就是心胸宽广。"海纳百川,有容乃大。"能设身处地为他人着想,能原谅他人过失,也是一种美德,被作为现代人的一种礼仪素养。

那么,如何在礼仪中体现宽容原则呢?我们认为,应从以下几个方面做起:

第一,要做到"入乡随俗"。如去中东一些国家访问做客,要特别注意自己的一言一行,尤其要尊重当地的宗教、信仰、习俗与礼仪规范。严格要求自己按制度、规范办事。

第二,理解他人,体谅他人,对他人不求全责备。俗话说:"金无足赤,人无完人。"现实生活中,没有十全十美的人。表现在礼仪方面,有些人擅长于礼仪交际,说话办事滴水不漏;有些人则不熟悉礼仪知识,形似粗俗,这就要求我们能理解、体谅他人,不求全责备。

第三,虚心接受批评意见,即使批评错了,也要认真倾听。俗话说:"人非圣贤,孰能无过。"有了过错允许他人批评指正,才能得到大家的理解和尊重。有时,批评者的意见是错误的,但只要不是出于恶意,就应以宽容大度的姿态对待,有则改之,无则加勉。特别是在工作中,更应注意这个问题。

第三节　中西方礼仪的差异

导入案例

　　一位美国人见到一位中国人极其虔诚地在墓地摆上新鲜水果、糕点等食物,感到很困惑,不解地问他的中国朋友:"你认为你的祖先什么时候会起来吃这些水果?"他的这位中国朋友回答说:"就在你的祖先起来闻你献给他鲜花的时候。"这位中国朋友用幽默的方式道出了中西方礼仪的差异性。

　　由于东西方地理环境、历史背景和文化传统有所不同,所以,中西方礼仪在一些方面存在明显的差异。现择要略作介绍。

一、大相径庭的问候语

中西方问候语的差异主要表现在问候的称谓、问候的内容等方面。

1. 问候的称谓

　　我们常说的老赵、张老、老人家、老先生、老太太、李大妈等都是表示尊敬的称呼。在西方则相反,"老"是老朽、不中用的代名词,称别人"老"是一种轻视无礼的表现。而在西方文化中,除正式场合称先生、太太、小姐之外,认识的人之间无论年龄大小,都可以直呼其名,并认为是一种关系亲密的表现,即使年龄悬殊的人之间也这样称呼,并没有唐突或不礼貌的感觉,这与中国的礼节习惯完全相反。在中国,孩子不可以对长辈如父母、老师等直呼其名。

2. 问候的内容

　　中国问候的内容是"家长里短",西方问候的内容是"谈天说地"。在中国,对于不熟悉的朋友会来个"点头之交"。对于很熟悉的朋友,可说"吃了吗?""上哪呢?"等等,这体现着朋友间的亲切,这是问候,是打招呼,而不是真的想了解被问候人对于此类问题的回答。而西方人却非常看重隐私,会觉得中国式问候太具体,有干涉隐私之嫌,会反感。西方人见面习惯于谈论天气和近况。比如,"It is cooler today, isn't it?"或者问"How are you?",相当于中国的"吃了吗?"。

　　中西方问候的差异原因归结在地理差异、人文差异和观念差异等。

二、截然不同的宴请语

中餐的宴请以劝菜、劝酒为礼貌,劝客人多吃些、多喝些,这样可以显示出主人的热情好客,而西方人决不会勉强别人。主人一般询问客人是否想喝点什么,客人应如实回答,客人如果谢绝,主人也不再勉强。中国人的习惯是不能让杯子空着,客人的杯子空着说明主人没有招呼好客人。食物也一样,如果被客人一扫而光,主人会觉得饭菜准备得不够丰盛而面子上过不去。而西方主人则会感到开心。相反,如果还有不少剩菜,西方的主人会失望,说明烹饪水平有待提高。

三、泾渭分明的送礼礼仪

礼尚往来是国际上通行的社交活动形式之一,是向对方表达心意的物质表现。但由于文化的差异,中西方的送礼礼仪泾渭分明。

首先是礼品观念上的差异。中国人往往注重礼品的实质意义,即它的实用价值,而不喜欢中看不中用的东西。即使是送内含文化品位的礼品,中国人也十分注意其实用价值。比如送字画、邮品,往往不在乎对方是否欣赏,而在于字画、邮品的收藏价值。而西方人注重的不是礼品价格的高低,而是蕴含的纪念意义。应邀去西方人家做客,可以给女主人送一束鲜花,给男主人送一瓶葡萄酒。还可以带上具有本国特点的小工艺品,一本自己或对方喜欢的书,或一盘 CD,或一本自己写的书。

其次,在送礼时中外态度也是泾渭分明的。中国人很谦卑,常常会以否定的形式来肯定自己所送礼品的价值,会说:“区区薄礼,请笑纳。”西方人很难理解中方这种绕圈子的说法,也无法悟出否定中隐藏的肯定意义。他们总是对自己准备的礼品采取赞赏的态度。会告诉你这是从哪儿买的,经过了多少周折,或者制作工艺多么复杂,多么不容易,总之是希望你能喜欢。

此外,在接受礼物时,中国人和西方人的反应截然不同。在中国,人们接受礼物时往往并不喜形于色,且不当面打开礼品,认为这样做非常不礼貌。而在西方,人们在接受礼物时,为了表示谢意,往往会当面小心地打开礼物,称赞一番,激动时还拥抱你一下,与你分享快乐。

四、禁忌习俗的差异

在西方,询问别人的年龄、收入、婚姻等都是大忌,往往被认为是个人的隐私,其神圣不可侵犯,而在中国,这些都是经常交谈的话题,人们通常不会感到不快或反感。在西方,登门拜访一般应先预约,突然造访是社交禁忌,而在中国,虽然也有预约,但没那么严格,甚至还有人用突然造访给人惊喜。到访时间上,中国人习惯提前几分钟到达以示尊敬,而西方人则认为离约定的时间适当推迟几分钟,可以给主人更充分的准备。另外,在公共场所交谈时,西方绝对禁止大声喧哗,人们安静交谈,避免影响他人。中国的很多公共场所则相对比较热闹。西方人特别忌讳"13"这个数字,门牌、房间号、楼房都避免 13。中国人忌讳的数字是"4",比较喜欢的数字是"8",前者与"死"谐音,后者与"发"谐音。

第四节　本章知识点小结及项目综合实训

知识点小结

1.礼仪是人际交往中为了维护正常社会秩序而逐渐形成的一系列行为规范与准则。根本内容是"约束自己,尊重他人";目的是让人们能轻松愉快地交往;基本原则是"为他人着想";"己欲立而立人,己欲达而达人""己所不欲,勿施于人"则是礼仪的精髓。

2.礼仪的原则包括:尊重平等、适度自律、诚实守信和仁爱宽容。

3.东西方由于地理环境、历史背景和文化传统的不同,在礼仪上存在明显差异。

项目综合实训

礼仪的认知

(一)实训目的

通过故事《孟子出妻》情景演示分析,让学生初步了解古人站、行、坐都很讲究礼仪规范,判断是否失礼,还需要联系具体时空而定,不能一概而论。

(二)实训内容

事先安排四个人(孟子、孟母、孟子的妻子及旁白)进行《孟子出妻》(故事见下文案例)情景演示,演示后分析。

（三）实训要求

1.诵读《孟子出妻》并解释其大致意思。孟子的母亲早年为了教育孟子,有孟母三迁的故事。其实,在孟子成年娶妻后,孟母仍不断利用处理家庭生活的琐事等去启发、教育孟子,帮他真正懂得什么是礼仪。

有一次,孟子的妻子独自在房间休息,便无所顾忌地将两腿叉开坐着。这时,孟子推门进来,一看见妻子这样坐着,非常生气。(古人称这种双腿向前叉开坐为箕踞,箕踞向人是非常不礼貌的。)孟子一声不吭就走出去,对孟母说:"我要把妻子休回娘家去。"孟母问:"这是为什么?"孟子说:"她不懂礼貌,没有仪态。"孟母又问:"因为什么而认为她没礼貌呢?""她双腿叉开坐着,箕踞向人。"孟子回答。

"所以要休她? 你又是如何知道的呢?"孟母再问。孟子便把刚才一幕说给孟母听,孟母听完后说:"那么没礼貌的人应该是你,而不是你妻子。难道你忘了《礼记》上是怎么教人的? 进屋前,要先问一下里面是谁;上厅堂时要高声说话;为避免看见别人的隐私,进房后,眼睛应向下看。你想想,卧室是休息的地方,你不出声、不低头就闯了进去,已经先失了礼,怎么能责备妻子没礼貌呢? 没礼貌的人是你自己呀!"一席话说得孟子心服口服。从此,他不仅不提休妻子的事,反而勤奋学习礼仪,最终成为继孔子之后的又一个圣人。

2.通过教学,学生了解我国素称礼仪之邦,礼仪文化起源甚古。(在殷墟甲骨文中,"礼"字被用于表达敬神祝福,与祭祀礼有关。进入春秋时期,礼的意义逐渐演化为规定社会行为的制度和道德规范,其核心意义得到了扩大。)讨论"礼"的内涵,确实需要先搞清楚"礼"所处的历史时空。

（四）实训步骤

1.对班级学生进行分组,老师布置实训任务。

2.安排四个学生情景展示《孟子出妻》(事先排练)。

3.讨论分析:

(1)孟子为何要休妻?

(2)举例说明古时有哪些坐姿? 分别用在什么场合?

(3)孟母为何说是孟子无礼?

(4)孟子为何不敢休妻?

4.教师总结归纳:孟子休妻的故事表明,踞坐是否被视为失礼,需要联系具体时空而定,不能一概而论。

(五)组织形式

以小组为单位进行分析、讨论,结果以小组为单位在课堂上进行交流。

✎ **本章案例**

孟子出妻

　　孟子妻独居,踞(此当释为蹲,蹲不雅,故称无礼)。孟子入户视之,谓其母曰:"妇无礼,请去之。"母曰:"何也?"曰:"踞。"其母曰:"何知之?"孟子曰:"我亲见之。"母曰:"乃汝无礼也,非妇无礼。《礼》不云乎:将入门,问孰存;将上堂,声必扬;将入户,视必下。不掩人不备也。今汝往燕私之处,入户不有声,令人踞而视之,是汝之无礼也,非妇无礼也。"于是孟子自责,不敢去妇。(本文摘编自《韩诗外传》卷九,《列女传》卷一)

(六)考核要点

	考核点	考核要求	分值	备注
1	情景展示	情景展示生动、自然,箕踞的姿势正确	30分	小组评议、教师评分
2	团队合作能力	分析、讨论、分工协作能力	30分	小组自评
3	知识点的把握	对课堂知识的理解程度,语音表达能力,表达仪态优美度	40分	小组互评、教师评分

第二章　体育礼仪的形成与发展

理论目标

　　了解体育礼仪的概念,了解体育礼仪的形成及发展历程,掌握体育礼仪的内容和功能,提升学生的体育文明素养。

实务目标

　　了解东西方体育礼仪的不同历程,掌握体育礼仪的内容,明晰体育礼仪具有促进和谐、塑造形象、感召教化和文明沟通等功能。

导入案例

　　奥运会开幕式上的火炬点燃仪式,开始于1936年柏林奥运会。纵观历届奥运会的开幕式,点睛处在于一个"火"字,点火是开幕式的压轴大戏。在古希腊的神话传说中,主神宙斯藏起了天地间所有的火,没有了火的人类也就难以发展文明。同情人类的普罗米修斯决定帮助人类,从天庭里偷火种。他注意到宙斯没有藏起太阳中的火,于是在太阳经过的时候,把一支茴香杆伸到太阳里点燃,取得火种回到人间,人类才有了光明,才能使用火。盗火的普罗米修斯却因此被宙斯锁到了高加索山上,经受烈日暴雨的折磨。后人就在祭祀时点燃圣火以纪念这位英雄。

　　在人类发展的历史上,火起到了至关重要的作用,是它让人类告别了茹毛饮血的时代,并让人类有了抵抗黑暗的最有力工具,火使人类活动的时间和空间都大大地扩展了,人类文明的进程也因有了火而进入了一个全新的阶段。

　　正因为人类对火的尊重,自古代奥林匹克运动诞生的那天起,圣火就在人类的手手传递中变得永恒而神圣。在公元前778年,在第一个被人所知的古代奥运会上,就有了点燃圣火的仪式。到现代奥运会,点火仪式更是被赋予了更深刻的内涵。

总之,与别的文化现象一样,体育礼仪也会随着社会文明的进程而逐渐形成与发展,现代奥运会的火炬点燃仪式,开始于1936年的柏林奥运会。

体育运动会可以看作由运动员、教练员、裁判员、各类工作人员以及观众组成的临时社会,其中蕴含着群体与个体、交往与沟通、竞争与协作、应变与创新等诸多社会文化因素。体育礼仪在这个社会中起着重要的教育、维系、协调、沟通和审美等作用。

第一节 体育礼仪的形成与发展

一、体育礼仪的概念

体育礼仪是指人们在体育活动中,以道德为核心,按一定的程序和规则来表现公平竞争、律己敬人的行为准则和规范,它是体育文明的重要标志。其根本意义是尊重他人,规范自己。体育礼仪的内涵是以文明和道德风尚来捍卫和弘扬"相互了解、友谊、团结和公平竞争"的体育精神。在体育活动中,体育礼仪主要通过体育仪式、体育标识、

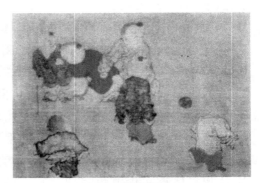

中国古代蹴鞠图

赛场规范和与体育活动人员相关的各种礼貌礼节等形式来体现。

二、体育礼仪的形成与发展

礼仪是一种世界性的文化现象,体育作为人类社会文化最重要的组成部分之一,从一开始便接受礼仪的影响。东西方体育发展史表明,文明孕育了体育,体育又推动着文明,而体育文明最重要的表现形式就是体育礼仪。

在东方的中国,由于军事、祭

中国古代捶丸图

祀、朝会大典及礼治的需要，早在夏商周时期，就形成了以体育为主的崇武教育。礼是古老中国最基本的社会现象，是中国传统文化的核心。中国古代把体育纳入教育的时间相对较早，所以在整个中国古代体育文化的发展中，体育一直受着礼的影响。中国古代伟大的教育家、思想家、儒家学派创始人孔子主张："志于道、据于德、依

奥林比亚遗址

于仁、游于艺。"(《论语·述而》)意思是要立志于道，笃守于德，归依于仁，活动于礼、乐、射、御、书、数六艺。强调做人要重视全面修习，达成"道""德""仁""艺"。这种思想含有注重德育、智育、体育的因素。孔子教导学生比射时，既要力争胜利，又要讲究礼让——"君子无所争，必也射乎？揖让而升，下而饮，其争也君子。"(《论语·八佾》)意思是说：君子没有什么东西可争抢，如果一定说有的话，那就是比赛射箭的时候吧。但也会相互作揖礼让后登台，下场后还要互相敬酒。这种"争"也显示出君子的风度。这似乎全面解释了现代奥林匹克名言——"重要的是参加，而不是取胜"的体育精神。在古老中国教育体系的影响下，中国古代体育(包括"宫廷体育"和"民间娱乐")都有一个程式或规则，去保护体育文化中的"礼"。如，流传后世的"礼射"(公元前11世纪—前771年在各种礼仪场合举行的射箭活动)严格按照礼仪规范进行，并在音乐的伴奏下完成动作，是体育与礼仪文化、教育和艺术相结合的典范；体现蹴鞠比赛规则的《鞠城铭》中的"其例有常"是说比赛始终有一个稳定的竞赛规则，比赛双方都必须按照规则来进行，必须合乎竞赛的"礼"，而其中有关对裁判员和运动员道德作风要求的记载，也说明了我国古代对体育活动人员行为规范的重视；还有记载捶丸竞赛的《丸经》以及形成于魏晋时期的围徽"段位制"等都将道德品质摆在非常重要的位置，要求在游戏或比赛时对人友善，不可因技术高超就孤傲逞能，举止浅薄；比赛中要按尊卑长幼的秩序，做到胜不傲，败不怒，心要静定，气要温和，体要安舒，容止端庄等等，这些都对后世体育礼仪的发展产生了深远的影响。

西方体育是在公元前8世纪至前5世纪的古希腊开始形成的。古希腊由

城邦组成,战乱频仍,各城邦为了战争都积极训练士兵,体育是培养能征善战士兵的有力手段。后来斯巴达王和伊利斯王签订了"神圣休战月"条约,为准备兵源的军事训练和体育竞技逐渐变为和平与友谊的运动会。古希腊是泛神论的民族,他们崇拜诸神,在祭神活动中,人们多以表现健康的裸体竞技和表现美的健身舞蹈与神同欢,这种宗教活动后来也形成了地方性竞技赛会。

从世界体育运动的发展可以看出,体育活动一开始是带有政治和宗教色彩的,在表现形式上遵从某种程式或神圣的礼节。随着社会的发展和文明的进步,体育在为政治和宗教服务的同时逐渐走向了自我发展的道路,竞技体育开始规范化和专业化,并纳入一系列规则和包括观众在内的各种不同形式的礼仪程式规范,最终形成了独具特色的现代体育文化和礼仪。

体育礼仪促进了体育文明,能对体育礼仪作充分诠释的当属现代奥林匹克运动会。经过几百年发展的奥运会已经成为展示一个国家精神文明和礼仪文化的舞台,无论是隆重的开闭幕式、火炬传递仪式、优胜者游行、欢宴、接受桂冠等仪式,还是各个比赛项目独特的赛场文化,礼仪无处不在并已经成为体育运动不可分割的一部分。

1936 年柏林奥运会火炬传递

现代社会经济、科技和教育的进步使体育规模和范围不断扩大,内容和形式愈加丰富多彩。交织在体育仪式、竞技、规则和观赏各方面的体育礼仪也在不断发展并极大地促进了体育在力、美与激情上的和谐统一。

三、体育礼仪的内容

体育运动涉及各种体育仪式、各项体育比赛及各类体育活动参加人员(运动员、裁判员、教练员、观众和其他工作人员等)之间的相互关系。体育运动的特殊性决定体育礼仪与其他活动礼仪的不同。总的来说,体育礼仪包含三方面的内容:一是在一定场合举行的体育仪式,如火炬接力仪式、开幕仪式、颁奖仪式、闭幕仪式等;二是体育活动人员在体育活动中应该具有的仪容仪表、行为举止、服饰、语言及礼貌礼节上的礼仪规范；三是能够形象地体现体育活动的价值取向和文化内涵的各类体育标识。

第二节 体育礼仪的功能

一、促进和谐功能

体育礼仪作为一种体育文化，其根本意义是尊重体育运动中的每一个人。体育运动是群众性活动，所以参加的人不可避免地存在着各种差异，特别是大型国际赛事，来自各国的运动员、教练员、裁判员以及观众的肤色、衣着、语言、生活习惯以及行为表达方式等都不尽相同。如果大家都懂礼仪、知礼仪、行礼仪，就能很好地协调和维系体育赛事的方方面面，从而为体育运动创造出一种和谐与友谊的氛围，使体育工作者能以比较客观和公正的态度来看待别人和自己，虚心地吸取别人精湛的技艺，不断丰富自己。

体育礼仪是一种道德上的规范，它告诉人们在体育活动中应该有什么样的言行举止，如果你的行为有违道德上的规范，你就显得鲁莽和缺乏教养，严重的还会影响赛场秩序。体育比赛激烈紧张，偶然性强，个性也比较张扬。运动员懂礼仪、自觉地践行礼仪，才能尊重裁判，遵守规程，尊重观众，从而尽最大努力展示自我风采；观众懂礼仪才能按体育项目的要求做到文明观赛；赛场上的工作人员，包括裁判员、记者、志愿者等懂礼仪才能做到训练有素、行为得体。所以，倡导体育礼仪是创建赛场文明与和谐不可缺少的因素。

二、塑造形象功能

体育礼仪的精神内涵是道德修养，外在表现是一系列的规范举止，塑造内外兼修的良好形象是体育礼仪的最终目的。体育运动的各种仪式都是某种形象的展示，如奥运会的开幕式，它的礼仪状况反映了东道国的精神面貌和文化底蕴的程度。在大型国际赛事上，运动员、教练员和观众的礼仪修养反映出的是他们的素质高低，也间接反映了他们所在国家的文明程度。所以我们说，当运动员代表国家出现在国际体坛上时，他已不仅仅是一名运动员，而是一名传播民族精神文明的使者，他的一举一动都在影响着国家的形象和声誉，知礼、懂礼、行礼才能塑造良好形象。

三、感召教化功能

体育是现代社会人们最热衷的文化活动之一，体育礼仪作为体育活动的重要组成部分，对社会具有强大的感召和教育功效。事实证明，一次大型的国际体育盛会特别是奥运会的举办对一个国家来说是一次精神上的洗礼。如为了成功举办 2008 年北京奥运会，早在 2001 年 7 月 13 日北京申奥成功的那刻起，中国就进入了一个奥运周期年。在这个周期年里，中国政府围绕"如何成功举办第 29 届北京奥运会"这一主题有计划地采取了一系列的措施：包括对"绿色奥运、科技奥运、人文奥运"举办理念的宣传，对"奥林匹克"知识的教育，对奥运会会徽、会标、吉祥物等的征集与宣传以及大规模的市民礼仪探讨和教育，等等。的确，在大型赛事的举行过程中蕴含着丰富的体育礼仪。为了确保比赛成功，举办国会在赛事前期向社会推行和普及体育礼仪知识，而体育礼仪蕴含着的是对人的发展具有启迪和影响作用的有价值的思想、作风和意识，如个人行为的规范化、责任感，又如运动员与同伴的合作精神以及怎样公正地看待问题，遵守规则，等等。体育礼仪正是通过赛场这一特定环境对整个社会进行了文明教化。同时，体育工作者们在赛场上表现出来的礼仪修养对社会也具有较大的影响力，特别是作为公众人物的体坛明星，他们的言行举止对社会公众的示范效应和导向作用是不可小视的。

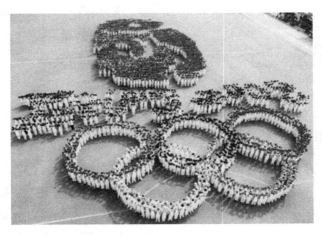

"笑脸——2008"大型组字活动标志着 2006 年"北京市学校奥林匹克教育知识竞赛"的开始

四、有效沟通功能

在人际交往中，自觉地执行礼仪规范，可以使交际双方的感情得到沟通，在向对方表示尊重、敬意的过程中,获得对方的理解和尊重。"爱人者,人恒爱之;敬人者,人恒敬之。"人们在交往时以礼相待,有助于加强人们之间互相尊重,建立友好的合作关系,缓和或者避免不必要的矛盾和冲突,取得良好的沟通效果。

第三节　本章知识点小结及项目综合实训

知识点小结

1.体育礼仪是现代体育文明的重要标志。所谓体育礼仪,是指以道德为核心的对参加体育活动人员行为上的一种合理规范,其根本意义是尊重他人、规范自己。体育礼仪的内涵是以文明和道德风尚来捍卫和弘扬"相互了解、友谊、团结和公平竞争"的体育精神。

2.体育礼仪包含三方面的内容:一是在一定场合举行的体育仪式;二是体育活动人员在体育活动中应该具有的仪容仪表、行为举止、服饰、语言及礼貌礼节上的礼仪规范;三是能够形象地体现体育活动的价值取向和文化内涵的各类体育标识。

3.体育礼仪主要有促进和谐、塑造形象、感召教化及有效沟通等功能。

项目综合实训

中国古代乡射礼(节选)演示

(一)实训目的

通过中国古代乡射礼演示,了解乡射礼的基本程序,明白射礼讲究立德正己、礼乐相和。倡导人格塑造和人的精神文明,射礼讲究谦和、礼让、庄重,提倡"发而不中、反求诸己",重视人的道德自省。乡射礼在本质上是一种健康道德的巧妙导引方式,是华夏先民寓德于射、寓礼于射、寓教于射的珍贵的人文实践成果。

(二)实训内容

1.事先安排学生学习乡射礼的基本程序,在此基础上,把班级人员进行分配(参礼、观礼人员若干,司射、有司、射者 6 名,主人、宾客各 1 名)。

2.进行乡射礼(节选)迎宾、开礼、诱射、三番射演示。

(三)实训要求

1.了解乡射的基本程序(可以事先观摩有关视频、诵读《仪礼正义》之《乡射礼》)。

2.要求学生通过实训,探寻其蕴含的华夏特有的体育礼仪文化。

(四)实训步骤

1.对班级学生分组,老师布置实训任务。

2.安排学生情景展示乡射礼(事先分组、排练)。

3.讨论分组:(1)"孔子曰,君子无所争,必也射乎。揖让而升,下而饮,其争也君子。"你是怎么理解的?(2)三番射的相同点和不同点分别在哪里?(3)从射礼的演示中,你可以看出蕴含着哪些礼仪文化?

(五)组织形式

以小组为单位进行分析、讨论,讨论结果以小组为单位在课堂上交流。

(六)考核要点

	考核点	考核要求	分值	备注
1	情景展示	情景展示生动、自然,三番射程序正确	40 分	小组评议、教师评分
2	团队合作能力	分析、讨论、分工协作能力	30 分	小组自评
3	知识点的把握	对课堂知识的理解程度,语言表达能力,表达仪态优美度	30 分	小组互评、教师评分

第三章　体育活动人员一般礼仪之一:形象礼仪

理论目标

　　掌握体育活动人员必须具备的仪容礼仪,掌握服饰礼仪的基本原则和在运动场上应具有的服饰礼仪,掌握体育活动人员应具有的仪态礼仪和基本的语言礼仪。

实务目标

　　掌握体育活动人员在体育活动中应有的仪容、仪态和语言礼仪,难点是体育活动时对类语言的理解与应用。

导入案例

2022年冬奥会开幕式中国体育代表团礼仪服饰发布

　　2022年2月4日,举世瞩目的第24届冬季奥林匹克运动会在中国北京国家体育场"鸟巢"隆重开幕,中国体育代表团387人身着主题为"中

国风采"的礼仪服饰参加开幕式入场仪式，展现了中国风采。

"中国风采"主题服装设计，以红色为色彩基调。红色是中国传统礼仪中最高等级的色彩之一，是历届奥运会中国运动员出场服装的首选色彩，具有一定的代表性，突出了热烈喜庆的氛围，彰显了中国人民的热情和友好，也体现了中国奥运健儿积极向上、勇于拼搏的精神。

"中国风采"服装形制以简约为主，中式服装元素结合西式服装剪裁方法，整体兼具东方文化韵味与结构科学美感，展现运动员的健康体态。在整体搭配中，女运动员服装采用红色大衣搭配白色高筒靴，突出柔美婉约、优雅知性的形象；男运动员服装采用时尚米白色大衣配白色西裤、短靴，表现时尚儒雅、青春勃发的气质。男女运动员均搭配时尚保暖的围巾、帽子和手套，其中围巾以自由佩戴方式设计，达到同一条围巾的不同时尚风格。围巾以国旗红和国旗黄为主色，以隶书、楷书、行书三种书法字体织出"中国"二字，隶书的古朴庄重、楷书的方正不拘、行书的生动婉转，一点一画、一撇一捺之中，书写出和谐平衡的韵律之美，传递了中国文化，展示了东方文明的美好。

（http://news.sohu.com/a/520617444_121118947）

体育运动不同于其他社会活动，不但涉及的人比较多，人员的构成也比较复杂。特别是在大型国际运动会中，那些来自不同国家和地区的运动员、教练员、裁判员和观众等聚在一起，形成了一个临时大家庭。在一段时间内，他们会共同生活在一起，一起工作、比赛和参加各种社会活动。这时候，人们只有把握体育运动礼仪的基本要求，遵循相应的基本原则，才能更好地加强相互间的交往和增进彼此间的友谊，进而成功地开展体育竞赛。从体育运动本身来看，体育礼仪反映的是参加体育活动人员的行为规范和道德标准，而就一个国家而言，礼仪反映的是一个民族的文明程度，所以，遵守体育礼仪，具有极为重要的现实意义。体育活动人员的形象礼仪包括体育活动人员的仪容、服饰、姿态、语言等诸多方面。

第一节　仪容礼仪

仪容是指人的容貌和外表，是一个人精神面貌的外观体现。具体来说是人的头发、面部、手等方面的外在表现。在社会活动中，人的仪容是首先被他人所关注的，并能影响到个人的整体形象。美观大方的仪容不但能体现出个人的自尊自爱，也能表达出对他人的尊重和礼貌。因此，每个人都要注重仪容之美。对参加体育活动人员仪容美的总体要求是干净整洁、适度修饰、生动自然，能体现出体育运动的生命活力。

一、干净整洁

仪容的干净整洁是仪容美的最基本条件。在清洁仪容时，应注意"面面俱到"，切勿一带而过，敷衍了事。具体地说，仪容的干净整洁主要包括：头发清洁健康，无头皮屑，无异味。面部要时刻保持干净清爽，无汗渍和油污等不洁之物；时刻注意自己面容的健康状况，防止由于个人不讲究卫生而使面部经常疙疙瘩瘩；眼部无眼屎；耳部无耳垢；鼻内无鼻涕，鼻毛无外露，鼻外无黑头；牙齿洁白，口腔无食物残渣、无异味；男性若无特殊的宗教信仰或民族习惯需每日剃须。手和手指甲应随时保持清洁，养成经常剪指甲的好习惯，不留长指甲。

二、适度修饰

仪容的适度修饰是指依照社会规范与个人条件，对仪容进行必要的修饰，扬其长，避其短，以设计、塑造出美好的个人形象。

1. 发型

发型是构成仪容美的重要内容。发型要与个人的职业、身高、脸型和性格等相适宜。一般来说，男士头发不应盖过耳部，不触及后衣领，也不要烫发。女士可选择齐耳式的直发、稍长或微曲的长发。头发不应遮住脸部，前面刘海不要过低。不论男女都要经常对头发做洗、剪、吹等护理，保持发型美观。在正式社交场合，男女都不可以将头发染成黑色以外的颜色。

从体育运动的特点来看，运动员的发型以短发最为适宜（体操、艺术体操、花样游泳等少数项目除外）。短发也有很多类型，运动员可根据自身条件进行合理的设计，以体现个人发型的美感和体育运动的节奏感。近几年来，一些国际体育明星在赛场上的发型被人们广泛议论，有的甚至被传为佳话。全球著名美发专家路易斯·里卡里就曾表示过："运动员不得不服从于比赛规定，所以他们在服装上下功夫的机会远没有在发型上多。在他们看来，独特的发型可以带来更多的好处。"独特的发型确实能带来个人心情的改变，但运动员们最好不要使发型太怪异。

2. 修面

如果没有特殊的宗教信仰和民族习惯，男士不要留胡须，而且还要养成每日剃须的习惯，以保持面部整洁。无论男女，都要经常留意及修剪鼻毛及耳毛，使其不外露。

3. 化妆

化妆是用化妆品对个人修饰和打扮，以更好地展现个人风采。化妆应遵循自然协调、美观大方的基本原则。自然协调是指化妆看上去是自然的，没有人工美化的痕迹，而且与个人的自身状况、所在的场合以及在场合中的身份相协调。美观大方是指化妆后的仪容应该是清新雅致、端庄大方的。

在社交场合，体育活动人员应以淡妆为主，自然清新是最高境界，忌浓妆艳抹。在赛场上，运动员也可适当化妆修饰，特别像体操、艺术体操、花样游泳等运动员，适当的化妆可以向观众展示人体全面的美。但对一些运动量比较大的运动项目，由于汗水比较多，就不适宜做过多的面部化妆。

三、生动自然

体育运动是充满活力的。所以，无论在什么场合，体育活动人员展现给人们的应该是生动自然、散发着运动气息和生命活力的面容，而不应该是一张茫然、呆板甚至冰冷的面孔。要做到这些，体育活动人员就要努力培养对生活乐观、豁达和对自己充满自信的心理品质，无论面对成功还是暂时的失败，都要以积极的心态应对。另外，体育活动人员还应努力学习，不断提高个人的文化素养和思想道德水准，培养高雅的气质与美好的心灵，使自己秀外慧中，表里如一。

■ 相关链接

孔子十分看重仪容，在不同的礼仪场合，或愉悦，或敬谨，或勃如，或变色，都随仪节、场景的变化而转换。无不严格遵守相关礼制，严肃认真，一丝不苟。《论语·乡党》章节可见一斑：

"入公门,鞠躬如也,如不容。立不中门,行不履阈。过位,色勃如也,足躩如也,其言似不足者。摄齐升堂,鞠躬如也,屏气似不息者。出,降一等,逞颜色,怡怡如也;没阶,趋进,翼如也;复其位,踧踖如也。"

翻译:孔子走进朝堂的大门,显出小心谨慎的样子,好像没有容身之地。他不站在门的中间,进门时不踩门槛。经过国君的座位时,脸色变得庄重起来,脚步也快起来,说话的声音低微得像气力不足似的。他提起衣服的下摆走上堂去,显得小心谨慎,憋住气,好像不呼吸一样。走出来,下了一级台阶,面色舒展,怡然和乐。走完了台阶,快步向前,姿态好像鸟儿展翅一样。回到自己的位置,又是恭敬而谨慎的样子。

解读:《乡党》这一篇主要记载了孔子的日常行为举止,从"立不中门,行不履阈"或"屏气似不息"等细节可以看出孔子上朝时的恭敬、守礼。行动胜于言语,我们在日常生活中的言行举止要符合规范、守礼。

第二节　服饰礼仪

服饰是人体形的外延,包括衣、裤、裙、帽、袜、鞋、手套及各类饰物。它们一同起着遮体御寒、美化的作用。服饰又是一种无声的语言,通过它可以显示出一个人的个性、身份、文化修养、审美情趣和个人归属等多种信息。正如莎士比亚所说的:"服饰往往可以表现人格。"在社会交往中,人们不仅通过服饰来判别对方的身份,并进一步来判别对方是否属于自己可以交往的对象,而且还经常通过服饰来判断对方的态度以及修养。人们相互交往中,一身赏心悦目的服饰传递的是对他人尊重的信息;反之,一个人的服饰让人看了觉得别扭、不舒服则传递出的信息是对他人的不尊重。因此,人们习惯把"穿着挺括的人"称为彬彬有礼者。鉴于服饰的重要性,无论在运动场上还是在社交场合,每一个参加体育活动的人员都要懂得服饰礼仪。

一、服饰礼仪的基本原则

1. 整洁

整洁是服饰礼仪对穿着的最基本要求。无论在何种场合,着装都要力求清洁、整齐、挺直，避免肮脏或邋遢。整洁主要体现在三个方面：一是着装要干净。对于各类服装，都要勤于换洗，服装上不应存在明显的汗渍、污渍、油迹。衣领、袖口要时刻保持干净，皮鞋应光亮无尘。二是着装要平整。任何服装在穿着前都应该熨烫平整，避免褶皱。三是着装要规范。对于任何一款服装，都应按服装本身规范来穿着。如男士穿西服在正式场合必须打领带，双排扣西服应把扣子都扣好；女士穿西服套裤（裙）或旗袍时，不准光腿或穿彩色丝袜、短袜。男士穿长袖衬衣时，要将前后摆塞进裤腰，袖口不要卷起等。

2. 合适

合适是指服饰的选择应与穿戴者的肤色、形体、年龄等自身条件相适应。只要不是规定着装，服饰的选择就要因人而异，通过服饰来显示着装者所长，遮掩所短，以呈现个人最佳风貌。如肤色较黑的人，就不宜着颜色过深或过浅的服装，而应选用与肤色对比不明显的粉红色、蓝绿色服装；皮肤发黄的人，不宜选用半黄色、土黄色、灰色的服装，否则会显得精神不振和无精打采；脸色苍白不宜着绿色服装，否则会使脸色更显病态；体形瘦小的人适合穿色彩明亮度高的浅色服装，这样显得丰满；形体较胖的人不宜穿明亮的或带有横格子的衣服；中年女性不能像少女一样穿超短裙等。饰物的使用也要合适，不宜过多过杂，要与衣服相匹配，也要符合个人身份。值得注意的是，饰物不是炫耀，饰物的作用在于能起到画龙点睛和协调整体的效果。

3. 合时

合时主要是指服饰的选择要与穿戴者所处的环境、场合和季节相协调。人在社会中的角色是多层次的，因此要根据不同场合选择不同的着装，以满足担当不同社会角色的需要。比如，运动员在赛场上必须穿比赛项目所规定的服装；在重大的宴会、庆典和会见场合，应该穿礼服；在一般的社交场合或日常交往时，可以穿西装或便服；在参加各种联谊活动时，可以穿较时尚的便服等。

在出国比赛时，运动员和教练员会经常参加一些涉外活动，如果活动组织者所发请柬上注有着装要求，参加者就应按规定着装。即使组织者没有提出具体的着装要求，参加者也应穿着较正式的服装。在我国，男士较正式的服装为上下同色同质的毛料西装或民族服装等；女士可穿各式套装、民族服装、旗袍或连衣裙等。

4. 文明

着装是人类进入文明时代的重要标志。除了在竞技场上有特殊的着装要求外，在公共场所和社交场合，运动员和体育工作者都要努力做到文明着装。

文明着装是指着装要符合社会道德规范,主要体现在以下几个方面:一是不要穿过于暴露的服装。在正式场合,不要穿袒胸露背的服装。在大庭广众之前打赤膊,则更在禁止之列。二是不要穿过于透明的服装。三是不要穿过短的服装。不要为了标新立异,而穿着小一号的服装。更不要在正式场合穿短裤、小背心、超短裙这类过短的服装。四是不要穿过紧的服装。不要为了展示自己的身体线条而有意选择过于紧身的服装。

二、运动场上的服饰礼仪

服饰是运动场上多姿多彩的一道风景,无论是开幕式的集体服饰、运动员的比赛服、裁判员的工作服,还是看台上观众的服饰,都会被人们所瞩目。体育服饰是体育精神与文化元素相结合的产物,它所彰显的是人类的文明与进步。

1. 体育服饰的时尚性

体育服饰是随着时代的发展而变化的,体育服饰的艺术创意应紧随时代的脉搏,以时尚和美观来展示体育运动的生命力。

在古希腊"力的时代",运动员都是男性,他们是赤裸着身体参加竞技的。那时候,他们健美的肌肉就是他们最好的服饰。1900年第二届巴黎奥运会首次出现了女运动员的身影,奥运服装开始多样化。从1964年东京奥运会开始,运动服装便以时尚的姿态走进了人们的日常生活。在百年轮回的雅典奥运会上,服装时尚已经成了一大看点:很多参赛国甚至准备了5套不同的统一服装,分别作为开幕式、闭幕式、比赛、领奖和休闲时穿着。在女子垒球等项目的赛场,意大利等队开始对传统的"棒球服"做了无袖改良。跳水比赛各国泳装更是争奇斗艳:东道主希腊用国旗上经典的蓝白两色设计的泳装获得好评,中国女跳水运动员身穿宝石蓝色泳装,领口配有一圈朦朦胧胧、宽窄不一的云纹图案,使运动员形象更加典雅大方;更有个别国家在双人跳水项目上选择了两名选手泳装不完全相同,但图案相互呼应的设计手法,显得非常新颖。2022年北京冬奥会开幕式各国代表团的运动服饰更是充分彰显时尚特色:从意大利代表团的三色披风到中国代表团精心定制的喜气大衣,这些代表团的制服都是多种时尚元素的结合。在当今的体育赛事上,参赛运动员的服饰文化早已成为一道亮丽的风景线。

2. 体育服饰的民族性

大型国际体育赛事的开幕式、闭幕式、颁奖仪式等都是万众瞩目的中心,也是参赛国彰显本国服饰礼仪文化的舞台。服饰，作为一个民族或国家的一种文化承载，应该以独一无二的深厚、经典和高雅出现在这些场合中。

在第 28 届雅典奥运会的开幕式上，希腊人把希腊传统服饰文化演绎到了极致：设计者巧妙地将真人装饰成大理石雕像，又采取在导引人员的衣裙上绘上"狄奥索斯渡海""燕子喻春""特洛伊之战"等图纹的手法真实地再现了公元前那些优秀作品的惊人风貌，使 21 世纪的我们能有幸通过这些服饰重温古希腊独有的艺术魅力。

头戴桂冠的 2004 年雅典奥运冠军
张怡宁（徐家君　摄）

当然，第 28 届奥运会中最有创意的服饰是给每位获得奖牌的运动员戴上一顶植物枝叶编织的花冠。这源于一段美丽的希腊神话：达佛涅女神是河神珀纽斯的女儿。有一天，太阳神阿波罗追求她，而她想摆脱阿波罗，因此求助于父亲。河神把她变成了月桂树。阿波罗无奈，只好取

2022 年北京冬奥会中国运动员入场

其枝叶做成花冠戴在头上。在真实的古希腊,只有战争中的英雄、竞赛的胜利者和卓越的诗人,才能戴上月桂树枝叶编成的花冠,因为它象征着智慧、勇敢及荣誉。"桂冠"今日戴在得胜者头上,不但名副其实,而且也增添了几分文化艺术的韵味。

2022年北京冬奥会,中国运动员在开幕式上的出场服饰主题为"中国风采",设计团队介绍,"中国风采"设计方案,以传达中国人民的精神面貌为目标,结合开幕式的时间、空间、气候等因素,自然地与中国春节吉祥喜庆的气氛相结合,与更快、更高、更强、更团结的奥运精神相呼应,融实用、美观于一体,传统文化与奥运精神相辉映,传递中国特色、中国气派。

3. 体育服饰的项目特色

在体育运动发展过程中,出于体育项目本身以及文明参赛和观赛的需要,不同的体育项目形成了对运动员和观众服饰穿着的特殊要求。例如,体操运动员的服饰是随着器械的不同而变化的。对于所有的男子项目,运动员都要穿背心;对于高器械的项目(鞍马、吊环、单杠和双杠),男运动员要穿长裤;对于低器械的项目(自由操和跳马),运动员要穿短裤。女子体操服要求合身,服装不能过大或过小,不能暴露臀部和胸部。观众在观看网球、高尔夫球、台球、花样滑冰、击剑、壁球以及棋类等目前人们所公认的"绅士"运动时,要注意衣着整洁等。

4. 服饰礼仪对东道主的要求

像奥运会这样的国际体育大赛,东道主要向运动会组委会工作人员、技术官员(裁判员)和志愿者提供服装。服装在设计上要突出以下几点:一是要体现蓬勃向上的体育精神,使着装者富有使命感;二是能表现举办城市的特点、历史与愿望;三是符合着装人员不同工作岗位的功能要求,便于管理;四是具有良好的可识别性,可满足运动会活动和赛事服务的需求。

第三节　仪态礼仪

优美的姿态是体现个人风度的重要方面。有些人长得一般,却因为有着优美的姿态而给人一种风度翩翩的动态美;相反,有些人面容亮丽,身材出众,但因姿态不好,而使其外在美受到破坏。在社会交往中,每个人都以一定姿态出现在他人面前。良好的姿态不仅给人以美感,同时还散发着个人的稳重、自信、向上、坦诚、尊重等内在的精神素养；而不良的姿态传递的则是轻浮、旁观、散漫、防备、傲慢等消极的内在信息。因此，体育活动人员在公众场合，应尽量避免不良的姿态。

我国古人用"站如松、坐如钟、行如风"来规定"站、坐、行"的正确姿态。那么，如松的站姿、如钟的坐姿、如风的走姿具体是怎样的呢？

一、站姿

站姿是人们在交际场所最基本的姿态，是其他活动姿态的基础和起点。站姿应该体现出人体静态的美感，女士站姿应有亭亭玉立之美，男士的站姿应有挺拔阳刚之美。

站立的一般要求是：头正，颈挺直，双肩展开放松，人体有向上的感觉；收腹，立腰，提臀；两腿并拢，膝盖挺直，小腿向后发力，人体的重心在前脚掌。女子站立比较优美的姿态为身体微侧45度，脚呈丁字步，手自然下垂。如果有提包，只有一个时可提在右手，两个时要么提在一个手里，要么左挎右提。男子要抬头挺胸，目光略为垂视，双脚可叉开，与肩同宽。

交际场所要避免以下不良站立姿势：靠墙或靠桌站；双手叉腰或抱在胸前；驼背弓腰；身体抖动或晃动；手插入衣袋里；双脚交叉或两腿分得过开站立。在站立时也不要下意识地出现搓、剐动作，不要随意摆动打火机、香烟盒，玩弄皮带、发辫等。

二、坐姿

坐姿包括从其他姿态转到入座的动态过程及保持在座的姿态。良好的坐姿应该给人以端正、舒适、高雅之感。

正确坐姿的基本要领为：入座时动作要轻、稳，走到座位前，转身后，右腿后撤半步，轻稳地坐下。女子就座时，应用手将裙摆稍稍拢一下，男子则应将西服扣打开。坐在椅子上时，上体保持站姿的基本姿势，头正目平，双膝并拢，两脚平行，鞋尖方向一致，两腿自然弯曲，小腿与地面基本垂直。双脚可正放或侧放，并拢或交叠。女子的双膝必须并拢，双手自然弯曲放在膝盖或大腿上。如坐在有扶手的沙发时，男士可将双手分别搭在扶手上，而女士最好只搭一边，倚在扶手上，以显示高雅；坐在椅子上时，一般只坐满椅子的2/3，不要靠背，仅在休息时才可轻轻靠背；起立时，右腿向内回收半步，用小腿的力量将身体支起，并保持上身的直立状态。当然，坐姿还可以上体与腿同时转向一侧，面向对方，形成优美的"S"形坐姿，还可两腿膝部交叉，脚内收与前腿膝下交叉，两脚一前一后着地，双手稍微交叉于腿上。无论采取哪种坐的姿势，关键要做到自然、美观、大方，切不可僵死、生硬。

在社交场合应尽量避免以下一些不良坐姿：双腿不停地抖动，甚至脚跟离开鞋跟晃动；入座后二郎腿跷起，或前俯后仰；双腿搭在椅子、沙发和桌子上；两腿分得很开等。

三、走姿

走姿是人们在行走过程中所表现出来的姿态。正确的走姿应该是从容、轻盈、稳重。行走是一种动态美，凡是协调稳健、轻松敏捷的走姿都会给人以美感。

走姿的一般要求是：眼睛平视，双肩平稳，双臂前后摆动自然且有节奏，摆幅以30～50度为宜；双肩、双臂都不应过于僵硬；重心稍前倾；行走时左右脚重心反复地向前后交替，使身体向前移动；行走时，两只脚的内侧行走的线迹为一条直线，脚印应是正对前方；步幅要适当，一般男士步幅为70厘米左右，女士略小些，但也因身高等因素而有一定的差异。着装不同，步幅也不同，如女士穿裙装（特别是旗袍、西服裙或礼服）和穿高跟鞋时，步幅应小些；跨出的步子应是脚跟先着地，膝盖不能弯曲，脚腕和膝盖要灵活，富于弹性；走路时应有一定的节奏感。

不良的走姿有：走路时低着头或扬着头；腿呈内八字或外八字；弯腰驼背、摇头晃肩、扭腰摆臀；双手插在裤兜或反背于身后；跨步太大或太小；落脚太重，发出咚咚响声；两人走路勾肩搭背，多人横作一排一起走；在较窄的过道抢道先行；边走边吃或喝；与他人相距过近或尾随他人等。

相关链接

东施效颦

越国苎罗（今浙江诸暨南）有位姓施的美女，因为家住若耶溪西岸，所以村里人叫她西施。

若耶溪东岸也有位姓施的姑娘。她长得很丑，村里人管她叫东施。东施因为自己长得很丑，所以经常仿效漂亮姑娘的服饰、姿态和动作，西施自然更是她仿效的对象。西施穿什么款式的衣服，梳什么式样的发型，走起路来又有什么习惯动作，她都要加以仿效。

有一天，西施因为心口疼，走路的时候双手捂住胸口，并且皱着眉头。但是由于西施艳丽无双，无论什么姿态都无法遮挡她的美丽，这种捧心皱眉的姿态，反而让人觉得更加楚楚动人。村人都说"西施姑娘真是太漂亮了！"西施的姿态正好被东施瞧见了。她一边观看，一边默默记住西施的姿态和动作。回到溪东之后，东施马上仿效西施的模样，双手捂住胸口，同时皱着眉头。

东施的这副模样，使村里人大吃一惊，以为来了什么妖怪。有钱人家紧闭大门，不想看见她，贫寒人家则带着妻子儿女远远躲开。

东施只知道西施皱眉的样子很美，却不知道她为什么很美，而去简单模仿她的样子，结果反被人讥笑。

从形象礼仪的角度来说说东施效颦说明了什么。这说明每个人都要根据自己的特点，扬长避短，寻找适合自己的形象，盲目模仿别人的做法是愚蠢的。

第四节　语言礼仪

语言是人类最重要的交流工具，人们通过语言来表达思想、交流情感、传递信息。语言有雅俗之分，文明的语言可以使人获得愉快的感受。在体育活动中，语言美主要体现在尊敬、友善、激励、适宜、相容等方面，在表达上主要有有声语言、无声语言、书面语言和类语言等几种类型。

一、有声语言

有声语言即通常的口头语言。口头语言具有随意性的特点，因而最能反映一个人的总体文明状况。在一般的社会交往中，口头语言涉及的礼仪很多，如讲话要看对象、话题要因人而异、讲话要适合当时的具体场景、讲话要诚实、内容要健康等等。在体育活动，特别是大型国际体育聚会中，体育礼仪除了对语言有以上的一般要求外，更强调的是讲话人在讲话时要更多地使用礼貌语和鼓励性语言，借以协调气氛或激励他人。礼貌语和鼓励性语言有以下几种形式：

1. 问候语

问候语主要用于人们见面时的彼此问好，以表达对对方的敬意或关心之情，如大家见面时的"你好！""大家好！""上午好！"等。问候语是体育活动人员特别是运动员面对观众和新闻媒体时的一种最基本的语言礼仪。需要注意的是,一些非正式问候语如"你们吃饭了吗?""大家在忙什么呢?"等建议不要使用。

2. 赞赏语

赞赏语主要用于对他人行为的肯定和赞许,赞赏是最美好的语言。在体育赛场上,观众不要吝惜赞赏语,当运动员有出色的表现时,观众要给出恰当的赞赏,而且这种赞赏应该是没有国界之分的。比较常见的赞赏语有"好球!""漂亮!""真棒!"等。

3. 激励语

激励语是对他人释放潜在能力的一种情感上的呼唤。体育运动对抗性强,竞争激烈,运动员往往要承受来自各方面的压力。如果教练员、同伴或者观众能给予适时的激励,运动员的体能就可能得到超常的发挥,从而取得好成绩。所以激励是人超越自我的一种动力,激励语是赛场上的催化剂。你在赛场上使用如"加油,加油!""中国队,必胜!""你一定能赢!"等激励语在激励运动员的同时,你自己本身也得到了激励。

4. 道歉语

道歉语是指由于某种原因给他人带来不便,或没能满足他人要求,或妨碍打扰他人时,向对方所表达的歉意。道歉在某种程度上是对自己的一种否定和反省。对于一般人来说,道歉往往比赞美更难于出口。真诚的道歉反映了一个人更深层次的道德修养。道歉语是体育语言礼仪最重要的内容,因为体育运动的激烈和激情,观众与观众之间、观众与运动员之间、观众与裁判之间和运动员与运动员之间、运动员与裁判之间以及教练员与教练员之间、教练员与裁判员之间都难免会产生一些摩擦甚至过激行为,这时一声真诚的道歉往往可以化解矛盾、减少冲突。常见的道歉语有"请原谅""对不起""抱歉""失礼了"等。

5. 征询语

征询语用在征求别人的意见或看法,以便提供建议或帮助,是一种积极主动的语言行为。征询语是体育志愿者最常用的语言礼仪。在体育活动中,面对有疑惑或感觉不适的人特别是外宾,能够及时地提出征询和给予一定的帮助是一个人应有的文明素质。征询语在使用时要求真诚、委婉、有礼貌,不可唐突、生硬。比较常见的征询语有"我能为你做点什么吗?""你需要帮助吗?"等等。

6.请托语

请托语是用在请求他人帮助或委托他人代劳时的礼貌用语。人作为社会的一分子不可避免地要有求于他人，无论是寻求理解还是寻找帮助，如果能诚恳地使用请托用语，往往会收到良好的反馈效果。体育场馆经常是人的海洋，面对精彩的比赛，观众台上的人们会以各种方式抒发自己的情感，其中有些做法难免会影响他人，这时受影响的人可以使用请托语来平抑一些人的兴奋，如"请安静一点，好吗！""请不要使用闪光灯""请坐在自己的座位上""拜托"等等，一个诚恳的"请"字往往会比一堆命令更能让人从心理上接受。

二、无声语言

无声语言是借助身体姿态、动作和表情等的变化来传递信息、表达情感的一种不出声的伴随语言。心理学家研究发现，人们在面对面的沟通过程中，有55％以上的信息是由无声语言传递的，可见无声语言在人际交往中的重要性。在社会活动中，人们要善于运用文明的、健康的无声语言，避免无声语言的低俗、猥琐甚至下流，同时也要善于解读别人的无声语言，以达到无声胜有声的境界。值得注意的是，每一个国家和民族都有自己的语言文化习俗。无声语言也因民族而异，在某一国家或地区内一种无声语言可能十分普遍，而在另一个国家或地区内，这种语言可能毫无意义，甚至意思完全相反。所以对于经常出国参加比赛或技术交流的体育人员来说，应该了解一些国家无声语言的特点，做到入乡随俗。

由于无声语言具有瞬间表达复杂而深刻涵义的功能，因而它在体育活动中的作用是显而易见的，在赛场上无声语言也就成了另一道亮丽的风景。在体育活动中，经常用到的无声语言有表情语和手势语两种类型。

1.表情语

表情语是人内心的思想感情在脸部的表达。人的表情语有喜、怒、哀、乐等多种形式，在人际交往中，表情语应以喜和乐为主调。在体育活动中，表情语的使用也要以积极向上为主。如无论实力如何，竞争对手之间都不能有傲慢、鄙视或嘲笑对方的表情；面对赛场上奋力拼搏的运动员，场外人士应给予支持和赞许的表情。另外，运动员和观众要懂得体育运动的真谛，要始终以微笑的表情来面对成败等等。

2.手势语

手势语是通过手的活动来传递的信息，具有极强和极广泛的表达力。在日常人际交往中，手势语使用的基本原则是简练鲜明、自然适度、和谐协调。

手势语使用有一个禁忌,就是不能用手指点他人。手势语在体育活动中扮演着重要角色,裁判员的手势无疑是赛场上最生动、最富有意义的语言,干净、利落、规范的裁判手势语总是给人以美感;运动员之间也经常用击掌这一手势语来庆祝胜利或鼓励同伴;以食指和中指竖起分开形成"V"字,也是观众用来鼓励运动员常用的手势语。

三、书面语言

书面语言是指通过文字和图形来传递的信息。书面语言是由文字和图形组成的,由于文字和图形在形状、大小和色彩上都具有无穷的变幻形式,因而精心制作的书面语言往往会对人们的视觉造成强烈的冲击,起到很好的现场宣扬效果。在体育赛事上,书面语言得到了广泛的运用,人们以它神奇的魔力制造出了很多精彩纷呈的场景。如看台上啦啦队排着的整齐方阵或排成的某种图案和文字;观众拉起的横幅、照片以及标语牌;观众穿着的体育文化衫,脸上贴着的国旗等。赛场上的书面语言要以激励和适宜为出发点,图文内容要健康、简练、易懂,在表现上要活泼、醒目、有感召力,不可暴力化、幼稚化和粗俗化。

1. 横幅标语

在体育赛场上,最醒目而又能鼓舞士气的,当属随处可见的横幅标语。横幅标语已经成为赛场上的一道风景,它们不但张扬着观众的热情与活力,也展示着制作者的文采。赛场上标语的底色应以红或黄等暖色为主,文字要清晰简练,内容上要带有明确的说服和感召目的。横幅标语要避免低俗和下流。温馨、催人振奋的标语能使运动员信心倍增,也反映了制作者的文明素养,如

在 2005 中日室内田径对抗赛上观众打出的横幅(许阳 摄)

"×××，我们永远支持你！""胜也爱×××，败也爱×××"等标语。但像诸如"×××，下课""×××，××足球的罪人"等标语只能让人感到厌恶，这种标语从根本上背离了体育运动的精神，是要坚决禁止的。另外，观众还应该遵守赛场上有关横幅标语大小和尺寸等的规定。

2. 观赛造型

观赛造型是观众以人体和各种道具所组成的赛场景观。大型赛场内的观赛造型可以分为观众集体造型和观众个人造型两种。

观众集体造型有人浪、集体传递和组字等。人浪是一种常见于体育活动尤其是球类运动中现场观众自发在观众席上进行的游戏，观众席上的观众依照顺序起立再坐下，呈现类似波浪的效果。集体传递是观众在看台上传递一件大型物品，有时传递的是巨型的旗帜，有时传递的是硕大的球衣。组字就是观众利用不同的服装颜色，组成一定的表情达意的字样。

2002 年世界杯上的韩国红魔啦啦队

观众集体造型在比赛场中是最富感染力的，如在 1978 年世界杯足球决赛上，看台上的球迷抛下的如雪花般的纸片；在 1986 年墨西哥世界杯上，墨西哥球迷制造的激动人心的人浪造型；在 2002 年韩日世界杯上，韩国红魔啦啦队响起的整齐口号和有节奏地击掌等等，这些场面到现在还让人们记忆犹新。观众集体造型体现了同心协力的团队精神，是值得提倡的一种加油助威形式。但观众集体造型的内容要健康，要弘扬一种积极向上、文明进步的精神，在表现上要和谐有序，而且由于在球场有限的空间里，完成这样庞大的集体表演，安全一定要给予足够的重视。有些看台集体表演项目需要在统一的组织下进行，这样会更有秩序，质量更高，取得的效果也会更好。

个人造型是指个体标志性的装扮造型和看台表演。个人造型也是赛场中一道不可或缺的景观。相对而言，个人造型有着较大的自我表现空间，媒体和舆论也对其有着较大的包容度。但是，个人造型要符合现代社会的审美观和道德伦理观，不要袒胸露背或装束怪诞离奇甚至不伦不类，也不要标新立异，与众不同。

南斯拉夫球迷

四、类语言

类语言是一种有声音但没有语义的语言，包括声音要素和功能性发声。如赛场上的欢呼声、吹嘘声、叹息声等，另外，掌声、器乐（如锣鼓）声等也算是类语言。

在赛场上，无论是运动员还是观众都要尽量使用积极的、鼓舞士气的类语言，用欢呼声和掌声为运动员加油，避免使用带有嘲笑和埋怨用意的类语言。如果观众要使用乐器为运动员助威，则应得到许可再把乐器带到场内。在使用时，乐器的打击节奏要配合运动项目的特点，不要一味喧闹，影响赛场秩序。

第五节　本章知识点小结及项目综合实训

知识点小结

1.体育活动人员的形象礼仪包括体育活动人员的仪容、服饰、姿态、语言等诸多方面。

2.体育活动人员仪容美的总体要求是干净整洁、适度修饰、生动自然，能体现出体育运动的生命活力。

3.体育活动人员仪态美总体概括为："站如松，坐如钟，行如风。"

4.在体育活动中，语言美主要体现在尊敬、友善、激励、适宜、相容等方面。

项目综合实训一

第一印象 PK

(一)实训目的

1. 了解自己的形象特点；

2. 能根据不同场景塑造个人形象,呈现最美的第一印象；

3. 共同学习分享彼此心得。

(二)实训内容

1. 展示江苏卫视《非诚勿扰》改版前男嘉宾出场的视频,思考:男嘉宾的出场时间、场景相同,为何受到女嘉宾的欢迎度不相同？(给人的第一印象很重要)

2. 分组展示在特定场景的出场环节。

3. 了解怎样才能让自己的第一印象加分。

(三)实训要求

1. 了解第一印象加分的基本要素；

2. 优化个人的第一印象。

(四)实训步骤

1. 对班级学生进行分组,教师布置实训任务；

2. 播放视频,思考:男嘉宾的出场时间、场景相同,为何受到女嘉宾的欢迎度却不相同？

3. 各小组选择场景,演示讨论,推选展示人选；

4. 各小组的代表展示,进行第一印象 PK；

5. 课堂交流点评；

6. 教师总结归纳。

(五)组织形式

以小组为单位进行演示、推选、展示,各小组 PK。

项目综合实训二

《弟子规》部分章节读训

长者立　幼勿坐　长者坐　命乃坐
尊长前　声要低　低不闻　却非宜
进必趋　退必迟　问起对　视勿移
……
冠必正　纽必结　袜与履　俱紧切
置冠服　有定位　勿乱顿　致污秽
衣贵洁　不贵华　上循分　下称家

译文：

如果长辈站着，晚辈就不可以坐下，长辈坐下以后，命令你坐，这时你才可以坐。

在长辈面前说话，声音要低些，但是也不能太低，如果低到听不太清楚，那也是不适宜的。

在见尊长的时候，走路要快些，见过尊长告退的时候，动作一定要缓慢。长辈问话时要站起来回答，双目望着长辈，不能左顾右盼。

……

帽子一定要戴端正，穿衣服时要把纽扣扣好。袜子和鞋子要穿整齐，鞋带要系紧。

脱下来的帽子和衣服，应当放置在一个固定的地方，不能随便乱扔，以免把衣帽弄脏。

衣服的穿着贵在整洁干净，而不在于华贵漂亮。见长辈时穿的衣服要符合自己的身份，平时在家时穿的衣服要和自己的家境状况相称。

(一)实训目的

通过诵读、情景展示，让学生树立正确的仪容仪表审美观，同时培养如何在长辈面前有礼有节的言行举止。

(二)实训内容

诵读《弟子规》有关章节，情景展示"出门前仪表整理""在长辈面前站、对话、告退"的环节，同时对相关行为进行人体雕塑展示。

（三）实训要求

1.熟读《弟子规》的相关章节，了解其意思；

2.正确演练在长辈前的仪容仪态、对答、言行举止；

3.通过讨论、小结，让学生养成正确的礼仪素养。

（四）实训步骤

1.对班级学生分组，老师布置实训任务；

2.各小组按照分配的角色进行练习、讨论，教师随机指导；

3.选择小组分情景演示，其他小组观摩，准备点评；

4.课堂分析、交流点评；

5.教师总结归纳。

（五）组织形式

以小组为单位进行诵读、讨论、情景展示，以小组为单位在课堂展示、人体雕塑、讨论交流。

（六）考核要点

	考核点	考核要求	分值	备注
1	诵读、情景展示、人体雕塑	诵读流畅，情景展示生动、自然，人体雕塑到位。	30分	小组评议、教师评分
2	团队合作能力	演练、分析与讨论、分工协作能力。	30分	小组自评
3	知识点的把握	对课堂知识的理解程度，语音表达能力，表达仪态优美度。	40分	小组互评、教师评分

第四章　体育活动人员的一般礼仪之二：社交礼仪

理论目标

　　了解和把握当今世界社交礼仪的基本特点，熟悉社交中有关称谓、介绍、交谈、馈赠、宴请和旅行等的礼仪要求，提升体育活动人员的礼仪素养。

实务目标

　　了解体育活动人员在基本的人际交往中、在聚会、旅行时必须具有的礼仪规范，了解部分国际惯例，掌握部分国家礼俗，更好地尊重有关国家的文化礼俗，做到因人、因国、因事施礼。

导入案例

温莎公爵：喝洗手水的赢家

　　英国王室在伦敦为印度当地的领袖举办一场宴会，宴会进行很顺利，当最后一道餐点结束时，侍者为每人端来一盘洗手水，精巧的银盘装着清澈的凉水，印度客人不由分说，端起盘子，咕噜咕噜全喝光。

　　一旁作陪的贵族们，个个目瞪口呆，宴会主人是当时还是英皇太子的温莎公爵，只见他依旧谈笑风生，徐徐地将面前的"洗手水"一饮而尽，这时就像紧绷的心弦获得了解放一般，大家纷纷把面前的水喝光，一场即将引发的难堪与尴尬，就这样化解于无形。

　　社交礼仪是人们在社会交往中所使用的表示相互问候、致意、祝愿、友好等的行为规范和习惯形式。在体育运动蓬勃发展的今天，体育活动人员要经常出国进行各种技术交流或参加国际大赛活动，了解和把握当今世界社交礼仪的基本特点，熟悉社交中有关称谓、介绍、交谈、馈赠、宴请和旅行等礼仪的要求，对于树立个人乃至国家形象、增进人与人之间的相互了解与友谊具有重要作用。

第一节　交往礼仪

一个人在社会想要生存、发展，不管他愿意与否，都必须以各种形式与其他人进行交往。因为没有交往，就难以合作；没有合作，就难以生存、发展。人际交往，是有着一定之规可循的，这种一定之规，指的就是交往礼仪。学习基本的交往礼仪，并且在实践中正确地加以运用，不但可以使我们在人际交往中举重若轻，应付自如，而且还将从中大大获益，备尝交往成功所带来的欢乐。

一、称谓礼仪

在传统意义上，称谓是指对亲属、朋友、同事或其他人员称呼时所使用的一种礼貌语，它能恰当地体现出当事人之间的隶属关系。称谓在这一意义层面上所包括的内容是非常广阔的，如有姓名称谓、性别称谓、亲属称谓、职务称谓等等。在这里我们所说的称谓是指在现代社交活动中使用的国际通用称谓。恰当地使用国际通用称谓，是人们在现代社交活动中的一种基本礼貌礼节。

在国内的社交场合，对于男性可通称为"先生"，对女性可通称为"女士"，对于未婚女性也可称为"小姐"。在国外，无论男性结婚与否，都可称"Mister"，但对已婚女性则称"Mrs"或"Madam"；对未婚女性称"Miss"。"Mrs"是指所有的已婚女子，而"Madam"是"Mrs"的尊称，用来指有较高社会地位的女子。在这些称谓前都可以冠以姓名。

无论是在国内还是在国外，对于出席社交场合的一些有特殊身份的人，如高级政府官员、医生、法官、军官、高级宗教人士、律师、教授和有博士学位的人士，就不能简单地以"先生"或"女士"来称谓他们，称谓他们时应冠以正式的头衔，以表示对他们的尊重。

▌ 相关链接

老师如何称呼学生，要看彼此在学问上有无直接的授受关系。如果对方是自己的正式学生，并向他传授过学业，可以称之为"弟"。这里的"弟"是"弟子"的意思，与兄弟之弟无关，五代师生称"师弟"，学生如若见到老师的这种称呼，千万不要误解。如果彼此虽有师生名分，但没有授过课，则老师一般称学生为"兄"。例如，胡适曾任北京大学校长，顾颉刚是北大的学生，彼此有师生的情谊，所以，胡适在给顾颉刚的书信中称之为"兄"；再如大家都熟知的，鲁迅给许广平的第一封信中称"广平兄"，许广平不解其意，回信表示不敢与鲁迅兄弟相称，其实鲁迅并没有称兄道弟的意思，"兄"不过是老师对学生辈最普通的称呼罢了。

（——摘自彭林《中国古代礼仪文明》之《师生之间的称谓》P329）

二、介绍礼仪

介绍是人际交往的开始，也是人际交往顺利进行下去的基础。介绍分自我介绍、为他人介绍和被他人介绍三种方式。

1. 自我介绍

在社交活动中，若想结识某些人或某个人，而又无人引见，如有可能，即可向对方自报家门，自己将自己介绍给对方。如果有介绍人在场，自我介绍则被视为不礼貌的。

自我介绍时，可主动向对方打招呼说声"你好！"，并向对方点头致意，或伸手跟对方握手，在得到对方回应后再说出自己的姓名和身份。

自我介绍要注意四项原则：

时机恰当——要抓住时机，在适当的场合进行自我介绍，对方有空闲，而且情绪较好，又有兴趣时，这样就不会打扰对方。

简洁明了——自我介绍时还要简洁，尽可能地节省时间，以半分钟左右为佳。为了节省时间，作自我介绍时，还可利用名片、介绍信加以辅助。

态度诚恳——进行自我介绍，态度一定要自然、友善、亲切、随和。在表现上要落落大方、彬彬有礼而不是紧张、畏怯、语无伦次。语气要自然，语速要正常，语音要清晰。

真实可信——进行自我介绍要实事求是，真实可信，不可自吹自擂，夸大其词。

2. 为他人介绍

当你要将某人介绍给别人时，按礼宾顺序应该是：把年轻者介绍给年长者；把职务低者介绍给职务高者；如果双方年龄、职务相当，则把男士介绍给女士；把家人介绍给同事、朋友；把未婚者介绍给已婚者；把后来者介绍给先到者。同时连同双方的单位、职称一起简单做介绍。在人数众多的场合，如果其中没有职位、身份特殊的人在场，又是年龄相仿的人聚会，则可按照一定的次序一一介绍。为他人做介绍时，应简洁清楚，不能含糊其词。介绍时，还可简要地提供一些情况，如双方的职业、籍贯等等，便于不相识的两人相互交谈。如果你是单独介绍两人相识，应该事先了解一下他们彼此是否都有想认识对方的愿望，免得造成不必要的尴尬。在向他人介绍某人时，不可用手指指指点点，而应有礼貌地以手掌示意。

3. 被别人介绍

当你自己被介绍给他人时，你应该面对着对方，显示出想结识对方的诚意。等介绍完毕后，可以握一握手并说"你好！""幸会！""久仰！"等客气话表示友好。如果你是一位男士，被介绍给一位女士，你应该主动点头并稍稍欠身，然后等候对方的反应。按一般规矩，男士不用先伸手，如果对方不伸手也就罢了；如果对方伸出手来，男士便应立即伸手轻轻一握。如果你是一位女士，被介绍给一位男士时，一般来说，微笑点头也就合乎礼貌了；如你愿意和对方握手，则可以先伸出手来。介绍时，除女士和年长者外，一般应起立。但在宴会桌上、会谈桌上可不必起立，被介绍者只要微笑点头有所表示即可。

另外，在交际场合，一般在相互介绍时要握手。握手也有先后顺序，应由主人、年长者、身份高者、女士先伸手；客人、年轻者、身份低者见面先问候，待对方伸出手后再握。多人同时握手，切忌交叉进行，应等别人握手完毕后再伸手。男士在握手前应先脱下手套，摘下帽子，握手时应双目注视对方，微笑致意；年轻者对年长者、身份低者对身份高者握手时应稍稍欠身，双手握住对方的手，以示尊敬；男士与女士握手时，应只轻轻握一下女士的手指部分。

交换名片也是相互介绍的一种形式。在送给别人名片时，应双手递出，面露微笑，眼睛看着对方；在接受对方名片时，也应双手接回，还应轻声将对方的姓名等读出，然后郑重地收存好。

游戏：名片礼仪

规则：

1. 所有学生按自己喜好给自己做一张名片；

2. 教师收齐所有做好的名片；

3. 教师安排学生随机抽取名片；

4. 名片的主人就是你要表扬的对象；

5. 观察你要表扬对象的言行举止，把他的优点写在他名片里；

6. 还名片（注意递接名片礼仪）的同时大声说出他的优点；

7. 集体点评。

三、交谈礼仪

美国著名的语言心理学家多罗西·萨尔诺夫曾说道：“说话艺术最重要的应用，就是与人交谈。”从广泛意义上来讲，交谈是人们交流思想、沟通感情、建立联系、消除隔阂、协调关系、促进合作的一个重要渠道。可在人际交往中，人们的交谈效果却大不一样，所谓“酒逢知己千杯少，话不投机半句多”。实际上，成功的交谈往往有赖于一定的礼仪规范。在现实人际交往中，交谈礼仪主要体现在以下几个方面：

1. 真诚坦率

真诚是做人的美德，也是交谈的原则。交谈双方态度要认真、诚恳。有了直率诚笃，才能有融洽的交谈环境，才能奠定交谈成功的基础。真心实意地交流是自信的结果，是信任人的表现，只有用自己的真情激起对方感情的共鸣，交谈才能取得满意的效果。

2. 互相尊重

交谈是双方思想、感情的交流，是双向活动。要取得满意的交谈效果，就必须顾及对方的心理需求。交谈中，来自对方的尊重是任何人都希望得到的。交谈双方无论地位高低，年纪大小，在人格上都是平等的，切不可盛气凌人、自以为是、唯我独尊。谈话时，要把对方作为平等的交流对象，在心理上、用词上、语调上，体现出对对方的尊重，尽量使用礼貌语，谈到自己时要谦虚，谈到对方时要尊重。

3. 话题适宜

与人交谈时，选择适宜的话题是交谈继续下去的前提。一般来说，与陌生人或不太熟悉的人开始交谈时首先要使用礼貌的问候语，如“早上好！”“你好！”等，然后选择大家都比较熟悉的简单话题进行交谈，如天气、眼前的环境等，待双方有意继续交谈时再引入其他话题；熟人或朋友之间的交谈往往以深层次的问候寒暄开始，寒暄不仅是一种必不可少的客套，而且可以为交谈作情感铺垫。熟人或朋友之间的话题一般没有什么限制，只要大家有兴趣，几乎所有话题都可以作为谈资。

在现代社会交际场合，话题的选择应该以双方都感兴趣和都较为熟悉为原则，像健康活动、国内外大事、工作、文体活动等一般都是大家感兴趣的话题。话题还应尽量符合交谈双方的年龄、职业、性格及心理特征。以下话题在社交场合是要避免谈及的：疾病、死亡等不快之事；荒诞离奇、黄色淫秽之事；个人隐私之事（如女性的年龄、婚否，个人的履历、收入、财产、服饰价格、私人生活等）；国家内政和秘密；对第三者的议论或批评等。男子一般不要参与女性圈内的谈话。

值得注意的是，在国外比赛期间，体育活动人员对外谈话一定要严守机密。这里的机密主要指赛前准备、比赛计划、上场阵容，以及运动员、教练员之间的各种关系。大赛前，一般不向记者发表有关内部情况的议论。同事之间商量问题、交换意见应在有保密条件的地方进行。对于重大国际问题，表态一定要符合我国对外政策，自己不知道的事不要乱讲。在饭店、旅馆、汽车等公共场合不可议论国家内部问题。社交场合谈话时，要先弄清对方身份，这样谈话才会得体，有针对性，对身份不明或不熟悉的人不可深谈。

4. 掌握分寸

交谈是在两个或两个人以上之间进行的。任何人都不应该想说什么就说什么，也不能想怎么说就怎么说。说话人必须顾及对方的情感和反映。有时因为民族习惯、文化背景和个人修养的不同，谈话者实际表达的思想很难被听话者理解，甚至有可能被误解。遇见这种情况时，谈话者一定要掌握分寸，做到谦虚有礼。

当在交谈中出现意见分歧时，不要全盘否定对方，应该委婉地说出自己的看法，相互商讨。当对方显得无礼时要宽容克制，不能以牙还牙，出言不逊，也不可斥责、讥讽对方，可能的话应该以好言相劝，使对方冷静。如果对方的言词有损你所在的组织或国家，则应该义正词严、有礼有节地给予驳斥。

在有些特定场合和情景之下，可能不得不终止与对方的谈话。如果是必须表达自己的立场时，可在对方说话告一段落或出现停顿时；如果是有别的事急待处理，则需说"对不起，这次我还得办点急事，下次谈行吗？"之类的话。如果对方态度过于强硬，甚至出言不逊时，亦可用"好了，谈话就到此为止"来终止谈话。

此外，说话中一般不要使用对方不懂的语言，如方言、土语或外语，应尽量使用与对方一致的语言交谈。如果对方讲普通话，就尽量使用普通话与之交谈。交谈中还应注意根据对象选择不同的表达方式。如对待普通市民适宜用通俗易懂、用最接近生活的日常语言与之交谈，而不宜用深刻的哲理性的语言，或者枯燥生硬的逻辑推理；对待学问较高深的人适宜用提纲挈领、逻辑严密的方式进行交谈，而不宜用简单无聊、杂乱无章的语言进行交谈。

5. 善于倾听

在谈话过程中,仔细倾听和目光专注是一种起码的礼仪要求。任何人都有这样的体会,凡是那些愿意认真倾听并用语言、表情和眼神与我们谈话保持呼应的人都会受到我们的尊重。我们不会喜欢那些与我们谈话时东张西望、似听非听,或者翻阅书报,甚至自顾自处理一些与交谈无关的事务的人,也不会对那些在谈话时随意打哈欠、伸懒腰,或不时看钟表、心不在焉的人有好的印象。在谈话过程中,听者应设身处地地站在说话者的角度,用适当的表情与语言,表示对讲话者的专注与反馈,这是一种最基本的礼貌。

在交谈活动中,眼神的注视是最受人关注的。为了体现谈话者之间的尊重和礼貌,讲话者和倾听者都要注意眼睛的社交注视区间。所谓社交注视区间是指人们在普通的社交场合中采用的注视区间,这一区间的范围是以两眼为上线,以下颚为顶点所连接成的倒三角区域。注视这一区域最容易形成平等感,能使谈话者感到轻松、自然,从而能比较自由地表达观点和见解。

■ 相关链接

晏子使楚

晏子使楚。楚人以晏子短,楚人为小门于大门之侧而延晏子。晏子不入,曰:"使狗国者从狗门入,今臣使楚,不当从此门入。"傧者更道,从大门入。

见楚王。王曰:"齐无人耶,使子为使?"晏子对曰:"齐之临淄三百闾,张袂成阴,挥汗成雨,比肩继踵而在,何为无人?"王曰:"然则何为使子?"晏子对曰:"齐命使,各有所主。其贤者使使贤主,不肖者使使不肖主。婴最不肖,故宜使楚矣!"

四、电话礼仪

电话是现代社会经常使用的通信和交流工具,为了使电话交谈能够顺利而有成效,每个人都应该了解电话礼仪。

1. 打电话礼仪

当你要给别人打电话时,首先要选择适当的时间。一般的公务电话要在上班时间打,而且应尽量打到对方单位。如确有必要往对方家里打,则要在早上8点以后至晚上10点之前进行,避开在吃饭时间和午休时间打电话。

拨通电话后，要先自报家门和证实对方的身份，必要时，应询问对方是否方便，在对方方便的情况下再开始交谈。如果你找的人不在，你又想让接电话的人进行转告，你可以说"对不起，麻烦你转告某某人某某事"，然后问清对方姓名，向对方说声"谢谢"。如果拨错了号码，应马上说声"对不起，我拨错电话了"。在电话交谈时，应使用文明、礼貌用语，电话内容要简明、扼要。通话完毕后应说声"再见"，然后轻轻放下电话。

2. 接电话礼仪

当听到电话声响起时，应马上去接，最好不要让铃声响过五遍，以使对方等得太久。如果因为某种原因不能立即接电话，则应在拿起话筒时先表示歉意并作适当的解释。

拿起话筒后，如对方没有发话，可以先自报一下家门，如"你好，这里是某某"。作为接话人，在通话过程中，首先要确认对方的身份，然后仔细倾听对方的讲话，并作及时应答。对对方的谈话可作必要的重复，重要的内容应简明扼要地记录下来，如时间、地点、联系事宜、需解决的问题等。接电话时语言要文明、礼貌，态度应热情、谦和，语调应平和、音量要适中。接电话时最好不要做其他事情，更不能与身边的人交叉说话甚至嬉戏。电话交谈完毕时，应尽量让对方结束对话，若确需自己来结束，应解释并致歉。通话完毕后，应等对方放下话筒后，再轻轻地放下电话，以示尊重。

当接到找别人的电话时，应先礼貌地确认对方身份，如"对不起，请问你是哪里？"，待确认对方身份后，可说声"请稍等一下"，然后迅速找到指定接话人。如果指定接话人不在，对方请你代转电话，则应做好详细的电话记录。记录完毕后，最好向对方复述一遍，以免遗漏或记错。当接到拨错的电话时，也应礼貌地告诉对方"对不起，你好像打错电话了"。若对方说"对不起"，你可以回答"没关系"，此时无论是说话还是挂电话都不要粗暴。

3. 使用手机礼仪

手机已经成为现代社会人们随身必备的通信工具。人们在享受着手机给生活带来方便的同时，也要遵守手机使用礼仪，不要给别人带来烦恼。

首先，使用手机要遵守社会公德。在公共场所如楼梯、电梯、路口、人行道、公交车上等地方，不可以旁若无人地使用手机。使用时应该把自己的声音尽可能地压低，而绝不能大声说话。在参加重要聚会如会议、宴会、舞会、音乐会，或在图书馆、展览馆、电影院、剧院等场所时，应把手机设为静音或震动。需要与他人通话时，应寻找无人之处，切勿当众自说自话。手机短信的收发也要像手机使用一样,在一定的场合要处于静音或震动状态。在短信内容选择和编辑上,应该文明、礼貌,不能编辑或转发不健康的短信。也不要一边和别人说话,一边查看手机短信。

其次,使用手机要注意安全。在驾驶车辆时,不能使用手机通话,也不能收发短信,否则极有可能导致交通事故。乘坐客机时,必须自觉地关闭随身携带的手机,以免干扰飞机的导航系统。在加油站或是医院里停留期间,也不准开启手机,以免酿成火灾或影响医疗仪器设备的正常使用。此外,在标有禁用手机的文字或图示的地方,均须遵守规定,不使用手机。

五、馈赠礼仪

在国内外体育大赛上,体育活动人员经常会互赠小礼品,以增进友谊和留作纪念。由于体育活动的特殊性,尤其是在国外的赛事中,如果涉及馈赠礼品,一定要注意馈赠的礼节。

1. 赠送礼品

(1)礼品的选择

运动员之间赠送的礼品经常是小礼品。选择礼品时要突出礼品的纪念性,像有自己签名的画册、明信片以及纪念章等都是很好的纪念性礼品。如果礼品是赠给外国运动员的,则要突出礼品的民族性,可以选择京剧脸谱、剪纸、丝巾、玉佩、风筝等,这些小礼物是非常受外国人欢迎的。一般不要送贵重礼品,也不要送药品、保健品,更不要送有悖于受赠者所在国社会规范的礼品。如一些国家在颜色、形状、图案及数字上都有相应的禁忌,在选择礼品时应该考虑这些因素。男女之间赠送礼品时要有所顾忌,一般不能送贴身物品,以免引起误会。值得一提的是,在向大赛组委会成员或裁判员赠送礼品时,要恰当地选择礼品,以免有行贿之嫌。

(2)礼品的包装

选好礼品后,不要直接送出,一般要对礼品进行适当的包装。精美的包装不仅使礼品的外观更具艺术性和高雅的情调,也能显示出赠礼人的品位。

(3)赠送时机

赠送礼品一般选择在相见、道别或相应的仪式上。赠送礼品时,态度要平和友善,动作落落大方并伴有礼节性的语言。如果有其他人在场,则不要把礼品只送给其中的某一个人。

2. 接受礼品

一般情况下，运动员不要拒绝对方的小礼品或小纪念品，但对贵重物品要婉言谢绝，而且如果觉得送礼者别有所图，也要给予拒绝。女运动员最好不要随便接受异性所赠的物品，特别是不要接受戒指、内衣等贴身物品。

当接受礼物时，不管礼品是否符合自己的心意，都应表示对礼物的重视并对送礼者表示感谢。对有包装的礼物，应当即刻打开欣赏，并要赞美一番。接受了他人的礼物，如有可能应予以回礼。

▓ 相关链接

千里送鹅毛

唐朝贞观年间，西域回纥国是大唐的藩国。一次，回纥国为了表示对大唐的友好，便派使者缅伯高带了一批珍奇异宝去拜见唐王。在这批贡物中，最珍贵的要数一只罕见的珍禽——白天鹅。

缅伯高最担心的也是这只白天鹅，万一有个三长两短，可怎么向国王交代呢？所以，一路上，他亲自喂水喂食，一刻也不敢怠慢。这天，缅伯高来到沔阳湖边，只见白天鹅伸长脖子，张着嘴巴，吃力地喘息着，缅伯高心中不忍，便打开笼子，把白天鹅带到水边让它喝个痛快。

谁知白天鹅喝足了水，合颈一扇翅膀，"扑喇喇"一声飞上了天！缅伯高向前一扑，只捡到几根羽毛，却没能抓住白天鹅，眼睁睁看着它飞得无影无踪，一时间，缅伯高捧着几根雪白的鹅毛，直愣愣地发呆，脑子里来来回回地想着一个问题："怎么办？进贡吗？拿什么去见唐太宗呢？回去吗？又怎敢去见回纥国王呢！"随从们说："天鹅已经飞走了，还是想想补救的办法吧。"思前想后，缅伯高决定继续东行，他拿出一块洁白的绸子，小心翼翼地把鹅毛包好，又在绸子上题了一首诗："天鹅贡唐朝，山重路更遥。沔阳湖失宝，回纥情难抛。上奉唐天子，请罪缅伯高，物轻人义重，千里送鹅毛！"

缅伯高带着珠宝和鹅毛，披星戴月，不辞劳苦，不久就到了长安。唐太宗接见了缅伯高，缅伯高献上鹅毛。唐太宗看了那首诗，又听了缅伯高的诉说，非但没有怪罪他，反而觉得缅伯高忠诚老实，不辱使命，就重重地赏赐了他。

从此，"千里送鹅毛，礼轻人义重"，便成为我国民间礼尚往来、交流感情的写照或一种谦辞。

（摘自 https://baike.so.com/doc/1028170-1087347.html）

第二节　聚会礼仪

在体育活动人员参加的各类活动中，聚会是比较常见的一种形式。所谓聚会，准确而言，指的是两个或者两个以上的人，为了一定的目的，或是为了从事某种活动，而聚集会合在某一地方。实际上，聚会就是人们所进行的集体活动。在社交活动中举行的聚会，称为社交聚会。参与社交聚会时，必须遵守必要的礼仪规范。这些礼仪规范，就是聚会礼仪。

一、做客礼仪

运动员在外出比赛时会到别人家做客拜访，做客也有做客的礼仪。做客拜访要选择适当的时间，一般可选在晚饭后或休息日的下午，避免在吃饭和休息时间登门造访。拜访的前几天应告知对方自己的拜访计划，以便对方做合理安排。拜访约定后，就不能轻易失约或迟到，如因特殊情况不能前去，一定要提前通知对方，并表示歉意。

拜访出发前，要对自己进行适当的外表修整，做到仪表整洁、着装大方，以示对主人的尊重。到主人家门前时，应先轻轻敲门或按门铃，当有人应声允许进入或出来迎接时方可进入主人家门内。即使门开着，也要敲门或以其他方式告知主人有客来访，切不可擅自闯入。敲门不宜太重或太急，一般轻敲两三下即可，按门铃时间也不要太长。

进门后，应将随身带来的外套、雨具等物品放在主人指定的地方，在主人的安排下换上拖鞋，进入客厅。面对室内的人，无论认识与否，都应主动打招呼，包括老人、孩子和其他客人。待主人安排座位后方可就座。

在别人家里做客，要有恰当的举止和应有的礼貌。当主人端上茶时，要起身道谢，双手迎接；对于送上来的水果或点心，要在主人劝吃后再食用，果皮、果核不能乱扔乱放。对于自己不喜欢吃的水果或食品，要委婉地谢绝。运动员是不能吸烟的，如遇到主人敬烟，应有礼貌地谢绝。宾主谈话一般在客厅里进行，没有主人的邀请，不要闯进其他房间去参观，也不要随便翻弄主人家的东西。和主人交谈时，要有礼有节，有要事应尽快表明来意，不要漫无目的，浪费时间。

做客时间一般不宜太长,当事情谈完后,就要及时起身告辞。离开时,如果主人出门相送,应请主人留步并道谢。

另外,运动员外出做客时,应首先向领导请假,不能擅自离开集体,也不要忘记按时归队,向领导及时销假。

二、宴会礼仪

运动员在参加国际比赛时经常会被邀请参加一些正式的宴会或招待会。宴会是国际国内社会交往中一种通行的较高层次的礼仪形式。宴会的场面一般比较庞大、隆重,能使人得到一种礼遇上的满足。宴会通常是正餐宴请,在人员座次安排、餐具陈设、酒水和菜肴道数、服务员的装束以及整个餐厅的布置上都非常讲究。所以在赴宴时一定要注意和遵守宴会礼仪。

接到宴会的邀请后,首先要做的就是尽快告诉邀请者自己是否赴宴。如能赴宴则最好问清详细地址和时间等细则,并应询问邀请的目的、届时出席的宾客情况、着装要求等,以利事先准备完善,不犯唐突的错误。一旦接受了邀请,就不要随意变动,如确有意外,不能前去的,要提前解释,并深致歉意。不能应邀的,要婉言谢绝。

赴宴前应保持身体清洁,最好沐浴后换上干净合体的衣服。赴宴时不要带未受到邀请的其他友人和自己的子女及其配偶出席宴会。

赴宴时,最好能按时到达。迟到是非常失礼的,但到得太早也是不合礼的。一般来说,比规定时间早到或迟到5～10分钟都不算失礼。到达宴会地点后,应先到主人迎宾处,主人迎来握手时,要及时向前响应,并问好、致意。入席时,一般有服务人员引导,应注意在摆有自己的座位卡的座椅上入座,不要坐错了位置。

在宴会上,一般每个餐桌都有主人来招待宾客,当主人示意可以用餐时,大家便可以用餐。边吃边谈是宴会的重要形式,只顾低头吃饭是不礼貌的,应当主动与同桌人交谈,特别注意同主人方面的人交谈,不要总是和自己熟悉的人谈话。谈论的话题要轻松、高雅、有趣,不要涉及对方敏感、不快的问题,也不要对宴会和饭菜妄加评论。在较正式的宴会上,主人一般都要致祝酒词,这时所有宾客都要暂停进食和交谈,注意倾听,并在需要的时候起立举杯。

用餐完毕后,如果主人没有其他安排,便可以向主人道谢告辞。一般情况下,在宴会尚未结束时不要中途退席。

三、招待会礼仪

招待会通常是指一些不备正餐的宴请方式,常见的有自助餐会和酒会等。招待会场一般备有食品和酒水饮料,不排固定座席,客人可以自由选择酒水和食品,与不同的人站在一起或坐在一起,形成不同的交际圈,边吃边谈论自己喜欢的话题。

一般来说,参加招待会时,吃东西是次要的,而与其他人进行适当的交际才是主题。那些只顾自己躲在僻静之处埋头大吃大喝,或者来了就吃,吃了就走,而不同其他在场者进行任何形式接触的做法是不足取的,也是对主人的不礼貌。

如果被邀请参加的是自助餐招待会,那么懂得和遵守自助餐礼仪也是很重要的。自助餐礼仪体现在以下几个方面:

其一,排队取菜。自助餐通常是用来招待众多宾客的,所以在就餐取菜时,必须自觉地维护秩序,讲究先来后到,排队选用食物。

其二,用公用叉匙取菜。在取菜之前,先要准备好一只食盘,轮到自己取菜时,应以公用的餐具将食物装入自己的食盘之内,然后即应迅速离去。切勿在众多的食物面前犹豫再三,让身后之人久等,更不应该在取菜时挑挑拣拣,甚至直接下手或以自己的餐具取菜。

其三,循序取菜。在自助餐上,取菜的先后顺序依次应当是:冷菜、汤、热菜、点心、甜品和水果。

运动员自助餐场景

其四,多次少取。当决定选取某一种类的菜肴时,每次应当只取一小点,品尝之后,如果觉得它适合自己,那么还可以再次去取,直至自己吃好为止。切不可为了省事而一次取用过量,造成浪费。

其五,送回餐具。用餐完毕之后,应将自己用过的餐具整理到一起,然后一并送回指定的位置。

四、就餐礼仪

任何国家的餐饮都有一定的礼仪规范而且种类繁多，要想通晓全部不太可能，但有一些基本的餐桌礼仪还是要知道的。

1.餐桌上的基本礼仪

（1）正确使用餐巾

餐巾在中餐和西餐桌上已经被广泛使用。餐巾的主要作用是防止食物落在衣服上，也兼做擦嘴擦手上的油渍之用。用餐之前，必须等到大家坐定并且坐在上座的尊者拿起餐巾后，你才可以拿起，然后轻轻展开，平铺在双膝上端的大腿上。在平时轻松的场合还可以把餐巾放在桌上，其中一个餐巾角正对胸前，并用碗碟压住。如果是暂时离开座位，应将餐巾叠放在自己的座位上。用完餐后，应将餐巾叠一下放在桌子上。

餐巾可以用来擦嘴或擦手，使用时可叠成三角形或长方形，拭擦时脸孔朝下，以餐巾的一角轻按几下嘴唇，污渍要全部擦在里面，餐巾的外表应该一直是整洁的。餐巾不能用来擦脸、擤鼻涕，也不能用餐巾擦餐具。餐巾要保持整洁，若餐巾脏得厉害，可请侍者重新更换一条。不要把餐巾布用得污迹斑斑或者是皱皱巴巴，更不能把食物放到餐巾上。

（2）文明用餐

用餐时，身体要坐端正，上臂和背部要靠到椅背，腹部和桌子保持约一个拳头的距离。脚应踏在本人座位下，不可任意伸直。手肘不要放在桌面上，两肘应向内靠，不宜向两旁放开，以免碰及邻座客人。进餐过程中，不要解开纽扣或当众脱衣。如果主人请客人宽衣，男客人可以把外衣脱下搭在椅背上，但不可以把外套或随身携带的东西放到餐台上。女士不能在餐桌上补妆或梳理头发。一些小动作如抠鼻子、挖耳朵、抓头皮等也要禁止。

用餐时须温文尔雅，小口进食，不要狼吞虎咽。进餐的速度，宜与大家同步，不宜太快，亦不宜太慢。吃食物时，要以食物就口，而不是弯下腰以口去就食物。吃东西时不要用手持着盘子，更不能把盘子拿起来。如欲取用摆在同桌其他客人面前的调味品，应请邻座客人帮忙传递，不可伸手横越，长驱取物。最好不要在餐桌上剔牙，如果要剔牙，就要用餐巾或手把嘴巴遮住，切不可口中咬着牙签与人交谈。

用餐时要避免发出太大的声响，最主要的是不要发出很响的咀嚼声。吃食物时最好是闭着嘴咀嚼，细嚼慢咽。喝汤的时候，最好用小勺一点一点地将汤送入口中,不要直接呼呼大喝。如果汤太热,就要凉一会儿,不要一边吹一边喝。在使用餐具时,要轻拿轻放,不要发出很响的碰撞声。

用餐时,如果有类似鱼刺、骨头等之类的残渣,不要直接吐在盘子里,更不能往桌上或地上乱扔,而是要用手放到自己的碟子里,或放在事先准备好的纸上。

人们在餐桌上免不了要讲话,但在口内有食物时,应避免说话。因为被别人看见满嘴的食物是非常粗俗的表现。在讲话时,最好把餐具放下,边讲话边挥舞手中的餐具,或用餐具对别人指指点点是非常不礼貌的。

餐桌上经常会有人吸烟,运动员是禁止吸烟的,如遇到有人递烟,应礼貌地谢绝。

(3)妥善处理意外

在餐桌上,由于自己的不慎或其他原因,有时会出现一些意外的事情,如不慎将酒水或汤汁溅到他人衣服上、突然间打嗝等。遇见这种情况时不要惊慌失措,也不要大呼小叫,应该尽快妥善处理。

用餐的时候,刀叉不小心掉到地上,如果弯腰去捡,不仅姿势不雅观,影响身边的人,也会弄脏手。可以示意服务生来处理并为你更换新的餐具。

如果遇到不好吃的食物或异物入口时,必须注意不要引起一起吃饭的人的不快,但也不必勉强把不好的东西吃下去。可以用餐巾盖住嘴,把食物吐到餐巾上,让服务员换块新的餐巾。

在席间打嗝、打喷嚏是很不礼貌的。万一发生此种情况,可以用喝水、屏气等方式加以控制,若仍无效,就应该去洗手间处理。

如果在餐桌上泼洒了东西,不要惊慌,要叫服务员来清理你弄脏的地方。万一不慎将菜汁弄到邻座的衣服上,应向对方道歉。别人弄脏了你的衣服也不要太在意。

2. 西餐桌上的礼仪

西餐礼仪是比较复杂的,一般中国人很难全面掌握。应该注意的是,在餐桌上如果有不懂的地方,要尽量跟着主人去做,不要因为不懂装懂而失礼。

(1)宾主座次

在较正式的西餐桌上,或被邀请去主人家吃正式西餐时,应该清楚宾主是有座次之分的。男主人要坐主位,即使来宾的地位、身份、年纪高于主人,仍要紧靠主人就座。男主人右边就座的是第一重要客人的夫人,左边就座的是第二重要客人的夫人。女主人坐在男主人的对面,她的两边是最重要的第一、第二位男客人的座位。如果是非正式的西餐，座次就显得不重要了。

（2）餐具的使用

西餐的一个显著特点就是分食制。就餐时个人点个人的菜，个人吃个人的菜，互不影响，体现了西方人讲究独立的思想和习惯。西餐的另一个特点是餐具多，餐桌上有各种大小的杯子、盘子、刀、叉和其他银器具，总共加起来可以有二十多件。在桌面上，餐具是根据一道道不同菜的上菜顺序而精心排列的：座位最前面放食盘，左手边放叉，右手边放刀，汤匙也放在右边。在食盘的上方放吃甜食用的匙和叉，再往前略靠右放各式酒杯，这些酒杯自右起依次是葡萄酒杯、香槟酒杯、啤酒杯（水杯）。餐巾叠放在啤酒杯（水杯）里或放在食盘上。面包盘放在左手边，上面横摆着黄油刀。正餐的刀、叉数目和菜的道数相等，并按上菜顺序由外向里排开，依次是吃开胃菜用的、吃鱼用的、吃肉用的等。

使用刀叉时，要左手持叉，右手持刀。在切东西时，左手拿叉按住食物，右手拿刀切成小块，用叉子往嘴里送。用刀的时候，刀刃不可以朝外。进餐中途需要休息时，应在盘子中央将刀叉并摆成"八"字形状，表示没吃完。每吃完一道菜，将刀叉并排放在盘中，表示已经吃完，可以将这道菜或盘子拿走。在谈话时，可以拿着刀叉。任何时候，都不要将刀叉的一端放在盘上，另一端放在桌上。

（3）一些食物的吃法

西餐的菜式比较简单，一餐只有数个菜肴，不浪费。有些菜肴与中餐的菜肴是一样的，但吃法却有很大区别。在吃西餐时，应该按照西餐的礼仪来享用食物。

面包：在吃面包和黄油时，通常是用手把面包掰成几小块，上面抹上黄油，抹一块，吃一块。小的三明治和烤面包是用手拿着吃的，大点的吃前先切开。

肉：肉一般都是大块端上的。吃的时候，用刀、叉把肉切成一小块，大小刚好是一口。吃一块，切一块，不要一下子全切了，也千万不要用叉子把整块肉夹到嘴边，边咬、边咀嚼、边吞咽。如果吃牛肉（牛排），可以在预定时按自己的喜好决定生熟的程度。吃有骨头的肉时，要用叉子把整片肉固定，再用刀把肉切开，边切边吃。如果骨头很小，可以用叉子将其放进嘴里，在嘴里把肉和骨头分开后，再用餐巾盖住嘴，把骨头吐到叉子上，然后放到碟子里。需要直接"动手"的肉，洗手水往往会和肉同时端上来。

鱼：吃鱼时不要把鱼翻身，吃完上层后用刀叉剔掉鱼骨后再吃下层。

沙拉:沙拉习惯的吃法应该是将大片的生菜叶用叉子切成小块,如果不好切可以刀叉并用。一次只切一块,吃完再切。

水果:一般水果作为甜点或随甜点一起送上。吃水果关键是怎样去掉果核。不能拿着整个去咬。有刀叉的情况下,应小心地使用,用刀切成四瓣再去皮核,用叉子叉着吃。要注意别把汁溅出来。没有刀或叉时,可以用两个手指把果核从嘴里轻轻拿出,放在果盘的边上。把果核直接从嘴里吐出来,是非常失礼的。

小知识:

在西餐礼仪中,刀叉的摆放颇有讲究,不同的摆法有不同的含义,比如:

①刀叉摆成如下八字,表示你歇会再进食,也提醒侍者没吃完不要收走;

②刀叉摆成如下十字,表示还饿,坐等下道菜;

③刀叉如下横放,表示对这道菜很满意,好评!

④刀叉如下竖直摆成11,表示用餐完毕,提醒侍者可以收走餐具了;

⑤刀叉如下交叉摆成八字,表示餐厅的菜或服务不好,差评!

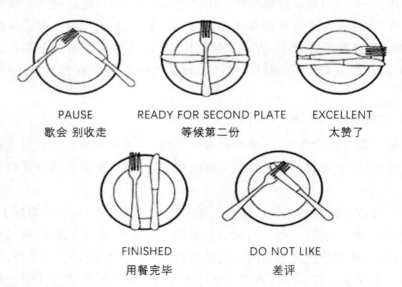

PAUSE　　　　READY FOR SECOND PLATE　　　EXCELLENT
歇会 别收走　　　　等候第二份　　　　　　　　太赞了

FINISHED　　　　DO NOT LIKE
用餐完毕　　　　　差评

(4)自己去餐馆

在国外,自己去餐馆吃饭相对比较简单。一般非快餐性质的餐馆均有带位员。顾客进门后带位员会首先问同行有几位,然后带顾客入座。入座之前会将顾客的大衣、雨伞等物拿到衣帽间去存放,待客人用餐完毕时会及时送回。

进餐馆点菜没有什么特别规矩。服务员会先请客人点饮料,然后摆上菜单供客人选菜。点菜与上菜的顺序大致为：冷菜、主菜、奶酪、甜食或水果，最后喝咖啡或茶。点菜后，服务员会把餐具摆上。有些中国人习惯用餐前用餐巾把餐具擦一下，这在外国是十分忌讳的，表示顾客对餐馆的卫生不满意。服务员看到这种情况会马上换一套餐具。因此，应注意不要这样做。万一发现某一餐具不干净，可直接找服务员说明，请其调换。在大部分西欧国家，大一些的咖啡馆均供应各种饮料和一日三餐。用餐的方法与前述基本相同。不过喝饮料方式却有两种。一种是在柜台前站着喝，另一种是坐下来等服务员端到桌前。两种服务两种价格。咖啡馆也往往将两种价格标示在门口或价目牌上。初次出国的人不知内情，在街上走累了，看到路边摆放的桌椅往往会坐下来休息。这立即会引来服务员上前询问你要什么饮料。如果不要任何饮料，定会引起店家的不快，此种做法应避免。

3. 中餐桌上的礼仪

中华饮食，源远流长。在讲究民以食为天的国度里，饮食礼仪自然成为饮食文化的一个重要部分。中餐和西餐在有些方面是截然相对的。中餐是共食制，桌上的餐具不多，但菜式丰富，大家围着菜肴一起用筷子夹着吃，体现了东方人讲究和睦的思想。

（1）座次

在正式的中餐宴请中，入席是比较讲究的。入席时，自己的座位应听从主人或招待人员的安排。如果座位没定，在就座时要注意以下几个原则：一是右高左低的原则。两人一同并排就座，通常以右为上座，以左为下座，这是因为中餐上菜时多以顺时针方向为上菜方向，居右坐的因此要比居左坐的优先受到照顾。二是中座为尊的原则。三人一同就座用餐，坐在中间的人在位次上高于两侧的人。三是面门为上原则。面对正门者是上座，背对正门者是下座。四是特殊原则。高档餐厅里，室内外往往有优美的景致或高雅的演出，供用餐者欣赏，这时候，观赏角度最好的座位是上座。在某些中低档餐馆用餐时，通常以靠墙的位置为上座，靠过道的位置为下座。所以，在入座时，应根据实际情况，先让身份高者、年长者以及女士先入座，自己再找适当的座位坐下。

（2）取菜

在中餐桌上，所有的菜肴都是大家共享的，在取菜时应该特别注意以下礼节：

入座后，面对桌子上的佳肴，不要急于动筷，须等主人说"请"之后才能动筷。

取菜时,应在自己面前的菜盘里取菜,不要伸长胳膊去远处取菜,夹菜时应夹取盘子里靠近或面对自己的那部分菜,不要从盘子中间或靠别人的一边夹菜,也不能用筷子在盘子里翻动。

夹菜要适量,不要取得过多,避免浪费。不要连续夹自己爱吃的菜,要顾及同桌周围的人,更不能把盘子端到自己跟前。

如果要给客人或长辈布菜,则要用公筷,也可以把离客人或长辈远的菜肴送到他们跟前。每当上来一个新菜时应该请客人或长辈先动筷,以表示对他们的尊重。

另外,酒在中餐宴请中往往发挥着重要作用。如果酒量还能够承受,对主人敬的第一杯酒应喝干。同席的客人可以相互劝酒,但不可以任何方式强迫对方喝酒,否则是失礼。自己不愿或不能喝酒时,可以谢绝。需要注意的是,运动员是不能喝酒的。

（3）筷子和勺子的使用

筷子是中餐最主要的餐具。使用筷子,通常必须成双使用。筷子用起来简单、方便,但也有很多规矩:一是不论筷子上是否残留着食物,都不要去舔;二是不要举着筷子在菜碟间来回游移;三是夹菜时筷子不能滴滴答答流着菜汁;四是不要把筷子竖插放在食物上面或用筷子去叉馒头或其他食品;五是不要刚夹了这盘里的菜,又去夹那盘里的菜,应该吃完之后再夹另一盘菜;六是不要敲筷子,否则是对主人的不尊重。

勺子主要用来舀汤。有时,用筷子取食时,也可以用勺子来辅助。用勺子取食物时,不要过满,免得溢出来弄脏餐桌或自己的衣服。在舀取食物后,可以在原处停留片刻,汤汁不会再往下流时,再移回来享用。用勺子取食物后,要立即食用或放在自己碟子里,不要再把它倒回原处。暂时不用勺子时,应放在自己的碟子上,不要把它直接放在餐桌上,或放在食物中。

第三节　旅行礼仪

为了参加比赛,体育活动人员经常要长距离的旅行。无论是乘飞机还是乘汽车,都要重视相应的乘坐礼仪。因为,在有限的乘坐空间内,个人的言行举止不仅影响个人、集体的形象,也影响着别人的旅途心情与安全。

一、乘飞机礼仪

乘飞机时要注意以下乘坐礼仪：

1. 登机前

在办理登机牌和安检的时候，要自觉排队。不要为队友或朋友占队加塞，因为办理登机牌和安检的窗口有很多，旅客是选择人较少的窗口来排队的，而占队的行为会增加其他旅客的排队时间。安检时还需要注意，在轮到自己安检前，要提前把护照、身份证、登机牌和机票准备好，以免临时翻找耽误时间。

在办理登机手续时，要尽量把较大较重的行李进行托运，不携带过多的行李上飞机。否则的话，在飞机上取放这些行李时，会长时间占用过道，影响其他人通行。而且，还会占用别人的行李位，使后来的旅客没有地方放自己的随身物品。

在候机大厅内候机时，一个人坐一个座位，不要用行李占位子。在座位上休息时，不要躺在椅子上，也不要把脚跷在椅子上，更不要脱鞋。不要把行李车横在通道内，以免影响他人通行。在座位紧张的情况下，应把座位让给老人、抱小孩的妇女或孕妇。

遇到飞机晚点或被迫取消时，不要大声抱怨，更不要聚众闹事。要听从机场工作人员的安排。如果自己旅行时间紧急，可及时向机场工作人员说明情况，以便做适当调剂。

2. 登机后

登机时，应礼让残障老弱妇孺，让他们先登机。在登机口要礼貌地回应飞机乘务人员的致意和问好。若不清楚飞机上的座位安排，可将登机牌交给乘务人员以作引导，不要抢坐别人的座位。登机就座后，应马上把手机、手提电脑、电子游戏机等个人携带的电子设备关闭。

在飞行途中，要有正确和得体的言行举止。为了飞机安全，不要随意拿取飞机上的物品，也不要乱动飞机上的设备。如果有特别需要就按座位旁边的按钮来呼叫乘务人员，不要在机舱内大呼小叫。如果感到闷热可以打开座位上方的通风阀，也可以脱下外衣，但不要袒胸露背。如要脱鞋，应确保鞋袜是卫生而无异味的。在飞机上不要吸烟，在享用免费食品和饮料时要量力而行，不要浪费。

在飞行途中，要尊重和善待他人。在飞机上，要尽量保持安静，不要高声谈笑，尤其是在夜间飞行或身边有人在休息时，不要因为自己开心而让别人不开心。邻座之间可以进行小声交谈，但不要隔着座位说话，也不要前后座说话。交谈时要避开那些可能吓着别人的话题，如劫机、坠机等空难事件。在座位上，不要随意摇晃，不要把椅背调得太靠后，也不要随意摆弄小桌板，以免妨碍他人。

到达终点时，在飞机未停稳之前，不要站起来取行李，也不要在机舱内走动。下飞机时，不要随手拿走飞机上的耳机、毛毯等物品，不要推挤他人。走到旋梯口时，要有礼貌地与乘务人员说声"再见！"。

二、乘汽车礼仪

在运动会期间，大会组委会向各体育代表团提供交通服务，交通工具一般是城市巴士或小面包车。在乘坐这些车辆时，要遵守一定的乘坐礼仪。

1. 行动统一

在集体乘车时，一定要做到行动统一。每个人都要提前做好准备，整理好自己的携带物品，按规定时间到达上车地点。不要因为个人的迟到而让他人等候甚至影响集体活动。准时是对别人的尊重，也是一个人所应该具备的素质。

2. 次序上车

上车时，要按照先来后到的顺序依次而上，不要拥挤。如有长者和女士在场，应该礼让并提供可能的帮助。

3. 文明乘车

乘车时，要懂得车厢里的座次礼仪。车厢里的座次是根据座位距离前门的远近来确定的，离前门越近，座次越高；而在同一排的座位中，越靠右边的座位，座次越高。每个人应该根据自己的实际情况来选择合适的座位，不要失礼。

如果是一个人乘坐公共巴士外出，则更应该注意自身形象。如在车上不要与他人争夺座位，不要把随身物品放在座位上或过道上，遇到老人、病人、残疾人和孕妇等要主动让座等。

三、住宿礼仪

比赛期间，体育活动人员一般要住宿在宾馆里。在宾馆住宿时，每个人都要规范自己的仪表和举止，保持房间的舒适和干净。住宿的文明与否不仅关系到个人乃至代表团的形象，也关系到宾馆对你以后入住的欢迎程度。

1. 预约房间

入住宾馆要提前预约房间，既方便自己，又利于宾馆的管理。无论是自己预约还是由组委会预约，都要清楚地说明入住和停留的时间，入住的人数，房间的类型等。如果对房间有特殊要求，也可以在预约时提出。

2. 登记入住

入住时，应首先礼貌地感谢帮助搬运行李的工作人员，然后到大堂前台登记。如果正在登记的顾客很多，则应静静地按顺序等候，并与其他客人保持一定的距离，不要吵闹和拥挤。登记完进入房间后，要阅读一下宾馆的服务指南，以便不时之需，还要查看一下房间的设施和用品是否完备，缺失的物品要及时请服务人员补齐。对于不会使用的设施要及时请教宾馆服务人员，自己不要胡乱操作。

3. 保持卫生

保持良好的客房卫生是住宿舒适和愉快的前提，也是对服务员的尊重。具体来讲，应注意的问题主要有：放好个人物品。大件物品要放壁橱里，小件物品要放在抽屉内，尽量不要将小件物品如钢笔、记事簿等乱扔在桌子上；不要在宾馆中有禁烟的区域吸烟，在房间里吸烟时要使用烟灰缸，不要乱弹烟灰，不要就着桌子捻掐灭烟，以免烧着地毯和桌子；不要在客房内乱丢垃圾，要把用过的卫生纸、瓜子皮、果皮等废弃之物扔到垃圾篓里；擦皮鞋时要使用床头柜下面的专门擦鞋纸，绝对不能用浴室里的毛巾来擦鞋；不要把吃剩的菜汤、喝剩的茶根儿、咖啡、西瓜汁等泼洒在地毯上，这些液体会留下渍印，很难清洗；不要随地吐痰；不要在大厅的沙发上吃饼干之类的零食，以免碎屑掉到沙发上或地上；如需清洗衣物，应将衣物装入专用的洗衣袋，或交给客房服务员，不要在客房内洗大件衣服。即便自己洗了一些小件衣服，也不要挂在窗外或走廊上晾晒等等。

4. 保持安静

宾馆是供住宿者休息的地方。无论是在宾馆内部的公共场所还是在自己住宿的客房里，每个住宿者都要尽量保持安静。例如，在大堂里等人时，可以坐在沙发上看看杂志、听听音乐；如果想打电话，则要放低声音，不要像吵架一样，旁若无人；如果有多个人坐在一起交谈，声音要轻。不要在客房通道内高声谈天。在客房里说话或看电视时，音量要适中，而且要把门关上。不可太早或太晚打开电视，影响别人休息等等。

5. 礼貌待人

在宾馆里住宿,对于遇到的各类宾馆服务人员或其他客人,都要敬人为先,克己自律。例如,当门童为自己开门,或向自己问好时,要表示感谢,或予以回应;保安人员因职责所在,往往会对每位进入宾馆的人士倍加关注,碰上对方打量或者盘问自己时,要进行合作;搭乘有人服务的电梯时,应清晰地报出自己所去的楼层,并道一声"谢谢",不要自己动手操作,无视对方的存在;乘无人服务的电梯时,应主动为后来的客人扶住门,中途下电梯前,自己按下关门的按钮,尽量减少给别人带来麻烦;当服务人员进入客房整理房间时,应表示欢迎,并且道谢;如果客房内个别设备出现故障,应予以体谅,不要大吵大闹,当维修工人出现后,要给予充分的尊重等等。

6. 退房离馆

准备退房时,最好先用电话告知前台。如果行李很多,可以请服务人员帮助。为了留作纪念,可以带走房间内类似牙刷、小肥皂、信封、信纸等小用品,其他物品一律不能带走。如果不小心弄坏了房间的物品,不要隐瞒甚至抵赖,要勇于承担责任加以赔付。结账完毕后,要礼貌地致谢道别。

第四节　国际礼俗

导入案例

为了与世界各国人民友好往来,敬爱的周恩来总理在新中国成立初期就提出了在外交工作中"入乡随俗,不强人所难"的礼仪原则。"入乡随俗"是指对别国、别民族的礼仪规范要尊重,"不强人所难"是指本民族、本国礼仪不要强求来访者勉为其难。这个原则充分体现了对别国、别民族历史文化的尊重和宽容,也是我们正确处理各民族、各国家不同礼仪的一个基本立场和原则。

常言道:"十里不同风,百里不同俗。"不同的国家在不同的地域环境之中,在不同的文化背景之下,有着迥然各异的习俗礼仪。体育活动人员出国时只有做到入乡随俗,尊重不同国籍运动员的礼俗习惯才能更好地体现自身的良好形象,赢得更多的尊重。

一、国际惯例

由于文化背景、风俗习惯、社会制度等的不同，每个国家或民族都有自己的礼貌礼节和风俗习惯。体育活动人员不可能了解所有国家的礼仪和风俗，但一定要遵守国际社会中约定俗成的一些交际惯例。一般而言，有以下几条国际惯例是要严格遵守的：

1. 信守承诺

在人际交往中，"言必信，行必果"，是做人应有的基本教养。体育活动人员在与外国人相处时要讲信用，守承诺，勿随便许愿，不失信于人。

2. 热情有度

中国人在人际交往中，一贯主张朋友之间应当"知无不言，言无不尽"。但在国外，人们普遍主张个性至上，反对以任何形式干涉个性独立，反对侵犯个人尊严。对他人过分关心，或是干预过多，反而会令对方反感。所以与外国友人打交道时，既要热情友好，又要尊重对方的个人尊严与个性独立。

3. 尊重隐私

外国人普遍认为，要尊重交往对象的个性独立，维护其个人尊严，就要尊重其个人隐私。即使是家人、亲戚、朋友之间，也必须相互尊重个人隐私。所以与外国友人相处时，应当自觉回避对对方个人隐私的任何形式的涉及。不要主动打听外国朋友的年龄、收入、婚恋、家庭、健康、经历、住址、籍贯以及宗教信仰、政治见解等等。

4. 女士优先

在国外，尤其是在西方国家的人际交往中，人们讲究女士优先。它要求成年男子在社交场合，应积极主动地以个人的举止言行，去尊重妇女、关心妇女、照顾妇女、保护妇女，并且时时处处努力为妇女排忧解难。能够这样做的人，会被视为教养良好。

5. 不必过谦

在外国人看来，做人首先需要自信。对于个人能力、自我评价，既要实事求是，也要勇于大胆肯定。不敢承认个人能力，随意进行自我贬低的人，要么事实上的确如此，要么就是虚伪做作，别有用心。所以在与外国朋友打交道时，千万不要过分谦虚，特别是不要自我贬低，以免被人误会。

在同外国朋友进行接触的时候，难免会碰上一些本人尚未经历的场面，或是难以处置的事情。此时此刻最好的方法，就是静观一下他人的做法，努力"从众"，与大家保持一致。

二、部分国家礼俗简介

《礼记·曲礼上》言："入境而问禁，入国而问俗，入门而问讳。"体育活动人员经常出国参加比赛，在国外活动期间，要了解与尊重有关国家的文化礼俗，做到因国、因人而施礼。

1. 美国

美国人崇尚进取和个人奋斗，不大注意穿着。相见时，一般只点头微笑，打声招呼，而不一定握手。一般也不爱用先生、太太、小姐、女士之类的称呼，而认为对关系较深的人直呼其名是一种亲切友好的表示，从不以行政职务去称呼别人。在美国等西方国家乃至世界上许多国家，都有付小费的习惯。在美国付小费被认为是对服务人员提供服务的酬劳和尊重。付小费的方式可根据当地习惯灵活运用。例如不必找零钱，或将小费置于茶盘、酒杯下面，或塞在招待员手中。有些旅馆、饭店账单上列有 10%～15% 的服务费，可不付小费。但其他服务，如帮助叫出租车、开车门、取存衣帽、代搬行李以及旅馆看门人员、服务员，还得付不低于 1 美元的小费。但对政府公务员、客机上的机组人员等，是不付小费的。

2. 加拿大

在日常生活中，加拿大人喜欢枫叶，忌白色的百合花，白色的百合花只在开追悼会时才使用。加拿大人忌讳将加拿大与美国相比较。如听到加拿大人把加拿大分为讲英语和讲法语的两部分人时，切勿发表意见，因为这是加拿大国内民族关系的一个敏感问题。

3. 阿根廷

阿根廷人惯于保持体面，重视礼节，习惯以貌取人。因而人们平时都很注重仪表，穿西服、系领带，保持一副绅士派头，但灰色西服不受欢迎。阿根廷人相见，商界流行的是握手礼。阿根廷人忌讳以贴身用品为礼物送人；忌讳谈有争议的宗教政治问题；严禁男子留胡须，对满脸胡须者甚至还追究法律责任。

4. 巴西

巴西人感情外露，人们在大街上相见经常会热烈拥抱。无论男女，见面和分别都以握手为礼。妇女们相见时脸贴脸，虽然唇不触脸，但双方都用嘴发出接吻时的声音。巴西人忌讳棕色和黄色。他们以棕色为凶色，认为深咖啡色或暗茶色会招致不幸，认为人死好比黄叶落下，紫色配黄色为患病之兆。巴西男人爱开玩笑，但忌以当地的民族问题作笑料。在巴西，因种族关系复杂，与人交往时，切勿轻易探问对方的种族。巴西人忌用拇指和食指连成圆圈而其他三指向上伸出（即美国人的"ok"手势），因为他们认为这是一种不文明的表示。

5. 英国

在日常生活中，英国人注重仪表，崇尚"绅士风度"和"淑女风范"。英国人的见面礼是握手礼，但忌讳交叉握手，因为那样会构成晦气的十字形。英国人与人交往时，奉行"不问他人是非"的信条，也不愿接纳别人进入自己的私人生活领域，邻里之间也很少往来。在非工作时间，一般不进行公事活动。若在就餐时谈及公事更是犯大忌而使人生厌。送花宜送单数，不要送双数和 13 枝，不要送英国人认为象征死亡的菊花和百合花，英国人喜欢蔷薇花。谈话时，不要以英国皇室的隐私作为谈资，因英女王被视为其国家的象征。忌用人像作为商品的装潢，忌白象、猫头鹰、孔雀做商标图案。

6. 法国

法国人天性浪漫好动，喜欢交际。在社交场合，比较流行亲吻礼和吻手礼。法国人爱花，在他们看来，不同的花可表示不同的语言含义。百合花是法国的国花。他们忌送给别人菊花、杜鹃花、牡丹花、康乃馨和纸做的花。法国人喜欢有文化和美学素养的礼品，唱片、磁带、艺术画册等是法国人最欣赏的礼品。他们非常喜欢名人传记、回忆录、历史书籍，对于鲜花和外国工艺品也颇有兴趣，不喜欢带有公司标志的广告式礼品。公鸡是法国的国鸟，它以其勇敢、顽强的性格而得到法国人的青睐。野鸭商标图案也很受法国人喜爱，但他们讨厌孔雀、仙鹤。对于色彩，法国人喜爱蓝色、白色和红色，忌黄色和灰绿色。

7. 德国

德国人勤勉矜持，讲究效率，崇尚理性思维，时间观念强。他们不喜欢暮气沉沉、拖拖拉拉、不守纪律和不讲卫生的坏习气。德国人在交谈中很讲究礼貌，比较看重身份。德国人爱吃油腻食品，且口味偏重。香肠、火腿、土豆是他们最爱吃的东西，他们还爱喝啤酒，但在吃饭、穿衣、待客方面都崇尚节俭。给德国人赠送礼品，务须审慎，应尽量选择有民族特色、有文化品位的东西，不要给德国女士送玫瑰、香水和内衣，因为它们都有特殊的意思。玫瑰表示"爱"，香水与内衣表示"亲近"，即使女性之间，也不宜互赠这类物品。在服饰和其他商品包装上禁用卐或类似符号,忌讳茶色、黑色、红色和深蓝色。

8. 荷兰

荷兰是一个花的王国,郁金香是荷兰的象征。荷兰人是理财的好手,收入虽不少,但乱花钱被看作是一种浪费而为人们所轻视。荷兰人注重工作效率,喜欢安静而平和地生活。在荷兰,人们大多习惯吃生、冷食品。送礼忌送食品,且礼物要用纸制品包好。到荷兰人家做客,切勿对女主人过于殷勤。在男女同上楼梯时,其礼节恰好与大多数国家的习俗相反:男士在前,女士在后。荷兰人爱谈政治和体育等方面的话题,但忌讳谈及个人私生活以及二战时日本对在亚洲的荷兰人的迫害话题。

9. 挪威

挪威人友善而好客,若受邀到当地人家做客,切勿忘了给女主人带上一束鲜花或是巧克力作为礼物;七月、八月和九月初为挪威人享受阳光的季节,在此期间最好不要找他们办公事,否则将会被视为不考虑他人的自私行为。

10. 瑞典

瑞典人享受着"从摇篮到坟墓"的各种社会保障,文化素养也高。人们见面很少有亲吻的习惯,即使恋人也不表现得过分亲昵;同别人见面时,以握手为礼。瑞典人爱吃生、冷食品,喜欢清鲜,不爱油腻。在瑞典忌讳送酒,禁忌蓝、黄、白色的组合。

11. 丹麦

丹麦人敬酒有很严格的礼节和顺序,如主人"请"字未出口,任何人不能动杯,其他人要待主人、年长者、位尊者饮酒之后,才能饮酒。瑞士人有很强的环保意识,尤其爱鸟。在瑞士不仅没有噪声,连人们说话也是轻声细语。瑞士人作风保守、严谨,办事讲究实际,时间观念极强。在瑞士,猫头鹰是死亡的象征,忌作商标。

12. 西班牙

西班牙人性格直率,易发火,但争吵后不计前嫌,往往一通争吵后又满面笑容。西班牙人喜欢狮子、石榴。在西班牙,忌送认为与死亡有关的大丽花和菊花。西班牙人非常重视和喜爱葡萄酒,且在饮酒时对酒的温度、酒标形状、开瓶及斟酒等方面均有不少的讲究。

13. 俄罗斯

俄罗斯是一个重礼好客的多民族国家,其礼俗兼有东西方礼仪的特点。

俄罗斯人整体文化素质很高，许多家庭都有极丰富的藏书，他们的"见面礼"是亲吻与拥抱。俄国人对送礼和收礼都极有讲究：他们忌讳别人送钱，认为送钱是对人格的侮辱；他们很爱外国货，国外的糖果、烟、酒、服饰都是很好的礼物。如果送花，要送单不送双，双数是不吉利的。对颜色的好恶和东方人相似，喜红忌黑。对数字，他们和西方人一样，忌讳"13"，但对"7"这个数字却情有独钟。俄罗斯忌食狗肉。俄罗斯人喜爱整洁，随便乱扔东西的行为会受到众人的鄙视。俄罗斯人喜欢向日葵商标图案。

14. 澳大利亚

澳大利亚人崇尚人道主义和博爱精神。在社会生活中，他们乐于保护弱者。议论种族、宗教、工会和个人私生活以及等级、地位等问题，最令澳大利亚人不满。澳大利亚人最喜爱的动物是袋鼠与琴鸟。在澳大利亚人眼里，兔子是一种不吉利的动物。他们认为，碰到了兔子，可能是厄运将临的预兆。在人际交往中，爱好娱乐的澳大利亚往往有邀请友人一同外出游玩的习惯。对此类邀请予以拒绝，会被他们理解成不给面子。澳大利亚人不喜欢将本国与英国联系在一起。虽然不少人私下里会对自己与英国存在某种关系而津津乐道，但在正式场合，他们却反感于将两国混为一谈。澳大利亚人对公共场合的噪声极其厌恶，他们对在公共场所大声喧哗者，尤其是在门外高声喊人的人，是最看不起的。

15. 新西兰

新西兰人见面一般行握手礼，新西兰的毛利人会见客人的最高礼节则是碰鼻礼。新西兰人守时惜时，待人诚恳热情。新西兰人喜欢狗，钟爱银蕨，讨厌 13 和星期五。

16. 阿拉伯及伊斯兰国家的礼俗

《古兰经》中明确规定：凡猪、死物、动物的血与内脏为禁忌食物；虎、豹、蛇、鹰、马、骡、驴、狗等禽兽肉也为禁忌食物；其他可食动物，若非由阿訇"安排"而宰杀的也不可食用。

在阿拉伯国家，一般见不到女主人。谈及或问候女主人，都是失礼的。在一些国家，甚至连主人家中的孩子也不能提及，若见到了阿拉伯人的妻子，虽然可打招呼，但切勿与之握手。和阿拉伯人坐在一起，忌用脚对着主人，更不要把腿架起来，若露出鞋底，是对主人大大的不敬。同阿拉伯人谈话，应避免谈政治和宗教问题，也不要谈及猪、狗及其他所禁忌的东西。在阿拉伯国家，男人之间手牵着手走路，是相互友好和尊重的表示，这正好和西方国家相反。

送给阿拉伯人的物品中不能送带有动物形象的图案,更不能送带有女人图像的物品,也不能给阿拉伯人的妻子送礼,但给孩子送礼会特别受欢迎。阿拉伯人分布广泛,各国之间礼俗上也存在一些差别。沙特阿拉伯是最为严格的伊斯兰教国家,那里的人也特别讲究礼仪。他们见面时首先要互致问候和祝贺;沙特人也很大方,若友人对他身上的某物表现出好感,他往往会马上送给你,你若不接受,反而会得罪他;他们爱以咖啡和茶待客,迎送客人喜欢用熏香和喷洒香水这种传统的待客礼节。抽烟、喝酒、唱歌和跳舞都被认为是一个人堕落的表现。在沙特,黄色象征着神圣和尊贵,只有王室才能使用,对平民是忌用的。在科威特、巴林等海湾国家的阿拉伯人家做客,最好保持好的食欲,因为吃得越多,主人越高兴。在埃及人面前,不能把两手的食指碰在一起,他们认为这个手势是不雅的。伊拉克人忌讳蓝色,认为蓝色是魔鬼的象征,他们不吃猪肉,也不吃辣椒和蒜。伊朗人称赞别人时不伸大拇指,他们禁忌外人评论婴儿的眼睛。阿拉伯各国都禁用六角星做图案。

17. 日本

日本人喜欢奇数(8例外,9及其他某些奇数也不受欢迎),忌讳三人合影。日本人没有相互敬烟的习惯。与日本人一起喝酒,不宜劝导他们开怀畅饮。日本人有当天事当天毕的习惯,时间观念强,生活节奏快。日本人很忌讳别人打听他们的工资收入。年轻的女性忌讳别人询问她的姓名、年龄以及婚否等问题。送花给日本人时,忌送白色的花,也不能把玫瑰和盆栽植物送给病人。菊花是日本皇室专用的花卉,民间一般不能赠送。日本人喜欢樱花。在商品的颜色上,日本人爱好淡雅,讨厌绿色,忌用荷花、狐狸、獾等图案。在日本,用手抓自己的头皮是愤怒和不满的表示。

18. 韩国

韩国人崇尚儒教,尊重长者。长者进屋时大家都要起立。乘车时,要让位给老年人。韩国人见面时的传统礼节是鞠躬。在走路时,晚辈和下级遇到长辈和上级应鞠躬、问候,并站在一旁,让其先行,以示敬意。男士之间见面打招呼互相鞠躬并握手,握手时或用双手,或用左手。女士一般不与人握手。在参加社会活动或宴会时,男女分开进行社交活动,在家里或在餐馆里也是如此。在韩国,如有人邀请你到家吃饭或赴宴,你应带小礼品,最好挑选包装好的食品。席间敬酒时,要用右手拿酒瓶,左手托瓶底,然后鞠躬致祝词,最后再倒酒,且要一连三杯。敬酒人应把自己的酒杯举得低一些,用自己杯子的杯沿去碰对方的杯身。敬完酒后再鞠个躬才能离开。韩国人用双手接礼物,但不会当着客人的面打开礼物。不宜送外国香烟给韩国友人。酒是送韩国男人最好的礼品，但不能送酒给妇女，除非说清楚酒是送给她丈夫的。在赠送韩国人礼品时应注意，韩国男性多喜欢名牌纺织品、领带、打火机、电动剃须刀等。女性喜欢化妆品、提包、手套、围巾类物品和厨房里用的调料。孩子则喜欢食品。

19. 泰国

泰国人见面时，通行的是行合掌礼，双掌相合上举，抬起在额与胸部之间，双掌举得越高，表示尊敬程度越高，但地位高者、老者还礼时手腕不得高过前胸。泰国人喜欢大象与孔雀，白象被视为国宝，荷花是他们最喜欢的花卉。他们喜欢红、黄色，尤其喜欢蓝色，视蓝色为"安宁"的象征。他们忌用红笔签名。

20. 越南

在越南，如遇到同自己年龄相仿的人，不要以"先生""小姐""师傅"相称，更不能称"大哥""大姐"，而应礼貌地尊称对方为"二哥""二姐"。越南人很好客，在南方一些山区做客，可以同他们一起喝"同坛酒"，且第一圈必喝。如不胜酒力，就双手抱拳向右一举，即可不喝了。路口悬有绿色树枝的村寨和门口悬有绿色树枝的人家，外人不得进入。

21. 缅甸

缅甸素有"佛塔之国"之称。进入佛塔、寺庙，或者进入别人家时，都必须脱鞋光脚方可进入。缅甸人认为牛是忠诚的朋友，吃牛肉是一种忘恩负义的行为。在缅甸，"右为大，左为小""右为贵，左为贱"，他们遵守"男右女左"的原则。在缅甸，星期天忌送别人东西，星期二忌讳做事。睡觉时，头必须朝向代表光明的东方。

第五节　本章知识点小结及项目综合实训

知识点小结

1. 礼的内、外两面，与人的内、外兼修完全一致。学礼，既要熟悉礼的外在形式，更要把握礼的内在精髓。

2. 体育活动人员的交往礼仪遵循尊重为原则，无论是对交往对象的称谓、介绍还是相互交谈、电话等都必须以尊重为前提。在手机普及的情况下，使用手机要注意礼仪规范。

3.体育活动人员在出席宴请、招待会、就餐时要遵守相应的礼仪规范。自助餐上要做到:排队取菜、用公用叉匙取菜、循序取菜、多次少取、用餐完毕放回餐具。

4.体育活动人员要遵守旅行礼仪。

5.体育活动人员经常出国参加比赛,在国外活动期间,要了解与尊重有关国家的文化礼俗,做到因国、因人施礼。

项目综合实训

社交礼仪的运用

(一)实训目的

通过做客、聚会、就餐、住宿等不同场景的实训,理解和掌握称呼、介绍、握手、递名片、交谈、馈赠等礼仪。

(二)实训内容

分四组分别展示做客、聚会、就餐、住宿等场景,要求至少能正确运用称呼、介绍、握手、递名片、交谈、馈赠等四至五个礼仪的运用。

(三)实训要求

1.了解聚会、就餐、做客、住宿等必须遵循的礼仪规范;

2.正确运用称呼、介绍、握手、递名片、交谈、馈赠等的行礼方式;

3.展示要有组织、有创新、效果好、纪律好。

(四)实训步骤

1.对班级分组,教师布置实训任务;

2.各小组抽签选择(做客、聚会、就餐、住宿)场景进行演示;

3.小组讨论:如何在场景中正确运用握手、称呼、介绍、递名片、交谈、馈赠等礼仪,并反复练习;

4.按抽签次序依次展示,其余组观摩,注意记录正确的或者不当的表现形式;

5.课堂对展示场景交流、点评;

6.教师总结归纳。

（五）组织形式

以小组为单位进行场景展示，展示结束后课堂点评、小结。

（六）考核要点

	考核点	考核要求	分值	备注
1	情景展示能力	情景展示生动、自然，礼仪运用正确、规范、美观。	30分	小组评议、教师评分
2	团队合作能力	分析、讨论、分工协作能力。	30分	小组自评
3	知识点的把握	对课堂知识的理解程度，语音表达能力，表达仪态优美度。	40分	小组互评、教师评分

第五章 运动员的特殊礼仪

理论目标

    掌握运动员在特殊体育活动中(训练、比赛、领奖以及面对媒体)必须遵循的礼仪规范。

实务目标

    掌握运动员在比赛、领奖和面对媒体时应该具有的礼仪风范。

    运动员的特殊礼仪专指运动员在训练场、赛场、领奖台以及面对媒体时所应该具有的礼仪风范。体育运动的精神风貌主要是由运动员来展现的,体育运动精神要求运动员不但要有超强的体育竞技实力,更要有良好的礼仪修养。运动员讲礼仪,可以为赛场激烈的竞争气氛增添一道温馨的人文色彩。

导入案例

体育时评:从苏翊鸣到谷爱凌,这就是中国青年!

2022-02-08 20:17 新华社

    新华社河北崇礼2月8日电 两位未及弱冠的中国年轻人,在北京冬奥会上熠熠生辉! 17岁的苏翊鸣、18岁的谷爱凌,用他们神勇的表现、开放的心态,向全世界展示着中国青年热情开朗、包容进取的形象。

    决赛最后一个登场的苏翊鸣在加拿大选手帕罗

2月7日,苏翊鸣在北京冬奥会单板滑雪男子坡面障碍技巧奖牌颁发仪式上。新华社记者张宏祥摄

特拿到 90.96 分的情况下,顶住压力,在第二轮比赛中完成了全场第一个 1800 度动作,收获一枚宝贵的银牌。在前两轮总分落后法国选手苔丝 5.25 分的情况下,谷爱凌在最后一轮跳出了比赛中从未尝试过的 1620 超高难度动作,绝杀夺冠!

初生牛犊不怕虎,敢于挑战和突破自我,这就是中国青年!

拿到个人首枚奥运金牌的谷爱凌没有肆意庆祝,而是和铜牌得主玛蒂尔德一同前去安慰遗憾获得银牌的苔丝。苏翊鸣是全场唯一完成 1800 度动作的选手,最后没能获得冠军,甚至引来不少国外网友的声援,但苏翊鸣并不在意。颁奖台上,他开心地和对手拥抱致意。

尊重规则、尊重对手、尊重友谊,这就是中国青年!

赛场上,谷爱凌和苏翊鸣的成绩让世界为之惊叹,赛场外他们丰富的成长经历也让人感慨不已。苏翊鸣除了是一位优秀的单板滑手,还是小有名气的"童星"。这位曾经面对镜头坦言不想把滑雪当作职业的少年,当看到北京获得 2022 年冬奥会举办权时,毅然决然选择成为职业滑手,

2 月 8 日,谷爱凌在北京冬奥会自由式滑雪女子大跳台决赛中。新华社记者兰红光摄

在家门口为国出战。

和苏翊鸣多年辗转国外训练不同,能说一口流利京腔的谷爱凌是中美混血,从小在美国长大。她身上标签众多,是"天才滑雪少女",也是名校"学霸",还是模特。如今,中国兑现了"带动三亿人参与冰雪运动"的承诺,她希望自己的经历"可以鼓励成千上万的中国人参与滑雪运动"。

多元的文化背景,不同的成长经历,共同的"更快、更高、更强——更团结"的理念,这就是中国青年!

与时代同频共振,为大国添砖加瓦,在百年未有之大变局面前,以谷爱凌、苏翊鸣为代表的中国年轻人,将个人的奋斗和祖国的发展紧密结合起来。不负时代,不负韶华,这就是中国青年!

执笔记者:夏亮

参与记者:朱青、李琳海、陈地

责任编辑:吴元培

(摘自 http://www.olympic.cn/zt/Beijing2022/china/2022/0208/399760.html)

第一节 比赛礼仪

一、尊重裁判员

任何体育比赛项目都有自己的规则,运动员一定要在遵守规则的基础上进行竞争。遵守规则既是维持正常比赛秩序的需要,也是保证运动员展示真正实力的前提。裁判员则是确保规则执行的法官,他们代表着规则与秩序、公正与公平,享有各单项体育组织赋予的执法权,代表着专业与权威。因此,运动员必须无条件地尊重裁判员。尊重裁判员是运动员最基本的礼仪之一。

运动员对裁判员的尊重包含了下面几层含义:

其一,尊重裁判员是对体育项目本身的尊重。人们都是热爱自己事业的,运动员也一样,要为自己所从事的体育项目进行拼搏并为其增添荣誉而不是去败坏它。裁判员是体育比赛的执法者,运动员不尊重裁判会导致比赛无法正常进行。更重要的是对裁判员无礼的理论、争辩、指责甚至打骂言行不但严重败坏了比赛项目,而且也损毁了运动员自己的事业。无数事实表明:运动员不尊重别人,往往会导致自己的心态失衡、发挥失常、比赛失利,甚至被驱除场外或永远停赛。所以，作为运动员，不应把过多的注意力放在裁判身上，一遇挫折就指责裁判员，这样势必会影响自己的情绪，影响自己水平的正常发挥，严重的甚至还会影响自己钟爱的体育项目的形象。优秀运动员应该是能有效控制自己的情绪，集中精力在比赛上而不是一遇裁判不公就做出有损形象的过激言行。

2006 年多哈亚运会黎巴嫩篮球队员围堵裁判员

其二，尊重裁判是对裁判职能的尊重。裁判是现代体育竞赛不可或缺的角色，裁判作出的任何判决是基于其职业行为，代表该项赛事权威部门执法。尊重其判决结果就是对裁判这个职业的尊重。能登上国际赛场的裁判可以说都代表着各执法项目中的顶尖水平，如奥运会前各单项体育组织都会对裁判进行相应选拔，除执法水平外，还要具备优秀的执法记录，沟通能力良好等条件。所以，运动员应该从心里感激

2004 年雅典奥运会上涅莫夫在劝慰观众

裁判的服务，在比赛结束的时候，无论胜败都应该主动和裁判握手，并致以微笑和感谢。

其三，尊重裁判是对比赛现场秩序的尊重。裁判在赛场上代表着规则和秩序，运动员尊重裁判就是在为自己和其他队员创造良好的比赛环境。运动员尊重裁判主要表现在：对于裁判员出现的误判、错判、漏判或不公平打分等一定要冷静，可礼貌地向裁判简要说明事实，如果裁判坚持原判，运动员应立即继续进行比赛，而不能威逼裁判改判，甚至谩骂、侮辱、追逐、殴打裁判；对于裁判可能的不公平判决，运动员不能有诸如故意损坏器材、大声喊叫或粗言秽

语、拖延比赛等不良行为。另外,运动员在场上对裁判的态度也会在很大程度上影响观众对裁判的态度。运动员首先做好尊重裁判的表率,在裁判与观众有不同意见的情况下协助化解不良情绪,对于维护整个赛场的良好秩序都是很有帮助的。

■ 相关链接

俄罗斯老将涅莫夫在 2004 年雅典奥运会单杠决赛中的表现就是对比赛现场秩序尊重的最好诠释:第三个出场的涅莫夫以四个空翻抓杠的惊险动作,丝丝入扣的连接,赢得满堂惊呼和喝彩。但大屏幕上最后显示的裁判打分是 9.725 分,这个分数比前两个出场的选手低了 0.062 分。不同国籍的观众同时站起,不同颜色的国旗同时飞舞……大家都忘记了国籍,都在为涅莫夫鸣不平。在无法收场的情况下,涅莫夫走上赛台,双手下压,示意观众停止起哄。嘘声渐止,取而代之的是献给涅莫夫的热烈的掌声。涅莫夫没虽能拿到奖牌,但在运动员退场的时候,涅莫夫得到的掌声远远超过其他运动员。

其四,尊重裁判是对裁判本人人格的尊重。作为一个自然人,裁判和其他任何人一样理应受到人格上的尊重,享有不受伤害的权利。运动员辱骂、殴打裁判等行为不仅有损人格,还是违法行为。假如裁判在执法过程中出现了明显的误判,运动员可以通过正常渠道上诉,即使是改变不了比赛结果,也是对裁判员的一个警醒,但绝不可在赛场上做出有损裁判人格的事。

案例 1

"暴力篮球"玷污奖牌

在 1952 年赫尔辛基最大的室内体育场,乌拉圭队与法国队的一场激烈的男篮半决赛中,当裁判员法雷尔吹哨说乌拉圭队犯规时,他们扳平比分的希望破灭了。愤怒的乌拉圭队的队员们从长凳上跳起辱骂裁判员,直到 5 分钟后裁判员宣布他们刚才那 2 分有效后才恢复比赛。然而,平静还没有恢复多久就再次被破坏。当法国队投篮得分,将比分变为 68∶66 时,终场结束的哨声响起,血腥的一幕上演了:疯狂的乌拉圭队员对裁判员法雷尔施加暴力。其中一名叫帕莱斯的队员冲着裁判员的眼睛打去,另一队员罗塞尔则从后面卡住裁判员的喉咙。混乱中法雷尔的腹部不知被谁踢了一脚,在这样的攻击下,他倒了下去,头撞到了地板上。当法雷尔被抬走时,他的眼部和头部均受重伤。

即使这样,这支暴力篮球队仍没有作罢,队员奥特罗还冲到人群中,恶意打伤了一个欢呼法国队胜利的球迷。最后,晚来一步的警察平息了这场无聊的喧嚷。

后来,两名肇事者帕莱斯和罗塞尔都被禁赛了,但是他们的队友仍在继续着"凶狠"的比赛气势。与阿根廷队争夺第3名时,乌拉圭队为了取胜在比赛中不断恶意犯规、无视裁判。到比赛结束时,乌拉圭队被罚得只剩下4名队员。比赛以乌拉圭队的胜利而结束,厚颜无耻的帕莱斯和罗塞尔也参加了授奖仪式。然而,他们的出现是一种玷污,他们的奖牌也被收回。奥林匹克历史上令人伤心的一幕最终落幕。

案例 2

科威特球员殴打裁判被禁赛

2005年9月12日,男篮亚锦赛开出了第一张罚单,3名科威特球员被禁赛。原因是在9月11日小组赛沙特和科威特的比赛中,沙特队以87∶84险胜科威特队。在比赛之后,由于认为裁判吹罚不公,3名科威特球员失去了理智,殴打当值裁判胡赛因,他们认为裁判制造了这场有争议的比赛。亚篮联技术委员会经过讨论,对裁判的报告进行了研究,决定对这3名球员进行处罚。科威特球员哈桑立即被取消本届亚锦赛的参赛资格并将追加处罚,阿拉亚米和穆罕默德被立即取消本届亚锦赛参赛资格。因为行为不当和损坏体育馆器材,科威特队被处以1万美元的罚款。

二、尊重对手

奥林匹克运动有一句著名的格言:"更快、更高、更强。"2021年7月20日,"更团结"加入奥林匹克格言中。奥林匹克格言从此变为"更快、更高、更强、更团结"(Faster, Higher, Stonger, Together)。格言要求运动员要以坚定的信念、满腔的热情和高度的使命感积极投身到比赛中去,以超越自我和竞争对手。超越自我是运动员不断进步的精神力量,超越竞争对手而成为优胜者则是运动员拼搏的目标。但是,超越应该建立在团结、尊重对手的基础上,运动员只有尊重对手才能发挥自己的真实水平,才能得到别人的拥护和尊敬。奥地利作家卡夫卡说:"善待你的对手,方尽显品格的力量和生存的智慧。"不要忌妒对手,而要学会尊重和了解对手,因为竞争对手是运动员的赛场标靶,运动员只有学会尊重和了解对手,才能在与强劲对手竞争时发现自己的不足,才能增强自己的危机感和风险意识,才能总结经验教训,取人之长补己之短。尊重对手,就是尊重自己。

现代体育史上就有许多因为对对手的尊重而一直被人们所称道的事例:当年乔丹在公牛队时,皮蓬是公牛队最有希望超越乔丹的新秀,他时常对乔丹流露出一种不屑一顾的神情,还经常说乔丹某方面不如自己,自己一定超过乔丹之类的话。但乔丹却没有把皮蓬当作潜在的威胁而排挤他,反而对他处处加以鼓励。一次,乔丹问皮蓬:"我俩的 3 分球谁投

2005 年上海黄金大奖赛男子 110 米栏刘翔夺冠,在颁奖仪式上约翰逊对刘翔竖起大拇指。

得好?"皮蓬说:"你明知故问什么,当然是你。"因为那时乔丹的 3 分球成功率是 28.6%,而皮蓬是 26.4%。但乔丹微笑着说:"不,是你! 你投 3 分球的动作规范、自然,很有天赋,以后一定会投得更好,而我投 3 分球还有很多弱点。我扣篮多用右手,习惯地用左手帮一下,而你左右都行。"这一细节皮蓬自己都不知道,他深深地为乔丹的无私而感动。乔丹不仅以球艺,更以他坦然无私的胸襟赢得了所有人的拥护和尊重,包括他的对手。

又如在 2004 年 8 月 16 日凌晨的雅典奥运会女子重剑决赛中出现了一个令所有观众感动的场面:弗莱塞尔的比赛装置临时出现了问题,弗纳吉主动走上前去帮她整理好服装,然后双方才进入比赛。弗纳吉的这一举动赢得了全场雷鸣般的掌声。尊重对手方显君子之风。弗纳吉的举动体现了一个优秀运动员的气度和胸怀,她不仅拿到了奖牌,更赢得了对手和所有观众的尊重。

再如 2006 年 11 月 30 日多哈亚运会女子乒乓球团体 1/4 决赛中国队与日本队的比赛中也有类似的场景:郭跃与福原爱打到第 3 局的关键时刻,郭跃发球擦网,裁判没看见,福原爱又示意迟了,裁判判郭跃得分。郭跃后来用主动失误还了福原爱 1 分,教练施之皓也赞许地笑了笑。这一局郭跃输了,为电视台解说的杨影客观地总结说:"要是郭跃不还那 1 分,当时福原爱就落后 3 分,这一局恐怕郭跃就拿下了。"其实郭跃主动输这 1 分比赢那一局更有意义,年轻的郭跃懂得公平竞争,懂得赛场礼貌,这才是世界一流运动队的精神

面貌。

运动员尊重对手主要体现在：

其一，运动员进入赛场后，双方队员应该真诚地相互点头致意或握手问好，不要蜻蜓点水式的走过场。在做赛前热身活动时，如是需要双方配合的项目如乒乓球、羽毛球等，运动员应该相互尊重，主动捡球，积极跑动，不做极端动作。

其二，在比赛过程中，竞赛双方在无意中难免有一些不当的言行或动作，这时一定要谅解对方，不应该"以牙还牙"地报复对方。运动员不应该有故意干扰对方的举止，如用小动作干扰对方或在比赛中磨蹭时间等。在任何情况下，运动员都不能谩骂对手，也不能用动作或表情激怒或侮辱对手。

其三，比赛双方总有水平高低之分，作为强者，不能趾高气扬，得意忘形，不能在对手失误或比分落后的情况下讥笑或鄙视对方；作为弱者，要以实力顽强地与强手抗争到底，不能由于心急而摔打比赛器具或故意伤人等。

其四，比赛结束时，双方要握手示意友好。优胜者应该主动和对手握手，并致以微笑；失败者要通过握手向获胜者祝贺，不能表现出不高兴甚至恼羞成怒。值得注意的是，在赛场上经常看到个别运动员在与对手握手时，只是把手伸过去碰对方一下，但眼睛都没有瞧一下对方，这种不礼貌的握手确实有失风度，还不如不握。

三、尊重观众

体育应该是建立在群众基础上的，离开了群众基础，体育可能就失去了根本。再精彩的体育比赛如果没有观众的喝彩和支持，就会变得没有意义。运动员应该珍惜观众的支持，在比赛中要对观众负责，尊重观众欣赏比赛的权利。尊重观众是一个运动员的必备素质，它包括以下几方面的内容：

其一，运动员在上场比赛时应该精神饱满，斗志旺盛，面向四周的观众要鞠躬行礼或挥手致意。

其二，比赛中，运动员与观众应该是互动的，运动员要尽自己最大的努力，发挥最佳水平，

贝克汉姆向球迷致意

使观众在激烈的竞争中欣赏自己的技艺并得到美的享受。运动员要坚决避免那些漫不经心、自暴自弃、弄虚作假或中止比赛的做法,这些行为不仅践踏了体育精神,也是对热心观众的不尊重。观众想观看的是真正的竞技,一个运动员,不管你是否获得名次,也不管你是胜利还是失败,只要你真正用竞技的手段在真正的比赛中进行了顽强的拼搏,也必将受到观众的尊重。

2004 年中国亚洲杯足球赛中国队球员展开感谢球迷的横幅(张旭 摄)

其三,观众看比赛一般都会带有一定的倾向性,这样运动员容易有激情,比赛争夺也会更激烈,这也是竞技体育的魅力所在。当观众对某个运动员或某一阶段比赛不满意时,其不满情绪会通过声音表现出来。这时,运动员要排除干扰,不受影响,坚持比赛,不要在赛场上无谓地耍脾气、扔比赛工具甚至拒绝比赛。而且越是碰到这种情况,运动员越是要尊重观众,要努力通过自己出色的表现,来赢得观众的掌声和拥护。

其四,在比赛结束时,不管是输是赢,运动员都要有礼貌地向观众致谢。如果你是一个有影响的运动员,无论上场时对待观众的鼓掌,还是离场时观众拥上前来握手或请签名题字,都要热情,应对得体,不能冷落观众,伤害其自尊心。

案 例

大牌球星的骄横

第 45 届世界乒乓球锦标赛在荷兰埃因霍温市举行。在赛场内外,经常有观众请自己喜爱的运动员和教练员签名,可他们中的有些人不是以种种借口加以推辞,就是面无表情或以冷冰态度示人,尤其是一些大牌明星们更是态度骄横,风度丧尽。在这次锦标赛期间,一名大牌球星当众推开了一位十岁左右欧洲小姑娘递过来的签名本。望着满脸失望的小姑娘,不知这位球星的内心如何感想? 也有运动员是截然不同的做法:在男子双打半决赛中,世界男单 1 号种子选手白俄罗斯的萨姆索诺夫败在了中国选手的拍下,此时谁都可以想象萨姆索诺夫此刻的内心感受,但当他从赛场走出路过观众台时,许多中国观众争先恐后地找他签名,他非但没有任何怨言,还非常认真地一一满足,直至观众满意而去。在他回休息室途中,有一些中国观众想与他合影留念。他不顾劳累,面带微笑地与大家合影留念。两种截然不同的态度,两种截然不同的场面,充分反映了运动员之间素质和修养的差距。反观有些所谓大牌球星的表现却超出人们的想象:他们动辄蹬球台、摔球拍、举止粗俗、蔑视观众,造成了非常恶劣的影响。的确,任何体育项目都一样,如果运动员一味地追求锦标主义,而忽视对自身素质和修养的要求,都将是对真正体育精神的亵渎。过硬的技术和良好的修养兼备,才算得上是一个优秀的运动员。

四、尊重自己

中国传统文化强调一个人要自尊、要知耻,这是做人的底线之一。人要自尊自爱,要在品格和行为上严格要求自己。一个自轻自贱的人是不会获得别人尊重的。

运动员尊重自己首先要尊重自己的实力,不通过作假、舞弊和蒙蔽对手等拙劣的手段来取胜。其次,运动员要漂亮地登场,完美地谢幕,无论输赢与否,在赛场上都要做到有始有终,坚持到底。再次,运动员要尊重自己的言行,而不要使其成为别人的笑柄。

竞技体育较量的是胜负高低,比赛结果肯定有输赢之分。运动员赢得比赛后,表现得欣喜若狂,这完全可以理解。但有的运动员在激情难耐的情况下,常常会做出一些原始粗俗的行为,如把衣服撕了,跪到地上甚至躺在地上大吼大叫长时间不起,疯狂抛掷手中比赛器具等行为让人看了很反感。而当输了比赛后,一些运动员又有另外一种低俗的表现,如踢桌子、砸球拍、怒视对手和观众、赛后拒绝与对手握手等,这些行为用通常的话说叫做输不起。运动员如果输不起,就算他的水平再高,也不会因此而赢得相应的赞誉。毕竟观众是来欣赏比赛的,不是来看哪个仅仅具有一技之长的人因不如愿而大耍脾气的。

一个运动员在大庭广众之下的表现,是构成其个人形象的一个重要组成部分。运动员只有尊重自己,才能获得别人的尊重和喜爱。

案 例

达赫迪绅士风度诠释斯诺克 自认犯规输掉半决赛

在 2006 年斯诺克中国公开赛半决赛上，当比赛进行到第 8 局的时候，爱尔兰台球名将达赫迪以总比分 2：5 落后。当所有人都在聚精会神欣赏达赫迪的畅快进攻时，他的一个举动让所有人意外——达赫迪主动向裁判员示意自己碰到了一颗红球，而当时包括裁判员在内的所有人都没有注意到达赫迪的这次犯规，他完全有机会一杆清台。可是达赫迪却采取了令人意外的做法，最后他输掉了比赛。

赛后，达赫迪说："那个球我当然要承认，因为比赛对大家都要公平。这虽然是一场艰难的比赛，虽然那个时候我落后很多，但是，这场比赛不仅对我非常重要，对我的对手也一样非常重要。事情发生了就是发生了，虽然对手和裁判可能没有看见，但是他们也有可能看见了，观众也有可能看见了。比赛的胜负固然很重要，但球手要赢得光明磊落。"斯诺克是一项绅士的运动，达赫迪虽然没能赢得比赛，但是他赢得了职业斯诺克球手的尊严。

爱尔兰台球名将达赫迪

体育从来都不应成为只见奖牌、不见精神的单纯竞技。一名运动员在国际赛场上的个性展示绝不能以亵渎体育精神为代价。那些尊重比赛，尊重自己，顽强拼搏，真正体现奥林匹克精神的运动员就算在比赛中拿不到牌也一样能赢得世人的尊敬。

相关链接

在 1992 年巴塞罗那奥运会男子 400 米半决赛上，刚刚跑过了 250 米，德里克·雷德蒙德的右腿肌肉撕裂，跌倒在跑道上。这位做了 5 次手术都没有吭一声的英国人，知道自己的奥运奖牌梦已经提前结束。他拒绝了担架，从地上爬起来，强忍着疼痛，一跳一跳地向终点靠近。这时，正在看台上观看儿子比赛的吉姆·雷德蒙德冲过了警卫，来到了德里克的面前。

"你不必这样，儿子。"吉姆心疼地劝儿子放弃。

"我一定要比完,我要有始有终。"德里克回答。

"好吧,就让我陪你一起完成这场比赛吧。"吉姆扶着德里克,一起慢慢地走向终点。在距离终点不远的地方,吉姆放开了手,"去吧,我知道你希望独立穿过那条线。"

德里克自然是最后一名,但是全场 65000 名观众都自发地站起来为他鼓掌,也向他那位伟大的父亲表示敬意。

相关链接

"最伟大的最后一名"——坦桑尼亚运动员阿赫瓦里

在 1968 年墨西哥城奥运会上,坦桑尼亚运动员约翰·斯蒂芬·阿赫瓦里参加了 10 月 20 日的马拉松比赛。遗憾的是,当他跑到 19 公里处的时候,不慎摔了一跤,膝盖受伤,而且伤势比较严重。这时他的教练劝他放弃比赛。但是,阿赫瓦里拒绝了教练的善意劝告,简单包扎后,他拖着受伤的右腿费力地迈开了脚步。鲜血渗出来,染红了绷带。他仍然坚持着一瘸一拐地完成了整个比赛。直到晚上 7 点钟的时候,腿上流着血、缠着绷带的阿赫瓦里才步履蹒跚地走进了比赛场地。此时,比赛已经结束了一个小时,连颁奖仪式都已经完成了。偌大的体育场里,只剩下场地工作人员和一批批即将散去的观众。但是,当阿赫瓦里跌跌撞撞地冲向终点时,全场的观众都为之震动,向他报以雷鸣般的掌声。在这场比赛当中,最后一个完成马拉松比赛的选手,自然是约翰·阿赫瓦里。旁人问他为什么明知毫无胜算,还要拼命跑下去?他说:"我的祖国从 7000 英里以外的远方把我送到这里,不是让我开始比赛,而是让我完成比赛的。"尽管他没有能够登上领奖台,没有获得掌声和鲜花,但是他的行动却道出了奥林匹克精神的真谛。这个"最伟大的最后一名"用自己的行动,弘扬了现代奥林匹克运动的"重在参与"精神。

五、尊重队友

有很多体育项目是多个运动员参与的集体竞技项目。在比赛中,运动员之间的相互配合是技战术发挥的基础。因此,团结奋进、顾全大局、尊重队友就构成运动员道德修养的又一个重要内容。尊重队友主要体现在以下几个各方面：

其一，集体比赛项目要求本队运动员之间相互配合、相互信任，以使全队的整体水平得以充分发挥。比赛中运动员不要一味地突出自己、表现自己而不与队友配合。个人主义和英雄主义往往会导致比赛的失利，并对全队的团结和士气产生消极影响。

2004 年雅典奥运会澳大利亚篮球队员失利后相互安慰

其二，当遇到队友失误或与自己配合不好时，要以适当的方式安慰和激励队友，如与队友击掌、微笑着向队友点头示意等，而不要指责或谩骂队友。队员之间只有相互团结、共同进取才能取得好成绩。

其三，在比赛中，同队队友之间争夺冠军的现象时有发生。在这种情况下，除了在比赛过程中要尊重队友外，在领奖时更要心服口服地尊重对方。有的队员自认为水平高，可在比赛时偏偏又发挥失常没有拿到金牌，就对拿到金牌的队友产生鄙视、妒忌甚至怨恨的情绪，在领奖时脸若冰霜，不与队友握手祝贺，甚至赛后也拒绝与队友表示友好。这些行为都违反了体育竞技的基本道德，是与优秀运动员所应有的素质背道而驰的。

六、尊重教练

在集体项目比赛中，教练员事先都要为运动员制定一定的战术，其中包括运动员的上场人选和替换人选。作为运动员，要尊重教练的选择，要用最正常的方式来表现你自己的能力和水平。如果自己被安排为候补队员，则在场下不要有怨气，不要指责场上运动员的表现，自己有机会上场时则要兢兢业业地参加比赛，不要消极怠工。场上的队员被替换下场时，要愉快地与观众招手致意并迅速离场，不要由于自己被换下而摔打器材或咒骂裁判。

运动员有时对主教练有意见，这是很正常的，但是在赛场上运动员无论如何都要倾心参加比赛，这是一个运动员基本的职业素养。

七、合理申诉

运动员在比赛中遇到不公平待遇，可以向裁判员、比赛仲裁委员会和比赛技术委员会提出申诉，但申诉必须在比赛结束后进行。运动员不能因为遇到不公平待遇而中途退出比赛或拖延比赛,也不能由此而拒绝领奖。

■ 相关链接

北京时间 9 月 28 日,仁川亚运会组委会消息,巴林田径队上诉成功,女子 3000 米障碍赛选手杰贝特昨晚被判犯规取消的金牌失而复得,中国选手李珍珠仍然获得银牌。

在昨晚的女子 3000 米障碍赛中,巴林 17 岁小将杰贝特一路领先以绝对优势率先撞线。然而在随后的颁奖仪式前,杰贝特突然被告知在比赛的倒数第二圈脚踩进内场,她被判犯规,金牌被取消。原本排名第二的中国老将李珍珠递补获得金牌。随后巴林田径队上诉,最终金牌失而复得。

第二节　领奖礼仪

颁奖仪式往往是体育赛事最激动人心的时刻,特别是在国际赛事上,当运动员经过努力拼搏终于站在高高的领奖台上接受颁奖时,无论是运动员还是本国观众都有一种深深的满足感和民族自豪感。颁奖仪式现场一般隆重而热烈,获胜运动员在接受嘉奖时往往特别激动,这时千万不要忽略了领奖礼仪。

一、登上领奖台

运动员参加颁奖仪式时,要修饰自己的仪容仪表,穿好领奖服,擦净脸上的汗水,到大会颁奖地点等候。无论自己的名次如何,运动员在此时此刻都要像英雄一样面带笑容,精神饱满。

主席台依次按照季军、亚军和冠军的顺序宣布获奖运动员名单。运动员听到自己的名字后要信步登上领奖台,然后向观众招手致意并与同台获奖运动员握手以示相互祝贺。这些礼节性的动作完毕后,运动员要姿势端正地站在领奖台上,切忌左顾右盼,交头接耳,也不要有小动作。集体项目运动员上台领奖时,队伍要整齐,一般由队长代表本队与他队队长握手,其他人则保持良好的站立姿态。

2006 年多哈亚运会撑竿跳冠军高淑英登上领奖

二、接受奖牌

在接受奖牌的时候,运动员一定要彬彬有礼,面带微笑,感谢之情要由衷而发,不能傲慢敷衍。授奖之前,经常会有礼仪小姐向运动员献花或赠送小礼品,这时运动员应该倾身向礼仪小姐点头致意,双手接过鲜花的同时说声"谢谢",然后左手持花,自然挺立,静等授奖。授奖时,颁奖者会把奖牌戴在运动员的脖子上,运动员要欠身以方便颁奖者给自己戴奖牌,同时要说"谢谢"。在受到握手或亲吻时,应愉快接受,并致谢意。接受奖牌后,运动员要举起奖牌向观众致意,并给记者留一定的摄影时间。

刘翔接受奖牌(赵彤杰 摄)

三、升旗仪式

在国际比赛的颁奖仪式上,当运动员接受奖牌后,现场将升起获得前三名运动员所在国家的国旗,同时奏响冠军所在国家的国歌。

国旗是一个国家的象征和标志,升旗仪式是一个非常严肃的、隆重的仪式。当五星红旗冉冉升起的时候,我国运动员应将身体转向旗杆方向,庄严肃立,双眼凝视国旗徐徐升起。如果手中有花的话,运动员应该左手持花,右手

庄严的升旗仪式

自然垂放。中国人对国旗表达敬意的方式跟崇尚含蓄的传统文化是密切联系的。相反,西方人的情感比较开放、外露,再加上有宗教信仰的影响,运动员常会采取一些特别的手势、动作表达敬意,如右手抚胸等。对这些特别的手势、动作,我国运动员不要当作一种时尚来盲目模仿,应理智地加以辨别、对待,尤其是站在国际比赛的平台上时,运动员乃至教练员、观众都应更有责任展现自己民族的特色和气节。我们都知道中国在升国旗奏国歌的时候,在场的中国人要立正,脱帽,表情严肃,军人行军礼,少先队员行队礼,普通身份的人要双手自然下垂行注目礼。

中国女排在颁奖仪式上目送国旗升起并唱国歌(王毓国 摄)

如果随着国旗升起奏响的是中华人民共和国国歌,站在领奖台上的中国运动员应该跟着乐曲用正常音量唱国歌;如果奏响的是其他国家的国歌,站在领奖台上的中国运动员也应该庄严肃立;即使中国队员没有获得前三名,当赛场上升起别国国旗,奏响他国国歌时,在场的中国运动员也要给予同等的尊重。

在赛场上,夺冠的运动员为了表达自己的情感,往往会与国旗一道绕场一周,这种行为极大地振奋了民族自豪感。但运动员此时应意识到国旗是中华人民共和国的象征和标志,每个公民和组织,都应当尊重和爱护国旗,不能对国旗有丝毫的不敬。运动员在绕场走或跑时,应该双手拿住国旗的

跆拳道奥运冠军陈中手擎国旗

顶端,举过头顶,如果是两个以上的运动员在绕场时,应该擎着国旗的四个角而不能随随便便地把国旗披在身上、挂在脖子上或揉攥在手里,更不能用国旗来擦拭汗水。在走或跑时国旗不能拖地,也不能掉在地上。为了做到整体和谐,运动员最好事先有所准备,选择大小适合的国旗。

四、回报观众

颁奖仪式结束后,获奖运动员有时会在礼仪小姐的带领下走进观众席绕场行走,这时运动员对观众一定要彬彬有礼、落落大方。当观众要与运动员握手时,运动员要伸手相握并要表示感谢;当观众要拍照时,运动员要积极配合,把自己最漂亮的一面奉献给观众;当观众索要签名时,运动员要认真地留下自己的笔迹。运动员此时千万不要傲慢无礼、不可一世,要知道人的品格比奖牌更重要。

刘翔给观众签名

第三节　面对媒体礼仪

运动员在比赛期间经常会接受记者采访、出席新闻发布会等。面对媒体，运动员应该保持乐观、谦虚、严谨的态度，行为举止要文明得体，既不要因胜利的喜悦而得意忘形，也不要因失败的烦恼而变得郁郁寡欢。

雅典奥运冠军张宁在接受采访（孟永民　摄）

其一，运动员因为某种原因不能接待来访记者，应有礼貌地婉言谢绝。如果记者想另约时间，可根据情况具体安排。对于有些不希望记者公开报道的谈话内容，应坦率地对记者说明，运动员有权审阅记者写好的新闻稿。

其二，在大赛前的记者采访或发布会中，作为国家队成员，有责任保守机密。机密主要指赛前准备、比赛计划、上场阵容，以及运动员、教练员之间的各种关系。大赛前，一般不向记者发表有关内部情况的议论。

其三，单个项目比赛结束后，运动员下场即进入混合采访区。运动员可以自愿接受混合区内新闻媒体的短暂采访。如有特殊原因，不能接受采访，要婉言谢绝。在比赛失利的情况下，运动员更要尊重媒体和记者，不能不理不睬，态度傲慢。

其四，运动员应该按照赛事组委会要求，出席赛后为获奖运动员或团队举行的新闻发布会。运动员在回答记者提问时，要实事求是，有礼有节。作为优胜者，不能夸夸其谈，目空一切，应该真诚地感谢祖国的培养、教练的栽培以及同队队友的共同努力，也不要忘记肯定对手的长处；如果自己发挥得不好，没有登上领奖台，则不要自怨自艾或指责抱怨他人，要真诚地肯定对手的成绩并向对手表示祝贺。

第四节　本章知识点小结及项目综合实训

知识点小结

　　1. 运动员在比赛的时候必须遵守比赛礼仪,包括必须尊重裁判、对手、观众、自己、队友、教练等,运动员对比赛成绩有异议要合理申诉等;

　　2. 运动员取得成绩,领奖时必须遵守相应的礼仪规范;

　　3. 运动员在面对媒体时要遵守相应的礼仪规范。

项目综合实训

运动员怎样面对媒体

(一)实训目的

　　通过观摩、讨论、演练,让学生树立正确面对媒体的礼仪常识,同时更好地理解面对媒体礼仪的内涵及表现方式。

(二)实训内容

　　选择浙江著名运动员在 2016 年里约奥运会上面对媒体的言行举止为案例进行讨论,了解运动员面对媒体怎样做到基本礼仪规范和个性化行为的和谐统一。

(三)实训要求

　　1. 了解运动员面对媒体必须做到的礼仪规范;

　　2. 了解运动员在媒体前的哪些言行是必须抵制的;

　　3. 了解运动员在媒体前的哪些言行是被提倡的个性化表现方式。

(四)实训步骤

　　1. 出示案例观摩:2016 年里约奥运会女子 100 米仰泳半决赛,浙江著名运动员傅园慧以 58 秒 95 的当时个人最好成绩晋级决赛,赛后采访中,喜出望外的她以天然生动的表情、率真幽默的表达一夜成名，走红网络，成为里约奥运会最具人气、最有影响力的运动员之一；

2. 对班级学生进行分组，教师布置实训任务；

3. 各小组讨论实训要求的三个问题；

4. 小组重点选择实训要求三个问题中的其中一个阐明并演练；

5. 展示讨论结果，展示演练成果；

6. 课堂交流及点评；

7. 教师总结归纳。

(五)组织形式

以小组为单位进行观摩、讨论、演练，以小组为单位在课堂上展示、交流、点评。

(六)考核要点

	考核点	考核要求	分值	备注
1	情景展示能力	情景展示生动、自然。	30 分	小组评议、教师评分
2	团队合作能力	分析、讨论、分工协作能力。	30 分	小组自评
3	知识点的把握	对课堂知识的理解程度，语音表达能力，表达仪态优美度。	40 分	小组互评、教师评分

第六章　教练员的特殊礼仪

理论目标

　　掌握教练员在日常行为中应有的礼仪修养，在训练场上应有的礼仪规范以及在赛场上临场指挥时应有的礼仪风貌。

实务目标

　　掌握教练员自身的礼仪修养，掌握教练员在训练场上和比赛场上正确的礼仪规范。

　　教练员依据运动原理向运动员传授体育运动项目的技术和方法，指导运动员能认清自己的劣势和不足并做出相应调整，以提高运动员的竞技技能和水平，是运动员学习、训练和比赛的总指导人。同时，教练员又是运动员思想和行为的培养者和影响者，教练员只有以高尚的人格和文明的行为来为人师表，才能培养出德才兼备的优秀运动员。教练员的榜样作用对运动员的影响是巨大的，这种影响不仅在他们的职业生涯中存在，而且存在于他们职业生涯后的一生中。

导入案例

"拼命三郎"朱志根是浙江骄傲 为奥运三次推手术

　　2015 年 01 月 22 日 08:29　新浪体育 微博 收藏本文

　　如果说中国游泳队中"浙江军团"是一面旗帜，那么这面旗帜的旗手就是朱志根。

　　鲜有人知道，伦敦奥运会上，当孙杨在水中大声咆哮，当全世界都将焦点对准他的时候，朱志根偷偷躲在厕所感动落泪，他的手上拿着止痛用的冰敷包。他的淋巴瘤已经肿胀变大，连饭都无法下咽，而他却为了备战奥运会，三次推掉手术。

如今,"拼命三郎"朱志根依旧靠药物控制病情,每天都在泳池边,来回走动,一天下来差不多要走上 10 公里。他的激情让年轻教练都感慨万分。可是,却很少人发现,因为病情,他那紧紧握住秒表的手,已经握不住筷子……关于朱志根的故事娓娓道来,而观众席上已是啜泣声一片。

日前,"最美浙江人——2014 年度浙江骄傲人物评选"活动揭晓,朱志根当选 2014"浙江骄傲年度人物"。浙江省副省长郑继伟为朱志根颁奖。

在台上,朱志根一直用双手紧紧地握着话筒,他的手依旧在抖。"只有晚上自己知道,也只有晚上自己掉眼泪。"朱志根说,"我的病从不对外讲,在训练场上,我觉得要精神饱满。队员能够练好,就是我的快乐。"

台下,他的弟子们吴鹏、陈桦、汪顺等人用力喊出:"朱导,您辛苦了。"再次让人眼眶泛红。随后他们上台与父亲般的教练拥抱,献上花环。

"我不会说话,不懂表达,只要孩子们出成绩了,我就没有遗憾了。"朱志根动容地说。

微博上,朱志根口中的"孩子们"也对朱志根获得"浙江骄傲"的荣誉表示祝贺。浙江省游泳队队员吕章写道:"恭喜朱导实至名归,朱导说谢谢我们,谢谢是我应该说的,我没有什么突出的成绩,但朱导依然细心呵护我成长至今,我开心能作为您的孩子在您铺下的道路中前进。我能做到的也许只有感恩、感谢以及为您省心、省心、再省心。谢谢二字太绵薄。朱导,您辛苦了,我爱您。"

(摘自 http://sports. sina. com. cn/o/2015-01-22/08297492401. shtml)

第一节　教练员的礼仪修养

教练员和运动员是竞技体育活动中不可分割的整体,由于教练员是与运动员接触最频繁、关系最密切的人,所以直接影响着运动员在生活中或在赛场上的礼仪表现。教练员应当充分认识自己对运动员的责任和影响,不断加强自己的礼仪修养。

一、注重仪容仪表

教练员的仪容仪表在运动员的心目中至关重要。一般情况下,不修边幅的教练员带出的运动员,往往生活上不拘小节,不文明的语言和行为发生率较高,纪律较差;而衣着整洁大方、仪表庄重的教练员带出来的运动员往往注重内在美和外在美的结合,对学习和生活充满信心和希望,具有坚强的心理承受力和耐挫力。所以,教练员在运动员面前应该时刻保持良好的仪容仪表。

二、规范行为举止

教练员的行为举止对运动员时刻起着榜样和潜移默化的作用。运动员把教练员看作是成熟与稳重的象征,他们期待着教练员做出一个可供他们仿效的榜样。为了使运动员获得真、善、美的影响,教练员对自己的行为举止必须检点。例如,教练员在工作时不能吸烟、在训练前不能喝酒,不能有赌博、不拘小节等不良习气;教练员在公共场合应该有良好的坐、立、行姿势;在社交场合中应该有温文尔雅、从容大方、彬彬有礼的行为举止等。

三、塑造高尚人格

每个教练员的人格时时刻刻都在给运动员提出暗示,做出榜样,影响着运动员的行为。运动员在国际大赛上是否具有国家意识、是否坚守体育道德、是否尊重裁判员和对手等都是运动员人格的具体体现。作为教练员,自己首先应该具有为国争光、积极进取、遵纪守法、尊重他人等高尚人格,才能在日常训练时以自己的人格魅力来教育和同化运动员。

第二节　教练员在训练场上的礼仪

对于运动员而言,教练员是建立运动道德标准的关键人物。教练员的道德观念和态度直接影响着他们指导的运动员的行为。因此教练员应该意识到他们每天在训练时的决定和行动以及每个战略目标都具有道德教育影响。

一、行为和语言之美

教练员在训练场上要注重塑造自己的良好形象,努力做到行为美和语言美。体育训练是一种通过身体活动而进行的教育,蕴含着丰富的身教内容。教练员的行为美主要是指教练员在身教时应该具有熟练、协调和优美的演示性操作,具有乐观、自信、热情和饱满的精神状态。这些良好的形体表现,对运动员行为的影响是举足轻重的。事实上,教练员的一举一动都潜藏着一定的教育作用,如在夏季训练中,教练员表现出衣着整齐、不畏酷暑、精神抖擞的体态面貌,以高质量、高标准地完成各种动作示范与演示,这不仅体现了教练员的素质,也能增强运动员训练的信心和勇气。如果教练员在训练时精神委顿、动作敷衍、衣衫不整甚至袒胸露背,就不会有好的训练结果,教练员也不会得到运动员的尊重。因此,教练员在训练过程中,要时刻注意自己行为所带来的结果,要把美的行为传授给运动员。

在训练过程中,教练员要使用文明的、令人振奋的激励语言从心灵上启迪运动员。人是需要友善和激励的,特别是运动员,长年累月的单调训练有时会使他们身心疲惫,难以超越自己,这时他们就需要关心和激励。教练员应该恰当地运用语言的魔力来唤醒运动员的潜力,如赞赏性的语言应成为整个训练过程中的主旋律,对运动员所做的动作,应多鼓励,多表扬,即使出现错误动作,也要耐心帮助,不能出言不逊,取笑运动员,更不能讽刺、挖苦、伤害运动员的自尊心;教练员在讲解动作要领时,语言应该和蔼、简洁、准确、形象;教练员在使用"口令"和"口号"时,声音要洪亮、充满激情,使训练过程充满生机。

二、尊重运动员

积极、健康、融洽的师生关系是运动员个性和谐发展的重要条件,是促进体育训练活动取得成功的重要因素。作为教练员和运动员,彼此要相互尊重,教练员尊重运动员主要体现在以下几个方面:

其一,教练必须基于相互信任和尊重的基础与每个运动员建立正确的师生关系。运动员在训练过程中会出现一些失误和没有必要的犯规,不犯错误是不可能的,教练员的工作就是在运动员犯错误时帮助他们改进,这需要时间和耐心。

其二,教练员必须尊重运动员的人格和承认每位运动员的能力,这包括尊重运动员发展的权利,使他们身体不遭受折磨。教练员不能以粗暴、冷漠、尖刻的语言挖苦谩骂运动员,更不能对运动员实行体罚或变相体罚。因为这样做有可能使运动员对自己的能力以及教练员帮助他的能力发生怀疑,造成思想上的混乱,给运动员的心灵带来巨大的创伤。的确,金牌固然可贵,为国争光固然荣耀,但是这一切必须建立在尊重运动员最起码的权益和人格的基础之上。事实表明,那些从不体罚运动员、与运动员关系融洽的教练员,其培养出的运动员都能自觉遵守纪律,刻苦训练,积极向上。

其三,在训练中要尽量避免过于严肃,要确保运动员开心。有的教练员认为运动员都很幼稚,必须全面地加以管束,完全控制他们的言行举止。实际上,这些生硬和蛮横的做法会给运动员带来消极影响,导致训练时运动员不敢

"乱说乱动"，从而破坏训练气氛的和谐，干扰对教学内容的理解与吸收，影响青少年的身心健康。

其四，教练员必须对青少年运动员训练负担更多的责任。教练员必须保证训练环境的安全与合理，必须考虑运动员的年龄、发育程度和技术水平。这对年龄较小或训练水平较低的运动员尤为重要。

三、践行体育精神

在培养运动员的过程中，教练员既要提高运动员的竞技水平，又要重视对运动员体育道德的培养，否则即使运动员拿了金牌，也未必能赢得人们的尊敬。在日常训练中，教练员应该从自己做起，带领运动员践行体育精神，把体育道德深深地根植在运动员的心中。例如，教练员应该以身作则尊重训练场馆里的每一个人，包括清洁工人；应该爱护体育设施，保持场馆干净整洁；教练员和运动员应该仪表整洁地进入训练场地，运动员必须穿着训练服装；教练员和运动员必须承认和遵守项目竞赛规则，要在训练中体现其实质，从而保证所有运动员训练和比赛的公平性；教练员要拿出专门的时间对运动员实施挫折训练，使运动员能够正确对待比赛的成功或失败，要告诉运动员怎样得体地表达对比赛输赢的感受；训练场上要杜绝污言秽语；教练员要教会队必须服从裁判及与裁判处理好关系等等。教练必须一直致力于推广运动的积极方面，永不宽恕违反比赛规定，与体育精神相悖或是使用禁忌产品或技术的行为。

第三节　教练员在赛场上的礼仪

运动员在赛场上的表现也是对教练员业绩的检验。赢得比赛固然是教练员最关心的问题，但如果说金牌的赢得掺杂着不公平的竞争因素，那么，这枚金牌就违背了体育精神而变得没有任何价值。所以，教练员要坚决摒弃以牺牲任何代价来赢得比赛的态度，包括行贿、串联、结盟、假赛、搞交易、怂恿运动员服用兴奋剂等。教练员在临场指挥比赛时，不论在什么情况下，不论遇到什么问题，都要从大局出发，都要沉着、冷静，要以身作则地与运动队员席的成员和正在比赛的队员一起遵守规则，服从裁判，确保比赛的顺利进行和圆满结束。

一、规范自己的言行

在比赛进行时,教练员须在赛场的指定位置指导,不能在场上呼喊、吵闹。教练员不能以任何方式分散或干扰对方运动员的注意力或强行使比赛中断。在临场指挥中,教练员要严格控制自己的过激行为,不能以错误言行诱发运动员或观众闹事,也不能为情绪失控的运动员或观众推波助澜、火上加油。

二、正确引导运动员

教练员要对运动员的赛场表现和行为负责,同时还要鼓励每个运动员的独立性,使运动员对自己所作决定、行为和表现负责。教练员要鼓励自己的队员通过正当的手段和方法,靠自身的实力,学会利用规则和规定来达到取胜的目的,而绝不允许怂恿自己的队员采用不正当的竞争手段取胜,包括教唆、强迫运动员使用违禁药物。另外,教练员要采取尊重运动员的态度和积极的行为引导运动员发挥水平,主要体现在:

其一,要保持冷静的头脑。在紧张的比赛时刻,运动员自身随时可能出现诸如亢奋、抑郁、注意力不集中等心理变化,个别队员甚至会出现肌肉僵硬、紧张、场上不积极、不服从裁判等有碍比赛的反应,遇到这些情况,教练员应保持冷静的头脑,积极管理好自己的队员,通过技术暂停等正当手段,引导队员走出困境。比赛时,也经常会有情绪激动的观众大声叫喊嘘声,以及对方运动员严重违规影响己方成绩等

中国羽毛球队总教练李永波在比赛中指导林丹(徐昱 摄)

不利因素。这时,教练员仍然要保持冷静的头脑,不要泄愤于周围环境,更不能采取一些极端的做法。美国大学生橄榄球联赛中,州立俄亥俄大学橄榄球队传奇教练伍迪·海耶斯看到对方后卫鲍曼跨越界线抢球,盛怒之下将对方球员一拳打倒在地。为此,海耶斯丢掉了教练职务。

其二,要及时了解赛况,及时反馈。赛场情况瞬息万变,运动员只有知己知彼,才能更好地调整战术,赢得比赛。所以,作为教练员要及时了解比赛情况,冷静地分析各队形势,及时反馈给参赛队员。例如,在第六届亚冬会冬季

两项赛场上,中国冬季两项队的德国教练西尔伯特细心记录每一名参赛运动员到达的时间、脱靶的情况,不时与站在身边的教练梁新安、王伟义交流;王伟义通过对讲机把对手、自己队员的情况告诉沿途的工作人员,让他们适时地把信息传达给运动员;梁新安拿着一个简易的靶位模型,通过望远镜观察中国运动员打靶情况,并在模型上表示出来,运动员打完靶后继续滑行的时候,往往看一下自己的打靶情况,在下一轮的比赛中加以注意。

在雅典奥运会上,主教练哈里斯与姚明拥抱庆祝胜利(石坚 摄)

中国冬季两项队领队王文刚也带着对讲机,他说:"在前方的赛道上,每隔一段就有我们的工作人员,我们通过对讲机及时地把教练的战术意图传达给运动员,另外也让运动员了解一下对手的情况,确定自己在比赛中的位置。"

先后两次获得冠军的中国冬季两项队女队员刘显英说:"比赛过程中,教练把许多信息传递给我,让我知道自己在比赛中所处的位置,以便于全力以赴地去拼比赛,能够夺得这么多的金牌都是教练指导有方。"

多哈亚运会体操女团比赛中陆善真教练祝贺运动员庞楠楠

其三,要正面鼓励运动员。运动员特别是年轻运动员在成长过程中带有较强的依赖性。完成任务好的运动员,希望能得到教练员的表扬和肯定;比赛表现失常的运动员则更需要教练员去安抚和鼓励。教练员能轻轻地摸一下运动员的头或是拍一下他的肩,甚至是一个肯定的点头微笑或者鼓励的手势,他们都会感到是一种信任和激励,会在接下来的赛事中表现更出色。所以,教练员千万不要忽略这一点,否则会使表现失常的运动员感到无助从而更加悲观与失望。

其四,不要给运动员施压。在赛场上,运动员尤其是年轻运动员的心理都是非常紧张的,特别是在大型国际赛事上或者有国际大牌运动员一起参赛时,运动员的紧张程度是可想而知的。教练员在指导时如果过分强调取胜只能使运动员更加紧张,而应该有意识地缓解运动员的紧张情绪,使运动员放松并将注意力集中在比赛的技术技巧和战略战术上。

其五,不要批评运动员。当运动员在赛场上没有发挥出应有的水平或出现重大失误时,教练员不能粗暴地批评或讽刺挖苦运动员。而应当首先肯定运动员表现好的方面,然后艺术性地告诫运动员要注意什么,应该做到什么或要避免什么。即便是必要的批评,也应当是建设性的。教练员对运动员发脾气、不文明的谩骂、责怪以及摔东西等只能使运动员在队友面前感到难堪,只能产生与预期相反的效果。

三、尊重裁判和观众

教练员必须对裁判和技术官员表示应有的尊重,接受和配合裁判工作,保证在现有规则基础上比赛的公正进行。

作为教练应为运动员树立正确的比赛观,要使运动员明白:比赛的结果决定于双方实力的对比,决定于运动员临场水平的有效发挥,决定于本队技术的训练水平。比赛结束后,无论取胜与否都不要抱怨裁判员。队员输了比赛,教练员不从自身寻找原因而是一味地抱怨裁判员,只会助长运动员推卸责任的不良心理,对运动员以后的成长是毫无益处的。当比赛中出现错判、漏判或者裁判之间判罚不一致时,教练员应该用合适的语气,在被允许的情况下向裁判说明。而不是采用从板凳上跳起来发脾气甚至威胁裁判等过激行为。因为那样做不但于事无补,而且会给公众留下一个没有体育精神的印象,严重的甚至将成为一个反面典型而遗臭万年。例如,在1988年汉城奥运会上,韩国拳击运动员道丁一的教练因对裁决不满而对当值裁判瓦尔克大打出手,成为该届奥运会上最野蛮且最没风度的一幕。

在该届奥运会的一场拳击比赛中,韩国选手道丁一发挥出色,频频击中对手欧洲冠军保加利亚的赫利斯,但由于他比赫利斯矮一头,所以多数被判无效。道丁一的教练对此十分不满,大声呵斥裁判不公,且几次跃跃欲试想上台找裁判理论。道丁一虽然在比赛最后两次击中对方,但自己也两次跌倒。裁判最终宣布赫利斯获胜。道丁一的教练和助理教练再也抑制不住心中的愤怒,一下子跳进场地,揪住瓦尔克拳打脚踢。几名韩国官员也以劝架为名,趁机大打出手。观众也跟着骚动起来,拳台乱成一团。当人们把瓦尔克从台上拖下来时,他已是面目全非了。

事后,参与此次事件的行凶者被处以严厉的处罚,韩国国内媒体及国际奥委会的一些委员们也都认为这届奥运会的最大丑闻不是加拿大短跑名将本·约翰逊的兴奋剂事件,而是这场不光彩的意外。

教练员和运动员一样,对看台上观众的表现要予以理解和尊重,不能鄙视或谩骂观众。事实上,观众的表现往往是与教练员和运动员在赛场上的表现相呼应的,教练员和运动员只有以顽强拼搏的精神和良好的体育风尚才能赢得观众的掌声。所以,在比赛时,教练员、运动员和观众要形成良好的互动,要彼此欣赏和鼓励。在比赛结束后,教练员除了要感谢裁判的辛勤服务外,还要带领队员感谢支持自己队伍的观众。在 2006 年亚运会中国男子足球队与伊拉克队首场小组赛时,中国队大半场都以 10 名队员迎战伊拉克 11 队员,最后中国队艰难取胜。终场哨响,中国队员们奔向替补席边的主教练来庆祝来之不易的胜利,这时杜伊科维奇大手向前一指,让全体队员先去远方看台向自始至终为中国队摇旗呐喊的球迷致谢。这些球迷不过百十来人,可是主教练注意到他们,尊重他们,也要让自己的队员讲礼貌,尊重人,这让我们看到这位名帅令人钦佩的大家风范。

案 例

体育不止于获胜

赛场不仅是博取荣誉的“战场”,更是考场,是人格人品的考场。

在福冈世界游泳锦标赛上,澳大利亚女队总教练塔尔伯特考出了一个不合格的成绩:

女子 4×200 米自由泳接力赛即将结束,澳大利亚队的第四位选手最先到达终点,已经上岸的 3 名队员一时兴奋难抑,在比赛还未完全结束时,即跳下游泳池与队友拥抱庆贺,因此澳大利亚队被取消了冠军资格。

澳女队总教练塔尔伯特先是否认泳池内尚有选手在比赛,指责乌克兰主裁判是袋鼠法院(冒牌货之意),并逼裁判拿出证据来。结果录像表明,当澳女队员跳下水时,确有意大利队员还在池中尚未结束赛程。而国际泳联有明文规定,当比赛未完时,严禁其他队员跳入池中,否则严惩不贷。因此澳大利亚队的上诉无效,仍被取消了冠军资格。此时这位教练恼羞成怒,又将矛头转向记者,说是澳队员是在官方摄影记者示意下才跳下水的,并进而抨击组委会的工作一团糟。

　　事后,塔尔伯特的表现让许多澳大利亚人觉得丢脸,澳大利亚国内一家报社发表了题为《体育不止于获胜》的社论,对塔尔伯特这种输不起的无赖言行给予了无情批驳。的确,年轻的运动员们一时冲动而出错是可以原谅的,他们初出茅庐,涉世不深,然而教练员们多是久经沙场的老将,在赛场上理应表现出得失不惊的大将风度。

第四节　本章知识点小结及项目综合实训

知识点小结

　　1. 教练员是运动员学习、训练和比赛的总指导人,又是运动员思想和行为的培养者和影响者。

　　2. 教练员在平时要注重仪容仪表、规范行为举止,要有高尚的人格。

　　3. 教练员在训练场上要注重行为和语言之美、要尊重运动员,践行体育精神。

　　4. 教练员在赛场上要规范自己的言行,正确引导运动员,尊重裁判和观众。

项目综合实训

教练员特殊礼仪的认知

(一)实训目的

　　通过访谈及案例分析,使学生明白教练员在特殊的场所(训练场、比赛场)应具有特别的礼仪规范,为将来能成为优秀教练员奠定基础。

(二)实训内容

　　选择不同项目的教练员进行访谈,了解不同项目的教练员有哪些特殊的礼仪规范,又有哪些相通的礼仪规范。

(三)实训要求

1.了解教练员在训练、比赛场合应具有的特殊的礼仪规范;

2.了解不同项目的教练员应具有哪些相通的礼仪规范。

(四)实训步骤

1.对班级按竞技项目分组,教师布置实训任务;

2.各小组确定访谈的教练员,并讨论访谈提纲;

3.各小组选择课余时间或训练间歇对不同项目的教练员进行访谈并分析运动员喜欢教练员具有的礼仪规范,不喜欢教练员哪些言行举止;

4.将访谈分析结果制作成PPT;

5.课堂对访谈、分析结果进行交流及点评;

6.教师总结归纳。

(五)组织形式

以小组为单位进行访谈、调查,分析结果以小组为单位在课堂上交流。

(六)考核要点

	考核点	考核要求	分值	备注
1	团队合作能力	各小组成员在访谈与分析活动中的分工协作能力。	30分	小组评议、教师评分
2	课堂展示	PPT制作及语言表达能力、表达仪态优美度。	30分	小组自评
3	知识点的把握	对课堂知识的理解程度,教练员礼仪规范的正确认识。	40分	小组互评、教师评分

第七章 体育工作人员的特殊礼仪

理论目标

掌握体育工作人员在履行体育活动职责过程中应遵循的礼仪规范。

实务目标

掌握特定的体育工作人员如裁判员、志愿者、体育记者在履行职责和服务体育活动时应遵循的礼仪规范。

导入案例

裁判不公是对运动员"犯罪"——专访国际拳联主席克列姆廖夫

新华社 2021-07-01 21:07

国际拳击联合会主席克列姆廖夫日前接受记者专访时表示,协会正致力于一系列改革,包括引入专业机构团队改善协会治理,委托独立机构对里约奥运会拳击项目裁判问题进行彻查,还拳击运动员一个清洁公平的发展环境,希望将来可以重获国际奥委会信任。

现年39岁的克列姆廖夫曾是俄罗斯拳击运动员,在前任主席拉西莫夫因涉嫌与有组织犯罪集团有联系而辞职后,于2020年12月接管这一饱受争议的体育组织。

国际拳联遭到最多的指责是裁判腐败导致的不公平竞赛。以里约奥运会为例,多次出现争议判罚,其中包括中国拳手吕斌在46～49公斤级中的比赛。此后,涉事裁判和官员都被国际奥委会禁止参与东京奥运会执法。国际奥委会同时暂停了国际拳联组织参与奥运会的资格,设立特别小组负责东京奥运会拳击比赛。

克列姆廖夫表示,如果裁判不能公正执法,对运动员来说是一种"犯罪",会毁掉他们的职业生涯。"作为曾经的拳手,我清晰记得渴望胜利的感觉。我们将教育新一代裁判,绝不允许腐败的裁判出现在赛场。他们将通过测试来确保公平执法,没有劣迹"。

(https://www.360kuai.com/pc/9fd37f9342a1a3aef? cota＝3＆kuai_so ＝1＆tj_url＝so_vip＆sign＝360_57c3bbd1＆refer_scene＝so_1)

游戏:请用一个词概括下列图形,这个词可以用来表达哪类体育工作者?为什么?

体育工作人员包括裁判员、志愿者和体育记者等,他们是体育赛场最重要的服务人员。体育工作人员礼仪是指体育工作人员在履行服务职责过程中,应遵循的礼貌、礼节和仪式。体育工作人员礼仪是体育工作人员思想道德风尚和文化素养的外在体现,是高质量、高水平履行体育服务的重要标志。

第一节　裁判员礼仪

裁判员是体育竞赛场上比赛规则的执行者,肩负着光荣、神圣而崇高的使命,职业要求他们必须公正执法。然而,裁判员并不仅仅是"执法者",他们更是体育竞赛精神文明的传播者,裁判员的临场风度、执法风范和协作精神往往更为人们津津乐道,正是这些品质决定了一个裁判员在人们心目中的形象。

一、裁判员的临场风度

裁判员的临场风度是裁判员在临场时的举止、姿态、言谈等的综合体现，它与裁判员的气质、修养、长期养成的生活习惯及训练有关。优秀裁判员的共同特点是风度不凡、举止得体、镇定自若、目光敏锐，使参赛运动员和教练员顿生敬畏。优秀裁判员的临场面风度主要体现在以下几个方面：

2006 年亚冠联赛裁判员手牵礼仪小先生出场

其一，自信。自信是裁判员临场风度的源头，自信能带来乐观的情绪和勇气，能消除和防止临场时产生的害怕和自卑心理，能提高临场判罚的果断性和坚决性，特别是在执裁有国际知名体育明星参加的比赛项目时，裁判员的自信更显得尤为重要。如果裁判员缺乏自信心，在宣判上表现得犹豫不决，或者虽做出了宣判却又表现得不够理直气壮，那么，即使最终做出了正确的裁决也很难获得运动员的信任，从而影响了运动员执行宣判的行为。事实上，因为对裁判员的宣判产生不满，而导致比赛场面难以控制的例子比比皆是。例如，在2006 年世界杯足球赛荷兰对葡萄牙的比赛中，由于俄罗斯主裁伊万诺夫前后判罚尺度不一，出现了接连不断的"红黄牌大战"，直接导致球员情绪失控，以致最终场面失控，人为地把"赛场"变成了"战场"。

其二，仪表优美。仪表美是裁判员临场风度的重要组成部分。临场时，裁判员应该衣装整齐，并佩戴裁判员胸徽；在站立、行走和跑动时，裁判员要保持灵活、稳健、洒脱的形象；在指挥比赛时，裁判员的手势要规范、大方、自然、美观、果断、有力。裁判员的形体健美、面容睿智、仪表庄重、举止潇洒可以体现出裁判员的良好精神风貌，这种风度是与体育竞赛场面相和谐的，也是裁判员带给运动员和观众的一种体育精神的熏陶。

其三,语言简练、哨音洪亮。裁判员的执裁语言要标准、简练、吐字清晰;执裁哨声要短促有力、洪亮;在解决纠纷时要态度诚恳、以理服人,不拖泥带水。

二、裁判员的执法风范

裁判员是体育竞赛中的执法者。裁判员不仅要精通执裁项目的比赛规则、熟谙执裁技术,更重要的是在实施裁判工作时要维护体育精神,公正执法,以优良的职业道德践行"严肃、认真、公正、准确"的裁判八字方针。在礼仪上,裁判员的执法风范主要体现在:

2006年多哈亚运会男子足球赛场上裁判员在调节两队争执(程宫 摄)

其一,公平公正。在比赛的整个过程中裁判员要始终保持清醒的头脑,时刻注意运动员的每个动作,公正地做出评判。在裁决中不能由于运动员的国籍、队别、头衔、名气等原因而有意偏袒某一方。特别是在实力相当或争夺冠亚军的比赛时,裁判员更应当做出公正准确的评判。裁判员的裁决公正与否,直接影响着参赛队的水平能否正常发挥以及比赛的最终结果。裁判不公,是困扰国际体育界的一个难除的毒瘤,它践踏体育精神,败坏社会风气,与精神文明和道德建设背道而驰。裁判员应排除一切干扰,在赛场上不送人情,不做交易,坚守和践行"规则至上、公正无私、诚实谦虚"的裁判信仰。

其二,果断裁决、爱护队员。对于对抗性非常激烈的体育比赛项目,裁判员应精确地反映双方运动员在进攻和防守中的成绩,同时还要严格按照规则,对运动员有意无意所造成的犯规以及动作不合理现象立即进行制止和判决,从而防止创伤事故的发生,保护运动员的健康和安全。对于像拳击这样的比赛项目,裁判员要控制好比赛的所有阶段,防止水平悬殊的运动员继续比赛。

2006 年世界杯小组赛裁判员警告阿根廷队员

其三,举止有度、遇变不惊。临场裁判员要有较高的心理素质和赛场控制能力,在处理意外事件、突发事件时必须做到临危不乱,机智果断。比赛场上有些事情是难以预料的,如主队队员对裁判员的判罚不理解,对裁判员偶尔的错判、漏判不谅解,不能容忍对方不可避免的犯规以及对方队员挑逗性的动作和刺激性的语言;观众有倾向性的鼓掌和起哄等。裁判员遇到这些事件时,要举止有度,处置得当,要以最短的时间解决问题。如果裁判员急躁、失态,缺乏沉着应付、冷静对待的意志品质,在处理比赛中的问题时就会顾此失彼,激化矛盾,也得不到参赛者和观众的尊敬。另外,裁判员要有清醒的头脑和敏锐的洞察力,在比赛时高度注意运动员的心理变化和比赛气氛的变化,排除一切干扰,及时扭转和控制对比赛的不利情形,做到防患于未然。

三、裁判员的协作精神

裁判员的行为要与整个赛场和谐统一。裁判员要做遵纪守时的模范,提前到达比赛场地,做好赛前的准备工作,最后一个离开场地。裁判员要与运动员交朋友,增进友谊,取得运动员的信任,得到他们的配合,虚心听取好的意见和建议,对于他们提出的问题要及时耐心解答,要善于化解矛盾。比赛时,裁判员要注意自己的跑动与选位,那种跑动迟缓、选位不当而经常影响比赛的裁判员,会给人们留下一种不舒服的感觉,会引起运动员的不满,降低运动员对裁判员的信任感,为裁判员执法带来一定的困难。另外,无论现场有多繁忙,裁判员都不能忘记摄像机的位置所在,要把镜头留给运动员,不能让电视观众总是看到自己的背影。

　　裁判组是一个整体,裁判长要与副裁判长、裁判员互相体谅、悉心配合,注意调动每个人的积极性、充分发挥每个人的特长,这样才会形成一个强有力的团体。主裁、副裁、司线等要正确对待分工,分工协作是做好裁判工作的基础。多次参加比赛的人员不一定每次都是主裁或副裁,大赛组委会根据每个人的情况来确定相应位置,不管年龄多大,资历多高,都要绝对服从安排,恪尽职守,服从大局来完成工作。再则,知识是渐进的,年长的要给年轻人多锻炼的机会,资历高的要给新手实践的时机,达到互帮共学、整体提高的目的。

■ 相关链接

里约拳击比赛判罚不公 吕斌:裁判偷走我的梦想

广州日报里约 8 月 9 日电

　　在拳击 46～49 公斤级 1/8 决赛中,吕斌表现相当出色,多次将肯尼亚对手皮特·姆盖逼到场边,场面上占尽优势。赛后吕斌振臂欢呼以为肯定获胜,但令人诧异的一幕出现了,3 名裁判只有一名给了吕斌 29 比 28 的支持,而另外两人却认定吕斌 28 比 29 失败,得知结果的吕斌相当错愕,难以接受的他泪水止不住地往下流,在深情亲吻了拳击台之后,吕斌走下场,用毛巾捂住头部,再次号啕大哭。现场的英国媒体在接受采访时直言裁判受到了影响,吕斌才该是胜者。

　　赛后,吕斌直言:"裁判偷走我的梦想。"而前拳击奥运冠军邹市明也表示:"这么明显的优势,还是尊重点事实吧! 这不是毁人嘛! 还我们一片晴空!"

(http://2016.sohu.com/20160810/n463428545.shtml)

第二节　志愿者礼仪

■ 相关链接

北京 2022 年冬奥会和冬残奥会志愿者标志含义

　　北京 2022 年冬奥会和冬残奥会志愿者标志是冬奥会和冬残奥会重要的形象景观元素,是着眼于充分调动志愿者的积极性,弘扬和培育志愿服务精神，打造志愿者文化所做的原创性设计。

标志颜色由红色、黄色组成，代表热情和欢迎。图形采用国际通用手势"我爱你"，体现国际化、时尚化、年轻化。通过飘逸、动感的飘带形式，表达"心动"的感觉，体现"纯洁的冰雪，激情的约会"愿景。

标志上半部图形由寓意连胜的"VVV"组成，象征志愿者"手拉手"参与冬奥服务冬奥的热情；图形下半部分"笑脸"表达了"奉献、爱与微笑"的主题。志愿者的微笑是北京最好的名片，既是对 2008 年北京奥运会的传承，也是对志愿精神"奉献、友爱、互助、进步"的体现。

（https://www.beijing2022.cn/a/20191205/013802.htm）

"志愿者"（英语 Volunteers）是一个没有国界的名称，指的是任何志愿贡献个人的时间、精力、金钱及精神，在不谋求任何物质报酬的情况下，从事社会公益与社会服务事业，为改进社会和推动社会进步而提供服务的人。志愿者的核心精神是"自愿、利他、不计报酬"。

2006 年德国世界杯志愿者精彩的国旗脸谱

体育志愿者是指那些具有志愿精神，能够自愿承担重大体育赛事的某些责任而不关心报酬的人。

1992 年巴塞罗那奥运会官方报告中为奥运志愿者下了清晰的定义："奥

运志愿者是一个在奥运会这个组织里,对集体和个人做出利他承诺的人,他承诺将尽其所能完成交与他的任务,并且不接受金钱或奖品等类似性质的奖赏。"前国际奥委会主席罗格曾说过:"奥林匹克运动会是运动员的盛会,也是志愿者的盛会"。志愿者是奥林匹克运动的重要组成部分。志愿者文化是奥林匹克主义的重要组成部分。志愿者是奥林匹克运动的基石,他们代表着奥林匹克精神,是奥运会真正的形象大使。

志愿者的任务不仅仅是完成自己的岗位工作,更重要的是他们承载着语言沟通、文化交流的任务。志愿者为服务对象服务的过程就是向被服务对象宣传一个民族和国家,宣传和平、友谊、互助的过程。一名体育志愿者,首先要具有崇高的奥林匹克精神,也就是要具有奥林匹克主义所包含的团结、友爱、互助、奉献等等。除此之外,志愿者还要具备优良的素质,了解体育常识、熟知东道主的历史文化、有着良好的涉外礼仪、具备优质的志愿者服务技能和技巧等。

一、志愿者的形象规范

志愿者的形象规范涉及仪容、服饰、仪态和语言等方面的内容。志愿者应做到仪容美、服饰美、仪态美和语言美,为体育运动营造温馨和谐的氛围。

多哈亚运会上头戴阿拉伯头巾、身穿传统长袍的礼仪先生

志愿者的仪容美是指志愿者的仪容修饰要体现体育运动的魅力,呈现出自然、清新、健康和有活力等一般体育运动的特点。志愿者不必过分注重个人的修饰,忌浓妆艳抹,只要仪容干净、健康、自然、有活力即可。

志愿者的服饰美并不是要求志愿者穿华丽名贵的服饰,而是指志愿者的服饰要得体、适宜，能够表现出体育运动的特点。得体就是穿着方便、外观整洁。适宜就是适合不同体育运动项目的要求。在任何时候，志愿者都要文明着装，避免过分裸露。

志愿者仪态美要求志愿者在服务时能够正确使用体态语（站立姿势、行进姿势、蹲坐姿势、手势和表情神态等），在做到文明、礼貌、优雅、大方的同时，还要体现出体育志愿者的精神风貌，如朝气蓬勃、敢于挑战、坚韧不拔等，令服务对象感觉到志愿者所传递出来的体育所特有的活力与魅力。

志愿者的语言美是指志愿者在工作岗位上要使用礼貌和文明用语。礼貌用语是指在服务过程中表示服务人员自谦恭敬之意的一些约定俗成的语言及其特定的表达形式，它所要表达的应当具有主动、亲切的意味；礼貌用语包括问候语、迎宾语、请托语、征询语、赞赏语和道歉语等。文明用语是指在语言的选择和使用中，应当既能表现出使用者良好的文化素养、待人接物的实际态度，又能给人以高雅、温和、脱俗之感。如对人称呼要适当、用语要文雅、口齿要清晰等。在体育服务过程中，志愿者可能要向服务对象介绍一些体育项目或其他有关举办国（单位）等信息，志愿者要做到两点，一是实事求是，要正确、客观地介绍，不可不懂装懂，更不可信口开河，随意编造。二是解释清楚。

相关链接

巴赫致信北京 2022 全体志愿者：你们的笑容温暖了我们的心

时间：2022-04-07 15:30:00 来源：北京冬奥组委官网

亲爱的志愿者们：

截至今日，在经历了奥运会志愿服务之后，你们所有人都已经结束隔离。我可以想象你们终于与好久未见的朋友和家人团聚时那激动不已的情景。请尽情享受这一时刻，并与他们分享你们那诸多的奥林匹克记忆。

值此之际，我要向你们，北京 2022 全体志愿者，表示由衷的感谢和钦佩。

当北京创造历史成为世界上首个既举办夏奥会又举办冬奥会的城市时，你们同样应该引以为豪，因为你们是书写奥林匹克历史上这一伟大篇章的重要一员。

你们做到了：是你们让本届冬奥和冬残奥会得以举办！

你们每个人对奥运会的真挚热情温暖人心。运动员们感受到了这一点，我们奥林匹克大家庭的所有成员也深有同感。我们永远感激你们！

就像所有运动员一样，你们也证明了我们只有团结一致，才能实现更快、更高、更强。

我代表奥林匹克大家庭，说一声：谢谢你们，亲爱的志愿者！谢谢你们为北京 2022 年冬奥会和冬残奥会的巨大成功所做出的伟大贡献。你们的笑容温暖了我们的心。

因此，我想再次重复我曾在闭幕式上所说的：

志愿者，谢谢你们！

谢谢你们，中国朋友！

托马斯·巴赫

洛桑，2022 年 4 月 7 日

（ https://www. beijing2022. cn/wog. htm？ cmsid ＝ 20220407006673)

二、志愿者的服务规范

志愿者的服务规范是指志愿者在其工作岗位上为体育活动人员、媒体记者、观众和其他相关人员提供服务时所要遵守的行为标准和要求。规范要求志愿者具有主动、热情、耐心、周到的服务态度以及具有一般的岗位专业知识。

雅典奥运会负责颁奖的志愿者在排练颁奖程序

志愿者在上岗前要做一系列的准备工作:首先要接受志愿者培训,培训内容分一般知识培训和岗位培训两个方面。一般知识培训包括体育常识、国情市情、传统文化和礼仪规范以及志愿者的权利义务的学习等;岗位培训则是根据服务岗位的具体要求所接受的专业培训,包括岗位的基本情况、工作任务、业务流程和工作场地的相关情况以及紧急情况的处理措施和志愿者团队管理等方面内容。其次要做好上岗前自身准备,如志愿者要穿戴整洁、个人卫生状况良好;志愿者必须精神饱满,以充沛的体力、旺盛的精力投入工作;志愿者要保持情绪的稳定,防止把个人的不良情绪带到工作中;志愿者必须提前到岗等。

志愿者的服务岗位主要涉及礼宾接待、语言翻译、交通运输、安全保卫、医疗卫生、观众指引、物品分发、沟通联络、竞赛组织支持、场馆运行支持、新闻运行支持、文化活动组织支持等领域。在服务现场,作为一名合格的志愿者,首先要积极主动,在自己的岗位上努力做到专业、规范,在表现上要神态自然、热情友好、落落大方;其次要具有良好的观察能力,观察服务对象所需,以使自己的服务恰到好处;第三要有倾听、引导的技能,志愿者要有忍耐和宽容的品质,礼貌客气地听他人讲话,并给予正确的解答或引导;第四要有解决纠纷的能力,志愿者每天都面对很多服务对象,难免会遇到一些纠纷,这时志愿者要以自己的热情、礼貌和耐心来平抑纠纷,如果自己实在处理不了,应立即上报;第五要有处理突发事件的能力,在体育场所,有时也会发生一些突发事件,如火灾、停电、球迷暴乱等,遇到这类情况,志愿者要冷静地协助有关部门处理突发事件,帮助疏散观众。

一天的工作结束后,志愿者要善于总结,特别是在礼仪与岗位专业知识方面,志愿者要不断强化自己,提高自己的服务水平。

第三节　体育记者礼仪

体育,不论是作为一种运动还是作为人们生活的一部分,随着经济和社会的发展越来越为人们所重视。同样,体育赛事报道不仅在报道构成中所占的比例越来越大,而且对人们生活的影响也日渐广泛深远。体育记者不但要精彩真实地报道体育赛事,更要注意体育报道的价值趋向,要把颂扬公正与文明的体育精神作为报道的主旋律。同时,体育记者在报道和采访时其本身的行为也要符合职业要求以及社会共同的价值标准,表现出应有的格调和礼仪。

相关链接

傅园慧的"洪荒之力",彻底打破了套路式采访

如果中国奥运的历史分为参战史和观战史,那么今天上午,中国奥运观战史上就出现了转折性的一幕。观众的关注焦点全都"跑偏"——不在比赛本身,都等着比赛快结束,等着看赛后对一位运动员的采访。

傅园慧前一天充满"洪荒之力"的受访,就这样不小心开辟了一个新局面。

原来除了数金牌、争冠军、流热泪,奥运,还可以有这样的看点;原来那些听到耳朵起老茧的套话,不是运动员的唯一表达;原来他们也都有自己的个性,也那么"好玩"。

看到这么多人在等着傅园慧再次接受采访,就知道在奥运舞台上,观众能听到几句有意思的话,是多么难得。

而这时候最愉悦不起来的,恐怕是那位负责采访傅园慧的女记者,她会感到压力。

如果不是遇上傅园慧,这位央视女记者也许仍旧觉得按部就班走套路采访很自然。但昨天傅园慧的不按牌理出牌,让她相当懵圈,几乎接不上话,一个大写的尴尬。眼看大家都在期待着今天的再次答问,就必须因时而变,于是把昨天没接住的"洪荒之力"这个热词,用到了提问里。

本来这挺好的,只是当傅园慧又一次蹦出金句,说差 0.01 秒没拿银牌是因为自己"手太短"的时候,记者还是没能反应过来,只好硬接下一个问题,问傅园慧胳膊上的抓痕是怎么弄的。

可能我手太短了吧

也许白岩松老师在场,就会这么说:"那我们就来看看傅园慧的手短不短……其实更该关注的不是手,是她胳膊上的这个抓痕……"这样转就很自然了。

不过这也无妨，只是这位女记者的最后一个问题，又义无反顾地回归到浓浓的央视味道：

"这些年其实你也经历了很多，经历很多伤病，很多种不同的心情，此时此刻你最想跟我们分享的心情是什么？"

又是套路。这明摆着就是冲着想煽情去的。讲道理和煽情，两大法宝。面对这么正统的提问，傅园慧也不得不收起逗比本色，调整情绪，努力严肃起来，琢磨该怎么回答。

幸亏接下来又发生了戏剧性的变化——原来她还不知道自己拿奖牌了呢！好吧，严肃的氛围又被无情地打破，观众又被逗乐了。

其实记者最后还不如问："你知道你一夜之间成网红了吗？大家都等着你说话，快点给大家分享分享心情吧！"问题还是一样，但换个说法，气氛就轻松，就更合时宜，就不那么做作，被采访者也会更放松地说出真心话。

这备受关注的第二次"魔性采访"，傅园慧依旧真性情，记者却依旧跳不出老套路，给观众留下了一丝小遗憾。

所以，面对运动员，那些负责采访的记者，负责访谈的主持人，真的挺重要。不是当个话筒架子那么简单，也不是照本宣科完成采访提纲就 OK 了，能不能调动运动员说出真心真性情的话，能不能随机应变和采访对象互动起来，这是个技术活。毕竟不是每个运动员都像傅园慧那样自带表情包，自启话匣子，大多数面对采访还是会很拘谨，精彩的话、立体的人，还需要被挖掘才能出来。

（https://www.sohu.com/a/1C9933665_472626）

一、体育解说员礼仪

当体育解说员坐到解说席上时，他的社会角色就是从事现场报道的记者，他的言行举止与周围的观众不同，他要摆脱运动员、观众乃至自身的干扰，以体育解说员的职业操守和礼仪要求来报道比赛。体育解说员的礼仪主要表现在：

其一，解说语言要专业、文明。解说员要以清晰、文明、专业的语言向观众或听众做现场解说，解说时不能说说笑笑，不能使用诸如"报一箭之仇""痛宰"

"死对头"等不雅语言,不能肆意嘲笑或评价运动员的长相或怪癖等。

其二,情感表达要公正。解说员要在解说中传达出体育精神,要公平、公正、客观地报道比赛,不能偏袒某一方而贬低另一方。如果解说员从狭隘的利益或自身兴趣出发进行评说,就会渗入不正常不合理的情绪而使解说变样。虽然这种解说可能与多数受众的切身利益无关,却与比赛双方包括赛事组织者的利益相关,也与比赛双方的支持者的情感有关,当体育解说出现明显的偏袒,就可能招致事端,并影响媒介的公信力。

其三,控制自己的激情。体育解说员在解说时需要激情,这种激情应该是发乎于对双方运动员精彩对决的赞赏,而不是像球迷一样为了某一方队员而摇旗呐喊、拍桌跺脚。在赛场中,体育记者可以有自己作为观众时的激动,但作为现场解说员,则需要用理性取代感性,避免宣泄自己的球迷情绪。

二、记者赛后采访礼仪

体育比赛的现场采访与其他采访不同,由于运动员刚刚结束比赛,体力消耗比较大,而且受比赛成绩的影响,运动员的情绪波动也很大,这就要求记者要体谅运动员,在采访时做到有礼有节,体现人文关怀。

其一,记者要在运动员体力回复后采访。运动员比赛之后大多体能消耗过多,需休息以求尽快恢复。这时记者不要蜂拥而上将话筒塞到运动员嘴边或者拉着他们谈感想,而应该等运动员略作休息以后再进行采访。

其二,尊重运动员。记者在向运动员提问题时要给予运动员应有的尊重,要顾及运动员的情绪变化,不能伤害运动员的自尊心。例如,在多哈亚运会上,朱启南和李杰包揽男子 10 米气步枪冠亚军后,央视记者问李杰:"李杰,请问你获得银牌高兴吗?"刚走下领奖台的李杰迟疑一下,只好无奈地回答:"高兴。"一个记者在女排赛前,采访赵蕊蕊时说"全国观众都不知道你伤好到什么程度,你能不能对着镜头给我们蹦两下"。赵蕊蕊生气地说:"我都蹦一天了,你还让我蹦!"说完头也不回地就走了。另外,运动员在失败后需要一个相对安静的环境,这时记者是不适宜去采访的,运动员最愿意接受采访的时候,是他们获得胜利的时刻。

其三,体育记者要具备基本的体育项目专业知识,采访的内容要尽量限制在比赛项目上。有些记者以猎奇运动员个人隐私、幕后故事等来制造所谓的"独家报道",岂知这种脱离体育精神的采访是既无知又失礼的举动。例如,在高尔夫 JWC 北京赛新闻发布会上,中国记者对 25 岁的澳大利亚冠军亚当·斯科特的提问大多与高尔夫球无关,诸多记者不停地问诸如"退役后会不会当模特？进军娱乐圈？拍电影?"之类的问题。结果遭到海外媒体的鄙视,英国高尔夫记者彼得·迪克逊特意撰文在《泰晤士报》上嘲笑了中国高尔夫记者的职业素养。

第四节　本章知识点小结及项目综合实训

知识点小结

1.裁判员是体育竞赛场上比赛规则的执行者,肩负着光荣、神圣而崇高的使命,职业要求他们必须公正执法。裁判员必须具有自信、仪表优美、语言简练、哨音洪亮等临场风度。裁判员执裁时必须做到公平公正、果断裁决、爱护队员、举止有度、遇变不惊的执法风范。裁判员必须具有协作精神。

2.志愿者的核心精神是"自愿、利他、不计报酬"。志愿者在提供志愿服务时,不但要注意形象规范,还要注意服务规范。

3.体育记者要把颂扬公正与文明的体育精神作为报道的主旋律。在报道和采访时其本身的行为也要符合职业要求以及社会共同的价值标准,表现出应有的格调和礼仪。

项目综合实训

体育工作人员礼仪展评

(一)实训目的

通过场景或者视频展示及分析评议,让学生知道体育工作人员根据不同的岗位特点应具有独特的礼仪规范,同时能更好地服务岗位。

(二)实训内容

场景展示或 PPT 视频展示裁判员执裁场景、志愿者服务场景、体育记者采访场景,了解体育工作人员特殊的礼仪规范。

(三)实训要求

1.了解体育工作人员应具有的特殊的礼仪规范;

2.通过实训,让学生能正确理解不同种类的体育工作人员在不同岗位上的礼仪规范,同时提高学生礼仪素养。

(四)实训步骤

1.把班级学生按照体育工作人员的不同种类(裁判员、志愿者、体育记者)进行分组,教师布置实训任务;

2.各小组抽签决定展示某类体育工作人员礼仪,讨论、练习展示内容;

3.各小组利用课余时间把展示内容制作成 PPT 或演练;

4.课堂展示,交流及点评;

5.教师总结归纳。

(五)组织形式

以小组为单位进行制作、展示、分析,PPT 展示或别的方法展示在课堂上进行交流、点评。

(六)考核要点

	考核点	考核要求	分值	备注
1	情景展示、PPT 制作	情景展示生动、自然,PPT 制作简练、层次分明、美观。	30 分	小组评议、教师评分
2	团队合作能力	分析、讨论、分工协作能力。	30 分	小组自评
3	知识点的把握	对课堂知识的理解程度,语言表达能力,表达仪态正确、美观。	40 分	小组互评、教师评分

第八章　观众的特殊礼仪

理论目标

　　了解观众在进入比赛场地、观看体育比赛以及退场时都必须遵循的礼仪规范。

实务目标

　　了解观众文明观赛的礼仪规范。

导入案例

人民网评:文明观赛才能尽享冬奥乐趣

熊　志

2022-02-10 19:56 | 来源:人民网—观点频道

　　近日,一些社交平台针对部分网友对冬奥运动员进行言论攻击、讽刺侮辱、散布不实信息主动进行排查和治理:微博平台清理违规微博41473条,对850个账号视程度实施禁言30天至永久禁言;抖音处置331个网暴冬奥选手账号……这既是相关平台在严肃履责,也是在呼吁广大网友要文明观赛、拒绝网暴。

　　北京冬奥会赛事正酣,观众随着赛事起伏而心绪跌宕在所难免。但以粗俗、暴戾的语言泄愤于网络空间,对在赛场上挥洒汗水奋力拼搏的运动员的表现横加指责,甚至上升至对他们的人格侮辱,实属不该。竞技体育确实以成绩、名次为评判标尺。如同运动员们的心里都装着一个争夺奖牌的梦想,每位观赛者也会为自己国家参赛队员的成绩而握拳冒汗。冲刺夺金确实是我们所有人的梦想与目标。

　　但竞技体育原本就充满不确定性,而这也恰恰是它的魅力所在。运动员的一时失利、发挥失常,同样是比赛的一部分,完全没必要对此上纲上线,更不能用成王败寇的思维对此简单评判。如同谷爱凌在采访中所讲,失误和压力从来都是运动的一部分,"只要能够来到冬奥赛场的运动员就已经非常了不起"。无论成绩如何,站上赛场、全力以赴、勇敢挑战,他们就都是英雄,值得我们为他们骄傲,向他们的拼搏精神学习。

近年来,在历次大型体育赛事中,国人的观赛心态已在不断地成熟和进步。没错!真的支持是包容他们的失利与失误;真的热爱是信任他们已经做到了力所能及的最好,而下一次他们会做得更好。真正的自信就是以一颗平常心观赛和客观地看待比赛成绩。

前方的运动员们代表各自的国家和地区勇敢拼搏,为我们奉献了一场场精彩比赛,一个个感动瞬间。让我们多一分理解,以真实的热爱,真心的加油,为他们鼓劲助威,对比赛失利的选手不要过分苛责,共同营造一个清朗的网络空间,不让各种负面情绪无度宣泄,不让网暴的环境给他们造成不必要的心理压力和负担,影响他们的正常比赛。

2021年7月,奥林匹克格言迎来百年来的首次修改,加入了"更团结"。"更团结"的奥运,呼唤更和谐的比赛环境,更友好的观赛氛围。特别是在社交媒体时代,信息传播更快,画面展示更细致,讨论更激烈,正因如此,也更需要每个人有更正确地观看冬奥的"姿势"。

个别极端网友,肆意网暴,散布不实信息的行为,不仅违背平台文明公约,更可能涉嫌违法。相关网络平台此次积极履行主体责任,持续加大对违规内容的排查与清理,值得称赞,也为更多平台提供了示范。让我们共同呼吁文明观赛,文明发言,共同为冬奥会营造风清气正的良好网络氛围和舆论环境。

(http://opinion. people. com. cn/n1/2022/0210/c223228-32349661. html)

观看体育比赛已经成为现代人文化生活中的主要活动之一,体育比赛不但能给人以精神上的享受,也能启迪人的心智。同时,观众的行为对赛场氛围以及比赛结果也会产生巨大影响。从某种程度上说,运动员是为了观众的热情而比赛的,运动员通过比赛展示了自身的实力,向观众奉献了精彩的表演。作为观众则应该为赛场创造良好的气氛,自觉地遵守赛场规定和观赛礼仪,积极配合比赛进程,以热情、文明和友好的方式支持运动员赛出最好水平。

第一节　入场礼仪

一、观赛着装

观看体育比赛不像欣赏音乐会、出席宴会等场合那样西装革履，但比赛场地同样需要观众遵循一定的着装礼仪。观众进入比赛场馆前，应该注意自己的穿着打扮。一般来说，观看体育比赛不需要穿非常正式的服装，观众可以打扮得比较轻松、休闲，但衣着一定要整洁、文明。作为个体观赛者可以打扮得有个性，能让人一眼就辨别出你是哪方的支持者，而作为团体啦啦队或球迷团体，应该在进场前分发和佩戴好整齐划一的服饰，准备好助威道具，以免进场后分发物品带来混乱。由于入场时往往要走相当长的一段路程，观众最好穿着舒适的运动鞋去观赛。

体育比赛项目繁多，各具特色，不同项目对观众的着装有着独特的礼仪要求。观众应该事先对观赛项目有一个基本的了解，根据项目的特点进行着装。如在观看网球、高尔夫球、台球、花样滑冰、击剑、壁球以及棋类等目前人们所公认的"绅士"运动时，就要特别注意自己的穿着——看台球比赛时观众穿着应当比较正式，不要穿着大背心和大短裤；观看高尔夫球比赛的时候不能西装革履，也不能穿牛仔裤，最好穿棉布长裤进场；如果是室内比赛，观众观看比赛时不要戴帽子以免影响后面人的视线，如果观众是戴帽子进场的，要注意进场后把帽子摘下来，观众进场后也不要把衣物垫在座位上。

二、准时入场

在任何时候，遵守时间都是现代人所应该具有的文明素养，观看体育比赛也不例外，观众应当尽量提前或准时入场，等待运动员和裁判员出场比赛，这也是对运动员和裁判员的一种尊重。

为了准时到达比赛场馆，观众应该在出发前研究一下路线，选择合适的交通路线和交通工具。如果体育场馆是在城市比较繁华的地段，那么出发的时间就应该提前一些，以免交通拥堵延误时间。如果是骑自行车或开私家车前往赛场，在路上要注意交通安全，到了赛场后要把车子主动停放在指定地点。

由于交通堵塞或者对比赛场馆地理位置不熟悉等原因，观众有可能会迟到入场。对于一些比赛项目来说,比赛一旦开始,场内必须保持安静,观众是禁止走动或说话的,工作人员也不允许迟到者入场。这时候,迟到者要有礼貌地服从工作人员的劝阻,在场馆外静静等待比赛一局结束或运动员休息时再入场。如果场内进行的是足球等场面很热闹的比赛,观众和运动员对迟到者是比较宽容的,这时迟到者应该尽快入场,最好是先就近找个位子坐下,等中场休息的时候,再去找自己的位子。如果是第一次去某个体育场馆看比赛,最快找到位子的办法就是请工作人员帮忙,因为有些比赛场馆不同的看台区域之间是不通的,走错了看台不仅耽搁自己看比赛,还影响别的观众。即使场馆的不同看台之间是相通的,也要注意尽量从场外绕到自己座位所属的看台,不要从别的观众面前挤来挤去。

三、排队入场

在体育场馆的大门口和各通道的检票口,如果进场的观众较多,后来者要自觉按照先来后到的顺序排队入场。观众在排队时不要你推我挤,即使遇到不自觉排队的人也应该保持一种平和的心态,尽量不要与他人发生争执,遇到老弱病残者应主动礼让。

第 36 届莱德杯对抗赛等候入场的观众

在凭票入场的时候,为了方便工作人员验票和节省时间,观众应事先把票证拿在手里,不要到了检票人员面前再从包里或者衣兜里取。如果是与朋友相约一起看比赛,在进场过程中不要大声喧哗,应该保持良好的进场氛围。在进场时,观众最好不要吸烟和吃东西,免得烟头烫到别人或是食品的残渣碎屑、汁液弄脏身旁观众的衣服。

四、配合安检工作

在大型体育比赛期间，为了保证良好的赛场秩序和人身安全，每一个进入赛场的人都要接受安全检查。作为一名合格的观众，要自觉地配合工作人员的安检工作。

配合安检首先要求观众不携带危险品入场，有的物品虽然不是危险品，但也不能带进比赛场内，比如宠物。像足球比赛这样容易引起球迷冲突的赛事，警方会提醒广大观众严禁携带易燃易爆等危险物品进场。对于一些大型的充满对抗性的比赛，为了防止比赛双方支持者的冲突，观众也被禁止携带易拉罐、玻璃瓶等进入赛

雅典奥运观众在配合安检

场。有的比赛还禁止观众携带锣鼓、标语、望远镜、挎包、背包和软硬包装饮料等入场。观众在观看比赛前最好能了解比赛组织者对观众的特殊要求，尽量不带或少带东西，防止在入场时因为带的东西不合规定而影响观看比赛的心情。

观众在排队安检时最好提前把钥匙、硬币、电池等可能引发怀疑的物品取出来，以免安检时浪费时间。如果队伍前面有不配合安检的事情发生，后面的观众要保持冷静，耐心等待。在安检时，观众携带的挎包可能会被安检人员打开检查，观众携带的物品也可能会被禁止带入场内而被要求存放在指定地点，这时观众应该主动配合并听从安检人员的指挥，不要与安检人员发生口角甚至由于情绪激动扰乱进场秩序。

五、进场后对号入座

观众在进场前应提早看清票上的座位号，进场后尽快找到自己的座位坐下，等待比赛开始，不要堵在通道上边看票号边找座位，也不要坐别人的座位。

调换座位在生活中很常见，乘车、乘船或看电影都会遇到调换座位的问题。调换座位是一件需要麻烦别人的事情，应该尽量避免。在体育场内，如果实在需要调换座位，应在比赛开始前进行，并遵循将好座位留给别人的原则，

征询语言要礼貌。如果别人同意调换则要表示感谢,如果别人不同意,也要表示理解,不能强迫。

如果观众迟到入场,自己的座位又排在中间,为了不影响其他观众观看比赛,则先不要对号入座,而是找一个靠边的位置坐下来,等比赛中场休息时再找回自己的位置。

六、对手机进行设置

观众进入比赛场馆入座后,最好关闭随身携带的手机。如果确实有重要的事情要使用手机,则要将手机设置成振动状态。在升旗仪式、开幕式、闭幕式、颁奖仪式和重要领导讲话等比较重要的场合上,观众应将手机关闭。

一些室内比赛项目如网球、乒乓球、羽毛球等对环境要求比较高,为了防止外界噪声干扰,比赛场馆是封闭的,室内现场也要求相对的安静。在这些项目的比赛中,运动员的精神是高度集中的,外界有一点点噪声都会影响运动员对来球的判断以及对回球的考虑,特别是运动员在接发球的时候,更需要安静的环境,任何噪声都会令选手分神,如果手机铃声在这时突兀地响起,后果是难以预料的。在观看比赛时,如果观众确实有急事,可以用手机短信交流,实在不得不接的电话,也应该用手盖住手机,尽量压低音量,千万不要出现铃声响了半天不接或旁若无人地大声接听电话的不文明现象,更不要接到电话就慌慌张张地离席跑到外面去接电话,这样会影响其他观众。

案 例

手机铃声扰乱网球比赛

2004 年 5 月 30 日,通辽站国际女子网球挑战赛女单决赛开场前一分钟,主裁判向观众发出请求:"请各位关掉手机或者调为振动,谢谢合作!"现场立刻有人开始行动,也有人不为所动。比赛刚开始,"嘀、嘀、嘀",网球馆内某角落的手机铃声打乱了赛场节奏,其他手机不甘示弱纷纷发出"警报",千奇百怪的音乐声随着网球的飞舞间断性的此起彼伏。主裁判不得不暂停比赛,"在观看比赛时,请您关掉手机,谢谢!"但没有几个人配合。有的自认为距离赛场较远,不断发短信却没有关掉铃声。好几次铃声大响时,场上发球队员都停下动作,站在场上无奈地等着。第二盘第 8 局是中国选手李娜的发球局,就在她发球前赛场中突然铃声大作,李娜忍不住说了句:"能不能把手机关上?"之后,无奈地摇了摇头。而手机主人仅只把手机关了不到一个回合便再次开机,且都发出较大声响。直至比赛结束,铃声不断充斥着赛场。

手机本是文明的产物,使用手机要讲文明。可是总有一些人不分场合、随心所欲地使用手机,以至于在像网球、围棋等非常高雅的运动中或激烈的比赛中,都有让人气愤的手机铃声响起,有时甚至造成扰乱比赛的后果。

第二节　观赛礼仪

一、敬仰国旗

在赛场上,经常有隆重的升国旗、奏国歌仪式。国旗代表着一个国家的主权和尊严,每个人都应该敬仰国旗,在国旗升起的时候面向国旗行礼。如果赛场升起的是中华人民共和国国旗,观众应当全体起立,戴帽子的要摘下帽子,面向国旗肃立,行规范的注目礼,仰视国旗冉冉升起,也可以跟着乐曲用正常音量唱国歌。如果升起的是其他国家的国旗,观众也要给予相应的尊重,也要起立,目送国旗升起。在国旗升起的时候,观众绝对不能嬉笑打闹或者随意走动,更不能有诸如喝倒彩、起哄、吹口哨等有损国家和民族尊严的行为。

二、尊重贵宾

在比赛开始前,如有贵宾前来观看比赛,观众应通过得体的方式热情地表达自己的礼貌、盛情和好客的态度。通常,当有贵宾登上主席台,大会主持人向观众介绍来宾时,观众应向来宾报以热烈的掌声,以此表示本土观众的盛情。欢迎掌声的时间不要太短,也不能过长,一般应持续到来宾入席就座为止。有时,观众还可有组织地齐声欢呼贵宾所在国的国名,并配上有节拍的掌声,使贵宾感受到宾至如归的温暖。

三、禁用闪光灯

在赛场上,运动员优雅的动作、精湛的技术令人赞叹,拍摄到运动员在比赛当中的精彩瞬间,是很多观众梦寐以求的事情。但有的比赛项目是禁止照相的,观众应遵守有关规定。在大多数比赛项目中,观众即便允许照相,也不能使用闪光灯,因为闪光灯可能会影响运动员发挥最佳水平。

在乒乓球、羽毛球比赛中,运动员必须集中精力,而闪光灯对眼睛的刺激非常大,会闪花运动员的眼睛,让运动员很难判断来球的方向和角度;在冰上项目比赛中,运动员距离观众比较近,如果运动员正在做一些高难度动作的时候被看台上的闪光灯晃了眼,就很有可能发生危险;当体操运动员在平衡木上翻跟头的时候,如果被闪光灯的光刺激到眼睛,可能会从器械上摔下……所以,观众在观看这类项目比赛时,应该屏息静观,切忌使用闪光灯,避免让闪光灯干扰甚至破坏运动员的比赛。在其他一些场合,如运动员入场时、比赛结束后获奖选手绕场一周向观众致意时、举行颁奖仪式时等,观众则可以尽情拍照留念。

案 例

闪光灯让亨德利很生气

2005 年中国斯诺克公开赛决赛在北京海淀体育馆举行,现场 1500 多个座无虚席。第 13 局是决定胜负最关键的一局,此前以 5∶7 落后的亨德利瞄准球准备反戈一击,而此刻一个意外发生了。在他击球的一瞬间,坐在他对面的某个观众冲他亮起了闪光灯,亨德利受到了影响,球打偏了。尽管现场的主持人和工作人员一直在提醒现场观众,不要使用闪光灯照相,但实际上从第一天比赛到最后一天的决赛,看台上的闪光灯一直闪个不停,甚至在亨德利失球后,闪光灯还是此起彼伏。亨德利回到休息室后显得很生气,对使用闪光灯的人提出严重的抗议。

四、了解规则、尊重裁判

观众应当对所观看项目的比赛规则有所了解,懂得其中的基本规则,这样既可以更内行更好地欣赏比赛,也可以有效避免因理解误差而对裁判的判罚产生不满情绪,也不会轻易在其他人的不良情绪影响下跟着瞎起哄。此外,懂得观看项目的特点与规则之后,也更容易理解裁判的工作,能宽容、冷静地对待可能出现的误判,因为裁判由于站位、角度等原因,难免会出现有争议的判罚。作为一名懂行的观众,更不能做出模仿裁判判罚哨音等行为,干扰比赛。

裁判有时可能比赛场上的运动员更辛苦,因为有的运动员可能一场比赛结束就可以休息,而裁判员却有可能工作一整天,比赛结束后还要进行文件整理等工作。在足球、篮球等项目中,裁判也要不停奔跑。因此,在比赛过程中,观众应在适当的时候为裁判送上掌声。

案 例

西甲巴伦西亚队因球迷袭击边裁将受罚

2006 年 10 月 24 日，由于现场观众袭击边线裁判，西甲巴伦西亚队受到牵连，将受到惩罚。在 22 日巴伦西亚队主场与奥萨苏纳队的比赛进行到第 86 分钟时，一名边裁被观众席上飞来的杂物击中，所幸只是左耳后部轻微擦伤。该场比赛巴伦西亚队 1：0 获胜。据《马卡报》24 日报道，当值主裁判已将这一"插曲"报告给了西班牙足协，后者将对巴伦西亚队施以惩罚。

2005 年 1 月，在巴伦西亚队比赛时曾上演类似一幕。在当时国王杯四分之一决赛巴伦西亚队主场与拉科鲁尼亚队的比赛中，一名边裁被一枚硬币划伤脸部，巴伦西亚队因此被罚款 6000 欧元。

五、正确地鼓掌加油

在观看比赛的过程中，观众经常为运动员的精彩表现而鼓掌，也经常用"加油"来激励运动员赛出好成绩。但观众对运动员的鼓掌和加油不能随心所欲，要遵循一定的礼仪。

多哈亚运会网球赛场印度球迷不正当的加油干扰了比赛的正常进行（陈君 摄）

其一，运动员出场比赛时，宣告员会逐一宣告运动员的号码，介绍选手的国籍，场内的大屏幕也会显示出运动员的号码，被介绍到的运动员都会向观众举手示意，这时观众应该用热烈的掌声对每名运动员表示鼓励和支持，对自己特别喜爱的运动员可以表现得更加激情一些。另外，在介绍裁判员时观众也要报以热烈的掌声。比赛结束后，当参赛选手互相握手，选手与裁判握手时观众也应当给予掌声，这既是对选手们表现的肯定，也是对裁判工作的褒奖。

其二，观众应热情地为双方运动员的精彩表演鼓掌，为双方运动员加油，即便自己喜欢的运动员失利，也要给对方运动员以掌声。在我国举办"苏杯"的时候，现场观众出现了一些不够文明的举止和行为，比如动辄而起的"杀、杀、杀"的呼喊，在对方球员发球时发出的嘘声，这种类似于"杀、杀、杀"的助威声是双刃剑，本想给主队加油打气，没想到却帮了倒忙。因为从观众席上发出的越来越大的助威声、口哨声甚至尖叫声，以及越来越快的喊声有可能干扰场上球员，打乱参赛选手的作战计划和节奏，这是大多运动员和教练员颇为反感的"加油"举动。

相反，在 2005 年上海世乒赛上，男单 1/4 决赛中，当丹麦的梅兹经过艰难拼搏后终于淘汰了中国小将郝帅时，观众席上的掌声经久不息。观众感谢两位运动员为大家奉献了一场扣人心弦的精彩较量；当瑞典的老瓦被白俄罗斯的萨姆索诺夫以 4：0 淘汰时，观众大声呼喊他的名字，并长时间起立鼓掌。这些都体现出了中国观众在国际比赛场上应有的风度。的确，为客队球员的精彩表现鼓掌并不表明看球时不偏不倚，不带倾向性，也不是不支持自己喜爱的球队、运动员。体育竞赛是公平友好的竞争，观看体育比赛既要懂得欣赏竞技之美，也要学会赞叹体育精神的感染力量。

重要的是参与。无论是胜利者还是失败者，赛场上的每一位运动员都值得观众尊重。而他们在比赛中所展现出的技术水平和拼搏精神，更值得观众去学习和欣赏。因此，作为高素质的观众来说，他们既会为本国运动员加油，更会为来自各国的运动员鼓掌。这既体现出对体育运动的欣赏性，也表达了对运动员的尊重。如果观众都能有为每一位选手喝彩的胸襟，懂得去欣赏双方的精彩表演，就不会发生诸如对运动员起哄，或者是喝倒彩，甚至一些不礼貌的行为了。

其三，在某些项目比赛中，观众要学会配合运动员的比赛节奏，适时地进行鼓掌或助威。如在体操、射箭、举重、台球等项目上，运动员的发挥是一个完整的过程，在这个过程中，观众任何的鼓掌、呐喊都会对运动员造成干扰，分散其注意力，严重的还会造成运动员动作失误、失败，影响到比赛的结果。因此，观众切忌在运动员做动作的过程中加油助威。在网球、羽毛球、乒乓球等球类项目上，运动员在发球和接发球时，需要特别安静的环境，只有当运动员打完一个球后,观众才可以鼓掌、叫好。当运动员开始准备下一个球时,观众就应该马上安静下来。又如跳水,是一种一秒钟的艺术,运动员要做一个难度系数很高的翻腾动作前,会在跳台或跳板上酝酿一番,让自己的精神高度集中。如果底下的观众突然出现了大声喧哗、不必要的掌声,会干扰、影响运动员的注意力。这时观众应该在座位上坐好并保持最大限度的安静,等运动员跳进水池后再给予掌声鼓励。

案 例

美国观众的绅士风度

在 2000 年的雅典奥运会上,美国男、女 4×100 米接力队纷纷失利,将原本被美国人视为囊中之物的金牌送给了英国人和牙买加人。特别是美国女队更为遗憾,由于名将琼斯在交接棒时的失误,让牙买加队抢走了她们的胜利。颁奖仪式上,当他国国歌响起的时候,赛场看台上美国观众的心情非常失落,但他们没有喝倒彩,没有嘘声一片,而是挥舞着国旗并齐声鼓掌,既是对美国队员的意外失利表示安慰,同时也是在对他国运动员的成功表示由衷的祝贺。美国观众的这种绅士风度给人留下了深刻的印象。

六、做文明啦啦队

在一些体育比赛中,观众自发组成啦啦队,为运动员助威呐喊,这种做法可以活跃赛场气氛,激发运动员斗志,也能拉近观众与运动员之间的距离。但是,啦啦队在赛场上一定要有组织、有指挥,在加油助威时要使用内容健康的口号和标语,要同时为双方运动员的精彩表演鼓掌喝彩,不能无原则地瞎起哄。如果赛场内允许使用锣鼓和乐器,啦啦队要配合比赛的进程,使助威节奏有张有弛。

当看台上有对方运动员啦啦队时,作为己方啦啦队应该与之和平共处,不能故意招惹是非,制造混乱。如己方啦啦队在为运动员加油助威时,不要使用带有侵犯对方运动员色彩的语言;不要冲着对方啦啦队队员指手画脚,也不要使用带有挑衅意味的肢体语言;当与对方啦啦队队员目光相接时,不能做出挑衅或轻视对方的表情等。

雅典奥运会女篮比赛中整齐的中国啦啦队

案 例

韩国的世界杯啦啦队

2002 年世界杯期间,韩国街头啦啦队的壮观景象备受世界各国的关注,这些啦啦队全都身穿红色 T 恤,喊着同样的口号,唱着同样的歌曲"必胜,Korea(韩国)",热烈的场面以及高涨的爱国热情让所有旁观者都受到感染。每逢韩国队比赛,他们浩大的声势、齐整的行动、四射的激情,为韩国队挺进四强发挥了不可小觑的作用。据韩国警方统计,整个世界杯期间,韩国街头啦啦

2006 年世界杯赛场上的韩国啦啦队

队的总人数超过了 2500 万,这些人分散在全国 300 多个有大型屏幕的地方,每处少则几万人,多则上百万人。这么多人聚在一起,竟未发生一起严重事故,说明啦啦队队员都非常遵守秩序。街头啦啦队的核心是"红魔啦啦队",成员多为年轻人,在每次比赛结束后,这些年轻人都会主动地清扫现场的垃圾,这种成熟的文明精神既感动了韩国的市民,也受到国外舆论的称赞。

七、注意小节

观众在体育场馆观看比赛时,应当遵守公共场所礼仪,不抽烟,不吃带响声的食品,爱护公共设施,不蹬踏座椅,不乱涂写刻画,不在赛场内进餐。

在比赛进行中,观众不要大声喧哗,不要随意走动。在看台上随意走动是一种不礼貌的行为,会给看台上的其他观众带来困扰。而且,大面积的观众在看台上走动会影响运动员的判断,特别是球类项目,虽然看台和球场有一定距离,但是根据球员的亲身经历,他们认为看到看台上人头攒动会极大地影响他们对来球的判断。

八、正确对待输赢

竞技体育追求的是更快、更高、更强,任何一个运动员在赛场上顽强拼搏、奋勇争先都是对世界体育运动发展的贡献,也是激励普通观众在各自岗位上奋发进取的一种精神财富。体育精神是没有国界的,比赛的结果总有输与赢之分,对于那些常给我们带来极大快乐的体育项目,观众应该抱着一种真正喜爱的态度去了解和拥戴参赛运动员(不论他们来自哪个国家),去熟知项目规则。同时,要用自己文明得体的观赛举动,去激励所有运动员超越自我,共同为比赛项目增添光彩和荣誉。

真正喜爱某个体育项目的观众往往能够正确地对待比赛的输与赢。观众在观看比赛时不要只注重比赛的结果,要重视比赛的过程。一味地重视比赛结果是急功近利的表现。赛场上什么事情都有可能发生,本国运动员的意外丢金和他国运动员的意外夺冠形成了一种尖锐的矛盾,但是作为观众,应从心里化解这样的矛盾,应该表现得更大度一些,即便是我们的运动员更应该得到金牌,也应该给予他国运动员应有的尊重与祝贺。观众千万不要因为本队输了比赛而嘲讽和辱骂裁判员、运动员、教练员,不要做诸如起哄、吹口哨、怪声尖叫、喝倒彩、扔东西等有损国格人格的事情。

九、向运动员祝贺

比赛的优胜者总会受到观众最热烈和友好的祝贺和祝愿。观众向运动员表示敬意的方法和形式很多。比赛中，如果为双方运动员"加油"鼓劲时，可以呼喊队员或运动队的名称；对精彩的表演可当场报以热烈的、长时间的掌声和喝彩声。运动员下场时，观众在报以热烈掌声的同时，还可用手指组成"V"字，向优胜队及其队员表示祝贺和敬意。在条件许可时，观众也可以与运动员握手表示祝贺。有时，还可自发地组成夹道欢送的队伍，以欢送运动员退场和返回驻地。当优胜队绕场向观众致谢时，观众可与他们握手，或者投掷鲜花以祝贺胜利，当无法与运动员握手的时候，则可以用手指组成"V"字形向运动员贺喜。但是，观众在向运动员祝贺的时候要注意自己的举止，不能导致场面混乱，一旦保镖出场来维持秩序，这样的道贺就失去了意义。

十、面对突发事件

全世界体育赛事遭遇突发事件而发生意外的例子很多。比如比赛中突然停电、球迷集体骚乱、看台坍塌等事件时有发生。

比赛中途若遭遇停电，观众首先要平静，坐在自己的座位上等待组织者的应急措施，切忌随便走动，乱作一团。在等待检修重新来电的过程中，观众可以采取闭目养神、小声聊天等来打发时间。有小手电或荧光棒的观众可以打开照亮，但不要点燃打火机照明。如果因停电故障需择日重赛的话，要听从工作人员的安排，在应急灯灯光的照亮下，按照体育场各个安全出口指示灯的指引有序退场。

体育场馆内由于人口密度大、场地拥挤，如发生类似球迷骚乱等突发事件，观众首先要保持冷静，要绝对听从场馆工作人员的安排，不要乱跑，避免盲目拥挤，应尽量帮助需要帮助的人，在工作人员的指挥下，正确、迅速地离开场馆。

十一、按防疫要求观赛

自 2019 年底以来，新冠疫情全球肆虐，赛事举办方会根据疫情需要提出观赛时的防疫要求，观众在观赛前、观赛中、观赛后都要严格遵守疫情防控相关要求，为赛事顺利举办营造良好氛围。

温布利球场看台上狂欢的球迷们，脚下的蓝布其实覆盖的是座位，这些座位受防疫要求是不对观众开放的。

第三节　退场礼仪

一、尽量避免提前退场

为了表示对运动员和裁判员的尊重，观众应该尽量等待比赛结束后再退场。有时由于比赛双方实力差距过大，会出现一边倒的局面，导致比赛没结束结果已经确定，在这种情况下，会有一些观众觉得比赛缺少悬念，中途离席。还有很多体育比赛的结束正赶上吃饭或者末班车的时间，这时候，也会有一些观众着急退场回家。还有一些观众因为对赛事失去兴趣，或者为避免散场时的过度拥挤等原因而提前退场。这样的做法虽然可以理解，但其实是对比赛双方运动员的不尊重。如果在比赛未结束时有大批观众提前退场，会对比赛造成很大影响，而且会打击运动员的积极性。观众既然来看比赛，如果没有特殊情况，最好自始至终把比赛看完。但如果实在是有特殊原因不得不提前离场，最好等待比赛间歇时退场，不要在比赛进行时随意离场。

二、有秩序地退场

比赛结束时,观众应该起立,向赛场运动员和裁判员鼓掌致意,这既是对运动员和裁判员的尊重,也是对他们在赛场上表现的一种肯定。

退场时,观众不要过于着急地离开看台,以免人多造成拥堵。通过通道时不要抢行,如果前面的人停止走动,后面的观众应该耐心地等待,不要往前挤。观众也不要在场馆门口附近长时间停留。散场时观众应将自己带来的废报纸、纸杯、塑料包装袋等垃圾带走,保证场地干净整洁。

已经退到赛场外的观众在等车的过程中也不要拥挤,因为在比赛结束后的一段时间内,公交车站、地铁站的人口密度将远远大于赛场内的人口密度,再加上路上车来车往,如果人们相互拥挤就很容易发生事故。

第四节　本章知识点小结及项目综合实训

知识点小结

1. 观众应为赛场创造良好气氛,自觉遵守赛场规定和观赛礼仪,积极配合比赛进程,以热情、文明和友好的方式支持运动员赛出最好水平。

2. 观众观赛前要注意入场礼仪,要遵循一定的着装礼仪、要准时入场、配合安检排队入场、进场后要对号入座并设置手机。

3. 观众要注意观赛礼仪,做到:敬仰国旗、尊重贵宾、禁用闪光灯、了解规则、尊重裁判、正确鼓掌加油、做文明啦啦队、注意小节、正确对待输赢、正确向运动员祝贺、冷静应对突发事件、按防疫要求观赛等。

4. 观众要遵守退场礼仪,尽量避免提前退场、有秩序地退场。

项目综合实训

观赛礼仪的认知

(一)实训目的

通过不同身份的人列举令人讨厌/赞许的观赛行为,明确文明观众应具有的观赛礼仪规范。

（二）实训内容

学生自主选择不同角色，根据角色分组，谈谈如果你是运动员、教练员、裁判员、志愿者、大会主办方，你最讨厌观众哪些行为？你最欣赏观众哪些行为？

（三）实训要求

1. 讨论令人讨厌的观赛行为；

2. 讨论让人赞赏的一些观赛行为；

3. 讨论并总结观众的观赛礼仪规范。

（四）实训步骤

1. 学生自主选择运动员、教练员、裁判员、志愿者、大会主办方等不同角色，根据不同角色进行班级分组，教师布置实训任务；

2. 各小组讨论在自己角色眼中最讨厌观众的哪些行为、赞赏观众的哪些行为？并讨论展示方式；

3. 将讨论结果展示汇报（可以 PPT 展示、也可以情景展示等）；

4. 课堂对小组汇报成果交流点评；

5. 教师归纳总结。

（五）组织形式

以小组为单位进行讨论、展示，结果以小组为单位在课堂上进行交流。

（六）考核要点

	考核点	考核要求	分值	备注
1	展示汇报	情景展示生动、自然，PPT 制作简洁、明了，观点正确。	30 分	小组评议、教师评分
2	团队合作能力	分析、讨论、分工协作能力。	30 分	小组自评
3	知识点的把握	对课堂知识的理解程度，语音表达能力，表达仪态优美度。	40 分	小组互评、教师评分

第九章　体育项目礼仪

理论目标

　　了解不同的体育项目在发展过程中逐渐形成自身独特的礼仪文化内涵。

实务目标

　　根据不同体育项目的独特礼仪，在体育活动或在观看不同体育项目活动时有的放矢地遵守相应的礼仪规范。

　　体育比赛的各个项目经过长期的发展都有其自身的礼仪文化积淀，往往是这些礼仪构成了该项运动的特色和魅力。所以，无论是运动员还是观众，要想亲身领略体育运动的真谛，就要配合和了解项目的赛场礼仪，以成就一项运动的真正完美。

第一节　田径项目

　　田径是各个运动项目的基础，有"运动之母"的美称。田径运动以走、跑、跳跃、投掷等动作组成，是比速度、比高度、比远度和比耐力的体能项目，最能体现奥林匹克"更快、更高、更强"的精神。田径涉及的比赛项目较多，涵盖的礼仪范围也比较广。

一、项目简介

1. 径赛项目

　　径赛项目分为短跑、中跑、长跑、接力跑、跨栏跑、障碍跑、公路跑、越野跑和竞走。公路跑在公路上进行，有各种距离的公路跑和公路接力跑，包括半程马拉松、马拉松等。竞走项目在体育场内或场外均可进行。越野跑在原野、草地等自然环境中进行。在体育场内进行比赛的项目均设世界纪录,在公路上进行比赛的项目仅设世界最好成绩。

短跑:短跑是公元前 776 年古希腊奥运会唯一的竞技项目,距离为 192.27 米。现代短跑起源于欧洲,最早被列入正式比赛是在 1850 年的牛津大学运动会上,当时设有 100 码、330 码、440 码跑项目。19 世纪末,为规范项目设置,将赛跑距离由码制改为米制。短跑最初为职业选手的表演项目,后来逐渐扩展到业余运动员。运动员比赛时必须使用起跑器,听口令统一起跑。奥运会短跑比赛项目有男、女 100 米跑、200 米跑和 400 米跑。

中跑:中跑最初项目是 880 码跑和 1 英里跑。从 19 世纪中叶开始,880 码跑和 1 英里跑项目逐渐被 800 米跑和 1500 米跑项目所替代。运动员比赛时不使用起跑器,听信号统一起跑。奥运会比赛项目男、女均为 800 米跑和 1500 米跑。

长跑:长跑最初项目为 4 英里和 6 英里跑。从 19 世纪中叶开始,逐渐被 5000 米跑和 10000 米跑替代。奥运会比赛项目男、女均为 5000 米跑和 10000 米跑。

跨栏跑:跨栏跑起源于英国,由牧羊人跨越羊圈栅栏的游戏演变而来。跨栏跑最早使用的栏架是掩埋在地面上的木支架或栅栏,1900 年出现可移动的倒 T 字形栏架,1935 年 T 形栏架改成 L 形栏架,L 形栏架支脚的另一端朝向运动员的跑进方向,稍加阻力即可向前翻倒,减轻了运动员过栏时的恐惧心理。奥运会比赛项目分男子 110 米跨栏跑、400 米跨栏跑;女子 100 米跨栏跑、400 米跨栏跑。男子 110 米跨栏跑的栏高为 106 厘米,400 米跨栏跑的栏高为 91.4 厘米;女子 100 米跨栏跑的栏高为 84 厘米,400 米跨栏跑的栏高为 76.2 厘米。比赛时,运动员必须跨越 10 个栏架,除故意用手推或用脚踢倒栏架外,身体其他部位碰倒栏架不算犯规。

接力跑:接力跑是田径运动中唯一的集体项目,以队为单位,每队 4 人,每人跑相同距离,在 20 米的接力区内完成传接棒。奥运会比赛项目分男、女 4×100 米接力跑和 4×400 米接力跑。

障碍跑:19 世纪在英国兴起障碍跑,最初在野外进行,跨越的障碍是树枝、河沟,各障碍间的距离也长短不一。19 世纪中叶障碍跑开始在跑道上进行。1900 年第 2 届奥运会首次设立障碍跑,分 2500 米和 4000 米两个项目。从 1904 年第 3 届奥运会起障碍跑的距离确定为 3000 米,并沿用至今。女子障碍跑开展很晚,国际田联 1997 年才开始推广。3000 米障碍跑全程必须跨越 35 次障碍,其中包括 7 次水池,2000 米障碍跑障全程必须跨越 23 次障碍,其中包括 5 次水池。阻碍架高 91.1～91.7 厘米,宽 3.96 米,重 80～100 公斤,各障碍架的间距为 80 米。运动员可跨越障碍架,也可踏上障碍架再跳下,或用手撑越。

马拉松:公元前 490 年,希腊军队在马拉松平原击退波斯军队的入侵,传令兵菲迪皮德斯从马拉松跑到雅典城,在报告胜利的消息后,因体力衰竭倒地而亡。1896 年举行首届奥运会时,顾拜旦采纳了历史学家布莱尔以这一史事设立一个比赛项目的建议,并定名为"马拉松"。比赛沿用当年菲迪皮德斯所跑的路线,距离约为 40 公里 200 米。此后十几年,马拉松跑的距离一直保持在 40 公里左右。1908 年第 4 届奥运会在伦敦举行时,为方便英国王室人员观看马拉松赛,特意将起点设在温莎宫的阳台下,终点设在奥林匹克运动场内,起点到终点的距离经丈量为 26 英里 385 码,折合成 42.195 公里。国际田联后来将该距离确定为马拉松跑的标准距离。女子马拉松开展较晚,1984 年才被列入第 23 届奥运会。马拉松在公路上举行,可采用起、终点在同一地点的往返路线或起、终点不在同一地点的单程路线。比赛时,沿途必须摆放标有已跑距离的公里牌,并要每隔 2.5 公里设一个饮料站提供饮料,两个饮料站之间设一个用水站,提供饮水或用水。因比赛路线、条件差异较大,故国际田联不设世界纪录,只公布世界最好成绩。

竞走:竞走分场地竞走和公路竞走两种,场地竞走设世界纪录,公路竞走因路面起伏等不可控制因素较多,成绩可比性差,故仅设世界最好成绩。运动员行进时,两脚必须与地面保持不间断接触,不准同时腾空,着地的支撑腿膝关节应有一瞬间的伸直,不得弯曲。1908 年竞走首次进入奥运会,当时的距离是 3500 米和 10 英里,此后几届奥运会距离有所不同,有过 3000 米、10 公里等。

2. 田赛项目

田赛分为跳跃、投掷两类项目。跳跃项目包括跳高、撑竿跳高、跳远、三级跳远。投掷项目包括推铅球、掷铁饼、投链球、掷标枪。此外,还有以部分田赛和径赛项目组成的全能项目。

跳高:起源于古代人类在生活和劳动中越过垂直障碍的活动。现代跳高始于欧洲,18 世纪末苏格兰已有跳高比赛,19 世纪 60 年代开始流行于欧美国家。跳高过杆技术有跨越式、剪式、俯卧式、背越式等,现绝大多数运动员都采用背越式。比赛时,运动员必须用单脚起跳,可以在规定的任一起跳高度上试跳。男、女跳高分别于 1896 年、1928 年被列为奥运会比赛项目。

撑竿跳高:起源于古代人类利用木棍、长矛等撑越障碍的活动。撑竿最早使用木竿,1896 年首届奥运会上的最高成绩为 3.30 米;1905 年开始使用重量较轻、有一定弹性的竹竿，最高成绩达到 4.77 米；1930 年出现较为坚固的金属竿，运动员无撑竿折断之虑，可以提高握竿点，加快助跑速度，最好成绩达到 4.80 米；1948 年美国设计制造出重量更轻、弹性更强的玻璃纤维竿，目前使用该竿已突破了 6 米的高度。撑竿跳高的横杆可用玻璃纤维、金属或其他适宜材料制成，长 4.48～4.52 米，最大重量 2.25 公斤。撑竿的长度和直径不限，但表面必须光滑。运动员一般都自带撑竿参加比赛。比赛时，运动员必须将撑竿插在插斗内起跳；起跳离地后，握竿的手不得向上移动；可以在规定的任一起跳高度上试跳。男、女撑竿跳高分别于 1896 年和 2000 年被列为奥运会比赛项目。

跳远：源于人类猎取或逃避野兽时跨越河沟等活动，为公元前 708 年古代奥运会五项全能项目之一。现代跳远运动始于英国，跳远的腾空动作有蹲距式、挺身式和走步式。最初运动员是在地面起跳，1886 年开始采用起跳板。起跳板白色，埋入地下，与地面齐平，长 1.22 米，宽 20 厘米，距沙坑近端不少于 1 米。起跳板前有起跳线，起跳线前有用于判断运动员起跳是否犯规的橡皮泥显示板或沙台。运动员必须在起跳线后起跳。男、女跳远分别于 1896 年和 1948 年被列为奥运会比赛项目。

三级跳远：起源于 18 世纪中叶的苏格兰和爱尔兰，两者跳法不同。苏格兰采用单足跳、跨步跳、跳跃，而爱尔兰用的是单足跳、单足跳、跳跃。现规定必须使用苏格兰跳法。比赛时，运动员助跑后应连续作 3 次不同形式的跳跃，第一跳为单足跳，用起跳腿落地；第二跳为跨步跳，用摆动腿落地；第三跳为跳跃，必须用双脚落入沙坑。男子三级跳远于 1896 年被列为首届奥运会比赛项目，女子三级跳远于 20 世纪 80 年代初逐渐广泛开展，1992 年被列为奥运会比赛项目。

推铅球：起源于古代人类用石块猎取禽兽或防御攻击的活动。现代推铅球始于 14 世纪 40 年代欧洲炮兵闲暇期间推掷炮弹的游戏和比赛，后逐渐形成体育运动项目。铅球的制作经历了用铁、铅以及外铁内铅的过程。正式比赛男子铅球的重量为 7.26 公斤，直径 11～13 厘米；女子铅球的重量为 4 公斤，直径为 9.5～11 厘米。早期推铅球没有固定的方式，可以原地推，也可以助跑推；可以单手推，也可以双手推；还出现过按体重分级别的比赛。最初采用原地推铅球技术，后逐渐发展到侧向推、上步侧向推。20 世纪 50 年代，美国运动员奥布赖恩发明背向滑步推铅球技术，该技术被称为"铅球史上的一场革命"。70 年代，苏联运动员巴雷什尼科夫发明旋转推铅球技术，由于旋转后难以控制身体平衡，至今只有极少数运动员使用。比赛时，运动员应在直径

2.135 米的圈内,用单手将球从肩上推出,铅球必须落在落地区角度线以内方为有效。男、女铅球分别于 1896 年和 1948 年被列为奥运会比赛项目。

掷铁饼:起源于公元前 8 世纪古希腊人投掷石片的活动。公元前 708 年第 18 届古代奥运会列为五项全能项目之一。铁饼最初为盘形石块,后逐渐采用铜、铁等金属制作。现代奥运会史上,曾有过双手掷铁饼的比赛项目。掷铁饼技术经历过原地投、侧向原地投、侧向旋转投、背向旋转投几个发展过程。铁饼可用木料或其他适宜材料制作,男子铁饼重 2 公斤,直径 22 厘米;女子铁饼重 1 公斤,直径 18.1 厘米,中心用水填满。比赛时,运动员应该在直径 2.50 米的圈内将饼掷出,铁饼必须落在 40 度的角度线内方为有效。男、女铁饼分别于 1896 年和 1928 年被列为奥运会比赛项目。

掷链球:起源于中世纪苏格兰矿工在劳动之余用带木柄的生产工具铁锤进行的掷远比赛,后逐渐在英国流行。19 世纪后期,成为英国牛津大学和剑桥大学运动会的比赛项目。当时使用的器械是木柄的铁球,后为便于投掷,将木柄改为钢链,链球由此而来。掷链球最初采用原地投,后逐渐改进为侧向投,旋转一圈投、两圈投、三圈投,现运动员多采用四圈投。男子链球重 7.26 公斤,总长 117.5～121.5 厘米,女子链球重 4 公斤,总长 116.0～119.5 厘米。比赛时,运动员必须在直径 2.135 米的圈内用双手将球掷出,链球必须落在 40 度的角度线内方为有效。圈外有 U 形护笼,确保投掷安全。男子链球于 1900 年被列为奥运会比赛项目,女子链球于 2000 年列入。

掷标枪:起源于古代人类用长矛猎取野兽的活动,后长矛又发展成为作战的兵器,公元前 708 年被列为第 18 届古代奥运会五项全能之一。现代标枪运动始于 19 世纪的瑞典、希腊、匈牙利和芬兰等欧洲国家。标枪可用金属或其他适宜的类似材料制作。男子标枪重 800 克,长 260～270 厘米;女子标枪重 600 克,长 220～230 厘米。比赛时,运动员必须单手将标枪从肩上方掷出,枪尖必须落在投掷区角度线内方为有效。男、女标枪分别于 1908 年和 1932 年被列为奥运会比赛项目。

全能:起源于希腊,早在公元前 708 年第 18 届古代奥运会上便设有五项全能,由赛跑、跳远、铁饼、标枪和摔跤项目组成。现代全能运动始于欧洲。1904 年第 3 届奥运会即设修改后的五项全能,项目包括 100 码跑、800 码竞走、120 码栏等;1912 年第 5 届奥运会改为在瑞典流行的十项全能,延续至今。此外,1912、1920、1924 年奥运会还设立过五项全能。女子全能运动 1923 年始于苏联,1948 年得到国际田联的认可,1964 年奥运会将五项全能列为比赛项目,1984 年奥运会改为七项全能。比赛按规定的项目顺序分两天进行。男子十项全能第一天为 100 米跑、跳远、铅球、跳高、400 米跑,第二天为 110 米跨栏跑、铁饼、撑竿跳高、标枪和 1500 米跑。女子七项全能第一天为 100 米跨栏跑、跳高、铅球、200 米跑,第二天为跳远、标枪和 800 米跑。根据各单项成绩查国际田联制定的全能评分表,以累加总分计算名次,总分高者列前。运动员必须参加所有项目的比赛,如某个项目弃权,则不能参加后续项目的比赛,也不计算总分,但如果某个项目因成绩太低或失败,没有得分,仍可计算总分。

二、赛场礼仪

田径是在世界范围内开展最为普遍的体育项目,也是最精彩、最令观众兴奋的赛事之一。田径赛场对运动员和观众都有一定的礼仪要求。

1.运动员礼仪

(1)运动员装束

参赛各田径项目的运动员要仪表整洁,服饰干净。服装的设计式样和穿着方式要无碍观瞻,服装的材料着湿时不能透明。运动员可以赤脚、穿鞋参加比赛,鞋内或鞋外不能有任何为运动员提供助力的装置。运动员的两个号码要佩戴在胸前和后背的显著位置,在撑竿跳高和跳远比赛中,运动员仅在胸前或后背佩戴一个号码,运动员佩戴的号码不能以任何形式剪裁、折叠或遮挡。

对于投掷项目,运动员不能使用任何外部装束或装置对试掷进行帮助,如除了开放性损伤需要包扎外,运动员不得在手上使用胶带将两个或更多的手指捆在一起。掷链球比赛允许运动员在单个手指上捆扎胶带,但所用胶带应在比赛开始前向有关主裁判展示。链球项目运动员可以使用手套,掷链球手套的手掌和手背部应光滑,除拇指外其他手指尖应露出,除链球比赛外,其他项目的运动员都不允许使用手套。

为了更好地持握器械,田赛运动员可以使用某种适宜物质,但仅限于双手,此外,链球运动员可在手套上、铅球运动员可在颈部涂抹此类物质。为防止脊柱受伤,运动员也可系一条皮革或其他适宜材料制成的腰带。推铅球时,为防止手腕受伤,运动员可在手腕处缠绕绷带。掷标枪时,运动员可戴一个护肘。运动员不允许在投掷圈内或鞋底上喷洒任何物质。

运动员在比赛场内不能使用录像机、收录机、收音机、CD 机、无线通信机、移动电话或类似装置。

运动员不能使用兴奋剂,也不能拒绝按照兴奋剂检测官的要求接受兴奋剂的检查。

（2）比赛礼仪

在径赛项目中,400 米及 400 米以下(包括 4×200 米和 4×400 米接力的第一棒)各项径赛的起跑使用起跑器,其他径赛项目不得使用起跑器。起跑时,当"各就位"的口令发出后,运动员立即走向起跑线,完全在自己的分道内和起跑线后做好准备姿势,不得延误,此时运动员不能用声音或其他方式干扰该项比赛中的其他运动员,如高声喊叫、出怪声、长时间不能稳定、前后移动、用手或脚挤碰邻道运动员、故意起跑犯规等。在分道跑的比赛中,运动员应自始至终在自己的分道内跑进,对于所有的径赛项目,运动员在跑进中不能冲撞、推挤或阻挡其他运动员,也不能有人伴跑。对于长距离跑的项目,运动员要坚持跑完全程,不能跑 1～2 圈便无故退出比赛,更不能在比赛中嬉笑玩闹。

对于竞走和公路赛跑项目,运动员被取消比赛资格后应立即离开跑道,公路竞走比赛时,运动员被取消比赛资格后应立即取下佩戴的号码,离开比赛路线。在竞走和公路跑比赛中,如大会组委会指派的正式医务人员命令某运动员退出比赛,该运动员应立即执行。10 公里及 10 公里以上的竞走和公路跑比赛,途中设多个饮料站,饮料由大会组委会提供或由运动员自备,运动员不能在饮料站以外其他地方拿取饮料。在放置运动员饮料的桌子后面最多可站两名官员,当运动员拿取饮料时,不得由官员在运动员旁边伴跑。在 20 公里及 20公里以上的竞走和公路跑项目中,在得到裁判员的许可并在一名裁判员的监

多哈亚运会女子 400 米栏冠军黄潇潇接受对手祝贺

督下,运动员可以离开公路或跑道,但不能因此而缩短比赛距离。在径赛途中,运动员可以正式被告知比赛的中途时间和获胜运动员的参考时间,除此之外,未经有关裁判长事先批准,在比赛场内的任何人不得向运动员传递此类时间信息。

田赛项目在比赛开始前,运动员可在比赛区域练习试掷或试跳。投掷项

目的练习试掷应始终在裁判员的监督下按抽签排定的顺序进行。一旦比赛开始,运动员便不能使用助跑道和其他各种器材。在比赛时,运动员不能无故延误试跳或试掷时间,运动员如果想要离开比赛场地,应在得到许可的情况下,由一名裁判员陪同方可离开。在撑竿跳高中,运动员可以在双手或撑竿上使用有利于抓握的物质,但不得在双手和手指上使用带子,运动员可使用自备撑杆,未经物主同意,不得使用他人的撑竿。

在田径赛区内,运动员不能接受任何形式的场外技术帮助。运动员与教练员在比赛区域外可以进行交流,但不能干扰比赛的进行。

2. 观众礼仪

田径是体育赛事最受欢迎的项目之一,特别是短跑及接力项目是最受关注的比赛。对于短跑、跨栏跑这样的短距离项目,运动员们的起跑反应在很大程度上决定他们的最终成绩和名次,他们在起跑线前必须将注意力百分之百地集中在裁判员的口令上,不能受到任何干扰。同样,起点处的裁判也需要在安静的赛场状态下,才会鸣枪起跑。所以运动员在起跑的时候,运动员本身不能用声音或动作影响其他运动员起跑,看台上的观众也要保持绝对的安静,不能发出任何干扰运动员注意力的声响。在途中或临近终点时,观众可以用掌声给运动员加油助威,但哨声、喇叭声和鼓点的声音是要禁止的。

在田赛项目中,运动员在赛前的兴奋状态往往不同。如果选手在出场时表现得十分兴奋,主动挥手带动观众鼓掌,这时观众应该随着选手的手势有节奏地鼓掌加油;如果选手出场后表现得很平静,甚至有三五秒钟的停顿,那此时这名选手很可能正在对自己的状态做着最后的调整,保持一个相对安静的赛场环境则是观众对选手最大的支持。在观看比赛时,运动员在未起跳和未投出时,观众应当保持安静,不要分散运动员高度集中的注意力。跳跃项目的运动员在助跑的时候,观众可以用有节奏的鼓掌来配合运动员的步点,不能使用哨声、喇叭声和鼓点的声音,这些声音有可能会打乱选手助跑时的步伐频率,甚至破坏运动员的比赛情绪。

长跑比赛过程比较艰辛,由于运动员的水平参差不齐,有些运动员可能会被远远地落在后面,他们明知夺牌无望,还是坚持跑完比赛全程,这时他们非常需要观众的鼓励,观众要对失利的运动员报以毫无保留的掌声,表达对他们的敬意,观众本身也会通过这样的比赛,从运动员们身上学习到顽强拼搏的精神。

马拉松项目全程处于露天状态,对运动员的身体素质和耐力要求极高。比赛时,观众不能横穿赛道,不能拉扯和围观运动员,也不能给运动员递水。

比赛中，每隔五公里就有一个水站，完全能满足运动员的需要，观众出于好心给运动员递水反而会害运动员被取消比赛资格。热情的加油是必须的，在跑完马拉松的过程中，运动员肯定会有体力到达极限的时候，这个时候观众的鼓舞会帮助他们挺过去。

竞走比赛的赛程与马拉松类似，大部分时间是在公路间进行，最后冲刺阶段在体育场内完成。由于竞走比赛比马拉松等比赛更具技术难度，所以在观赛过程中，观众更需要为选手和裁判创造良好的比赛空间，以免对比赛的公平裁决造成困扰。9个裁判沿途对选手的比赛进行监督评判，而运动员更需要全神贯注地投入比赛当中，丝毫不能马虎。所以观众过于激动地加油助威，或因对裁判判决不满而情绪激动，都会对选手比赛造成一定的影响。另外，观众在加油时，要尽量按照选手的节奏进行。当选手比赛节奏被打乱时，就容易造成犯规。所以，观看竞走比赛时，记得要全力配合运动员和裁判。

三、案例

案例 1

"奥运会的参与比取胜更重要"

1908年伦敦奥运会的马拉松比赛，身着19号运动服的意大利糖果商多兰多·皮特里跑在前面，第一个进入了运动场。瘦小的皮特里拼命加速，过早冲刺消耗了大量体力。他筋疲力尽，神志不清，先是跑错方向，后几次摔倒在地。在离终点15米的地方，他又一次倒下，两位好心的医生搀扶着他走到了终点。他被剥夺了冠军资格，却以一个顽强者的形象被记录了下来。事后，英国大主教彼得说："奥运会的参与比取胜更重要。"从此，这句话成了奥林匹克的格言和信仰。

案例 2

观众不守礼影响了比赛结果

2004年8月29日，意大利选手巴尔迪尼以2小时10分55秒的成绩获得雅典奥运会男子马拉松冠军。比赛过程中一直领先的巴西选手利玛在最后阶段被闯入赛道的观众推到了路边，他虽继续参加比赛，但却被意大利人超过，最终仅获得第三名。这是典型的因为观众在观赛过程中的不守观赛礼仪而导致运动员成绩不能正常发挥的例子。

第二节　球类项目

　　球类项目包括足球、篮球、排球、网球、乒乓球、手球、橄榄球等，是最普及也是最受人们喜爱的体育项目，而且由于球类项目特别是足球项目的激烈对抗性和极高的欣赏性，也造就出了众多的"球迷"群体，形成了赛场上独一无二的文化现象。由于球类项目多数是集体参赛，观众的数量相对较多，现场气氛会异常热烈甚至很狂热，因而遵守赛场礼仪就显得非常重要。球类项目的赛场礼仪是非常有代表性的，总的来说，赛场礼仪对参赛同伴队员之间的基本要求是配合和体谅，对竞争对手之间的要求是尊重和礼貌，对观众的要求是秩序和有礼有节的加油助威。

一、足球

1. 项目简介

　　2004 年 7 月 15 日，国际足联主席布拉特郑重宣布："足球于 2300 年前起源于中国淄博，中国古代的蹴鞠就是现代足球的起源。"现代足球始于英国的剑桥大学，当时学生们的比赛规则五花八门，到 1848 年才制定出世界上第一个足球规则，称剑桥规则。1863 年成立英格兰足球协会，统一了竞赛规则，以后不断修改补充，逐渐完善。1872 年英格兰与苏格兰之间举行了足球史上第一次协会间的正式比赛，1890 年英格兰举办有万人观看的女子足球赛，1894 年成立女子足球俱乐部。1904 年国际足球联合会成立，从此足球日益发展，遍布全球。标准足球场长 90～120 米，宽 45～90 米，场地中间有一条横穿球场的中线，中央有半径为 9.15 米的中圈。比赛分两队参加，每队不得多于 11 人，其中必须有 1 名守门员。全场比赛为 90 分钟，分上、下两个半场，每半场 45 分钟，以将球射入对方球门多者为胜。1900 年男子足球成为奥运会比赛项目，但国际奥委会不允许职业球员参加，因此奥运会足球赛水平不高，影响也不大。女子足球直至 1996 年才进入奥运会，却吸引了众多的观众。

2. 赛场礼仪

　　足球被称为球中之王，是世界第一运动，在面积 7140 平方米的绿茵场上，22 名球员奋力拼搏，场内数万球迷欢呼雀跃，五大洲各个角落的亿万电视观众为之迷恋。现代足球,以它特有的魅力,将世界人民的思想、感情、热情和希望紧紧地连在一起,任何体育比赛都有胜负,但都没有像足球比赛那样举足轻重,一场比赛与一个国家的民族情绪休戚相关,胜者可以将这个国家抛入欢乐的海洋,败者能将一个民族陷入暂时的痛苦之中,这就是足球在世人心目中的地位。

人们对足球的热衷造就了耀世的球星和独特的"球迷"群体,对足球的极端狂热也带来了足球赛场的混乱甚至暴力。由于一些球员受过多的所谓"拼搏作风"或某种利益的驱使,在激烈的对抗性竞赛中屡屡不能保持健全的心智和平衡的心态,在场上动辄把人踢伤,甚至殴打对方球员和裁判。在很多场合,人们已经看不到赏心悦目的比赛,眼前只是球员之间的暴力和血腥。一些观众的心理素质也普遍较差,在遇到诸如强队莫名其妙输掉比赛、"假球"、"黑哨"等现象时,往往控制不住自己的情绪而开始谩骂、抛掷物品甚至制造大范围的观众骚乱。

绿茵场是公共社会的缩影,那里彰显着社会秩序的一切要义,足球赛场上不和谐因素的蔓延,根本上反映的是体育礼仪的长期缺失。在人们期盼世界和平、友谊、进步的今天,弘扬足球文明和礼仪意义深远。2006 年 6 月 6 日,联合国秘书长安南和国际足联主席布拉特就即将开战的世界杯足球赛发表致辞:"足球是全球通用的语言。足球可以弥合社会、文化和宗教分歧。足球促进个人发展和成长,培养团队协作和公平竞争精神,建立自尊并打开新的机会之门,进而可以促进整个社会和各个国家的福祉⋯⋯今后几个星期,全世界几十亿人都将聚精会神地关注世界杯比赛,我们吁请各地球员和球迷们支持我们的使命。让我们利用足球的魅力来促进发展与和平的事业。"为了足球的发展以及足球更高的使命,每一个运动员和观众都要自觉地遵守赛场礼仪。

(1)运动员礼仪

足球是一项竞争激烈的体育项目,为了取得比赛的主动,最终获得比赛胜利,比赛双方队员为此都将全力进行竞争拼搏。在比赛中,运动员应自觉遵守比赛规则和礼仪,尽量避免一些不正当的举动,更不能有违背体育道德甚至暴力的行为。

其一,运动员自己首先要调整好心态,以健全的心智来参加比赛,努力做到遵守比赛规则,礼貌待人,注重团队配合。同时要体谅对手的无意犯规和同伴的失误,理解观众的期待和希望,不能由于一时的不快而指责、谩骂对方或同队运动员及观众。

其二,遇到比自己球队实力较强的对手时,要积极迎战、坚持到底而不气馁;遇到实力较弱的对手时,要虚心地展示自己的实力,不应有任何侮辱、嘲弄对方球员的举动。

其三,在比赛中要以正当的战术和适当的举止来应对对方的挑战,不使用暴力或危险动作,更不能故意猛推、击打、踢或踩对方运动员。当遇到对方球员摔倒时,要上前扶起,如果是由自己引起的,则要表示歉意;当有运动员摔伤而不能立即参赛时,持球运动员应停止运球中断比赛,而不要借势进攻。比赛中遇到对方危险性动作后,不要寻机报复对手,要相信裁判的公正执法。当自己摔倒时,如果无关大碍,则应立即起来参加比赛,不要夸张自己所受轻伤的程度以吸引他人注意或延误比赛。

其四,对于裁判员或助理裁判员的判罚,要有礼貌地无条件接受,不要跑开,也不要与裁判员争辩,更不能推搡甚至殴打裁判员。当被罚下场时,要有理智地离去,不要大吵大闹而风度丧尽。

其五,有节制地庆祝胜利。进球或获得最后的胜利后,赛场往往陷入一片狂热之中,这时进球队员或获胜球队在场内允许范围内表示庆祝是可以的,但不能延误时间,不能冲出比赛场外如越过广告牌、跑到观众席或替补席上,或表现出其他过激的行为。

(2)观众礼仪

足球是拥有观众数量最多的体育项目,随着足球运动的发展,足球观众特别是球迷们已经形成了一个独特的群体,他们在赛场上以各种方式激励着自己喜欢的球队、宣泄着自己的情感。足球赛场需要狂热,但更需要理智,为了更好地欣赏足球的魅力,观众特别是球迷们应注意以下几方面的礼仪。

其一,观众进入赛场时要衣着整洁,不要袒胸露背、服装凌乱不整,更不要穿着拖鞋、光着膀子进入赛场。球迷群体一般都有自己的专用服饰,对球迷服饰总的要求是大方和统一,既要体现球迷群体的特性,又要符合穿着的礼仪规范。

其二,观众或球迷们经常用锣鼓、口号、标语、歌曲等来表达自己的情感、支持和鼓励自己喜欢的球队。在运用这些方式时要做到文明健康,不能只是个人或团体情绪的简单宣泄,更不能有任何侮辱性的涵义。观众在喝彩和鼓励球员时要克服狭隘的地域情结,既要为自己喜欢的球队欢呼,也要为对方球队的精彩表演而鼓掌。

其三,观众在为球员加油时要注意时机,不能随心所欲。一般在比赛的开始和推进阶段,观众可以摇旗呐喊,为自己的球队制造声势。当比赛推进到对方的禁区,观众则要相对安静一点,以免干扰最后射门,因为禁区附近虽是防守队员敏感的区域,也是进攻队员神经高度集中和相对紧张的区域,保持相对的安静会减轻进攻队员的干扰和压力。

其四,观众在赛场内要文明守礼,热情友好地对待每个球员和周围的不同球迷或球迷组织,不讲挑衅性的话语,不做可能引起暴力行为倾向的动作。不管自己支持的是哪支球队,球迷之间的竞争应该和球员一样,是一种意志品质和精神力量的竞争,而绝对不是暴力冲突。

3. 案例及国际规范

案例 1

多哈赛场失礼的伊朗球员

在 2006 年卡塔尔多哈亚运会上,中国队与伊朗队进行四分之一决赛,当时伊朗球员利用中国队造越位战术的失误,单刀一人面向中国队的空门。但这位伊朗球员并没有将球直接踢进,而是慢慢地把球带到中国队的球门线前停住,转过身面对中国球员挤眉弄眼并得意地摇晃身体,这个极端不文明的举止持续了几秒钟后,他才把球踢进了大门。在赛后的新闻发布会上,伊朗队的主教练承认本国球员的失礼,并向中国队道歉。

多哈亚运会上伊朗球员故意将球停在中国队的门线前

案例 2

海瑟尔惨案

1985 年 5 月 29 日,欧洲冠军杯决赛在比利时首都布鲁塞尔的海瑟尔球场举行,对阵双方是意大利的尤文图斯队与英格兰的利物浦队,现场共有两万名英国球迷和 1.5 万名意大利球迷前来为各自球队助阵。

1985 年欧洲冠军杯海瑟尔惨案

　　比赛之前,一大群喝得醉醺醺的英国球迷就在比利时大街上打劫一家珠宝店,抢走一千多万比利时法郎的珠宝。比赛还没开始,两国球迷就在看台上互相对骂,并以酒瓶等杂物对掷,使比赛被迫推迟 45 分钟开哨。此后局势更加混乱,两国球迷的冲突进一步升级,90 分钟的比赛还未结束也只好草草收场,赛后"打扫战场",造成了 38 人死亡,454 人受伤,这就是著名的海瑟尔惨案。

　　惨案在比赛结束后还在延续,在意大利罗马街头,意大利球迷为了报复英国球迷对本国球迷造成的伤亡,居然用私刑杀害 20 名英国游客,另有 7 人失踪……海瑟尔惨案直接导致了欧足联对英国球队的禁赛,被禁止参加欧洲赛事长达 5 年之久。

　　"足球流氓"并不是真正的球迷。真正的球迷,总能保持最低限度的理性,他们不会去破坏赛场设备,不会去攻击裁判,不会去以不理智的行为发泄自己的不满。而"足球流氓"则不然,他们纯粹就是为了展示自我,唯恐天下不乱,无节制地利用赛场发泄自己的不满,干扰了正常的比赛秩序。

4. 附录:国际足联公平竞赛十项准则

　　为了维护足球的利益,维护比赛公平,国际足联于 2006 年公布了公平竞赛十项准则,具体内容如下:

　　第一条　公平比赛

　　比赛的胜利如果是通过不公平的或欺骗的手段获得的,那么这胜利没有任何价值。作弊很容易,但是毫无乐趣可言。公平竞赛需要勇气和品格,而且也更有成就感。公平竞争会得到相应的回报,即使比赛输了,你也能够赢得尊重。而欺骗则令人憎恶。请记住:这只是一场比赛,不公平的比赛没任何意义。

第二条 为胜利而比赛,并正确对待比赛的失利

夺取胜利是所有体育比赛的目的,绝不要主动放弃任何一场比赛。如果你不是为了胜利而比赛,那么你就是在欺骗对手,愚弄观众,同时也是在欺骗自己。面对强大的对手永远不要放弃,面对弱小的对手也要竭尽全力。如果在比赛中未尽全力就是对对手的侮辱。只要终场哨声未响,就要全力以赴去争取胜利。

同时,我们要客观地认识到,没有谁可以永远胜利。比赛总会互有胜负,要学会正确对待失败,不要寻找借口,因为失败的真正原因往往显而易见。向胜利者祝贺,不要抱怨裁判或怨天尤人,应该把全部的注意力放在如何踢好下一场比赛上。一个有风度的失败者,要比一个没有风度的胜利者能够赢得更多的尊重。

第三条 遵守比赛规则

任何运动都有自己的规则,没有规则就会出现混乱。足球运动的规则简单易学。要确实地学好比赛规则,这将有助于你更好地理解比赛,成为一名优秀的运动员。懂得规则的精神同样重要,因为规则的制定是为了使比赛更有趣,更有观赏性。遵守比赛规则,才能更好地享受比赛的乐趣。

第四条 尊重对手、队友、裁判、官员和观众

公平竞赛意味着相互尊重,相互尊重本身就是足球的一部分。没有对手就没有比赛,他们和你拥有同样的权利,包括被尊重的权利。队友和你组成了这个团队,球队的所有成员都是平等的。裁判员负责保证比赛的纪律和公平竞赛,要无条件地服从裁判的决定,这样才能有助于他们使我们大家更好地享受比赛。竞赛官员也是比赛的一部分,同样也应受到尊重。观众创造了比赛气氛,他们希望看到的是公平的竞赛,同时观众自己也要有恰当的举止。

第五条 维护足球的利益

足球是世界上最具影响的运动,但是需要我们每一个人的不断努力,使其永远成为世界第一运动。永远将足球的利益放在自身利益之上,时刻意识到自己的一言一行会影响到足球运动的形象。要宣扬足球比赛中积极的一面,鼓励别人去观看比赛,去公平地参与足球运动,帮助别人和自己一样享受足球的乐趣。要争取做一名足球大使。

第六条 赞扬那些维护足球运动声誉的人

足球运动之所以如此大受欢迎,正是因为绝大多数热爱这项运动的人们是诚实而公正的,特别是有些人的突出表现得到了社会的公认。他们应该受

到尊重，他们的事迹应该广为宣传，这将鼓励其他人以此为榜样。应当通过宣传足球运动的优秀事迹来提高足球运动的形象。

第七条　拒绝腐败、违禁药品、种族歧视、暴力及其他危害足球运动的事物

足球运动广受欢迎，也往往使其受到外界的负面影响。要提高警惕，抵制任何驱使你使用违禁药品和作弊的诱惑。违禁药品不应出现在足球和其他的运动中，也不应存在于这个社会，要对违禁药品说不。将种族歧视赶出足球运动，不论肤色和种族，平等对待所有的球员。宣传足球，拒绝暴力，足球是一种体育运动，而体育运动是和平的。

第八条　帮助他人抵御腐败的压力

也许有的队友或其他人受到了作弊的引诱，他们需要你的帮助。你要毫不犹豫地支持他们，给予他们抵御这些诱惑的力量，要提醒他们对队友和足球运动所承担的责任。必须同队友团结起来同腐败及作弊行为进行斗争，就像在足球场上组成一道坚固的防线。

第九条　谴责那些试图毁坏这项运动形象的人

如果你确信有人准备引诱他人作弊，要毫不犹豫地揭露他的阴谋，必须在造成危害前将其丑恶行为公之于众并予以抵制。公开谴责某种错误行径往往比随波逐流需要更大的勇气，但诚实受人赞誉，附和无人称道。不要仅仅对错误行径说不，要在他们得逞之前站出来谴责这些试图破坏我们运动的人。

第十条　让足球使世界变得更美好

足球运动有着难以估量的魅力，这种力量将能使我们所处的世界更加美好。足球会给我们每一个人带来一个更加和平、平等、健康和有良好教养的社会环境。努力让足球变得更美好，这也是我们对世界做出的贡献！

参与足球运动的各类人员的行为规范

球员：

球员应坚持公平竞赛。每个球员都想把球踢好并获得比赛的胜利，这就必须要把球技与公平竞赛精神结合起来。公平竞赛的原则为足球比赛创造了一种增进人们之间友好感情的特别气氛。为了使足球比赛更具乐趣和吸引力，必须遵守以下规则：

不穿可能伤害他人的服装；

为你的对手鼓掌；

欣赏对手的球技；

与你的对手分享饮用水；

帮助受伤的对手；

不要夸张所受轻伤的程度以吸引他人注意力；

不使用暴力或危险动作；

不用危险动作报复对手；

帮助队友和对手；

避免与队友或官员争吵；

无条件服从裁判员或助理裁判员的判罚；

不要对边线球，角球，球门球等的判罚提出异议，让裁判员来做决定；

自觉遵守罚任意球时防守队员退出 9.15 米的规定；

服从并尊重裁判员的判罚；

不可趁裁判员不注意时犯规；

被判越位后，不再踢球；

有尊严地接受失败；

胜不骄。

裁判员：

你也许是业余裁判员，也许是地区足协或国家足协的裁判员，也许是国际裁判员，你能够为发扬公平竞赛精神创造一个良好的环境。队员希望享受比赛的乐趣，你应该坚决公正地做出判罚，从而赢得他们的信任。在透彻理解比赛规则的精神和实际意义的基础上，根据比赛水平和实际情况恰当执法。

你可以按以下方法发扬公平竞赛精神：

穿着得体，整洁精练；

与球队双方官员和球员正当联系；

仔细检查所有设备；

让比赛不受干涉的顺利进行；

保持冷静，行为高尚；

及时提醒队员以避免犯规；

迅速认真地处理任何蔑视比赛规则、对手或者裁判员的行为；

劝阻制止有情绪的球员故意犯规，影响比赛；

关心受伤的队员；

严格处置假装受伤的人，或企图使对手受到不公平处分的行为；

掌握有利时要做出明确的手势；

及时发现并处理任何破坏比赛的行为。

教练员：

教练员对球员的素质及球技有重要作用，同时也对年轻人的性格发展有很大影响。队员的表现反映了教练在发扬公平竞赛精神上做出的贡献。

除了向他们传授已有的指导方针，教练还可以：

向队员介绍足球历史；

教导队员遵守比赛规则；

指导队长在场上发扬公平竞赛精神；

鼓励队员尊重双方球迷；

鼓励场上、场下的球员态度积极，纪律严谨，不违反规则；

反对任何作弊或不良行为；

反对违法药品及刺激物；

与球员父母保持良好关系；

冷静，自尊，不公开责备球员或裁判员，以身作则；

严格处置蔑视比赛规则的球员或球队工作人员，不管他有多么重要。

教练员在足球运动中的特殊角色，可以帮助年轻人在足球和社会中养成良好的行为规范。坚持公平竞赛原则有助于教练员建立良好的声望，并为俱乐部和国家体育事业的正直性做出贡献。

球迷：

球迷支持足球，足球运动简单，神秘，具有悬念和戏剧性，并有即时的幽默感，使人们心情愉快。球迷往往还被足球运动的丰富多彩，优雅多姿及球员的高超球技所吸引。球迷的存在可以鼓励球员取得更大的成就，球迷可以与其他人一起对促进足球运动更好地发展发挥重要的影响。球迷自然希望自己支持的球队获得胜利，但是作为足球的真正支持者，你更希望自己支持的球队诚实而公平地赢得比赛。必须意识到只有公平竞赛，才能使比赛精彩而生动。

您能为公平竞赛做点什么贡献呢？以下是为您提出的建议：

将足球比赛视作运动而不是战争；

更多地了解足球以便更好地欣赏它；

欣赏对方球员的球技并为之鼓掌；

批评不良行为以及作弊行为；

尊重对方的球迷；

要能设身处地地理解赛场上执法的裁判员，并给予他们鼓励和尊重；

反对他人以暴力或不良行为破坏足球比赛形象,他们不是真正的球迷。

球队队长:

你是你们球队的领袖,你是场上球队是否正直的代表。队长的职位并没有给你任何特权,但你有义务为球队承担某些责任。作为球队领袖,你的行为对你的队友和比赛有着重要的影响。学习公平竞赛指导方针,完成每项义务,并教导队友。就怎样遵守公平竞赛原则与你的教练进行讨论。比如,你们都知道在什么样的情况下会导致粗野行为或队员失去自我控制。你有责任迅速处置这样的队员。注意在罚边线球、任意球等时,要迅速地将球留给对手,不要采取任何不公平的行为。记住你没有任何权力对裁判员的判罚质疑。向裁判咨询信息,换守门员或替补球员,或请求援助受伤的队员时,请保持礼貌。球队进球时欢呼表达喜悦是很自然的,但时间要短,而且保持尊严。比赛结束哨声吹响时,不管结果如何,记得向裁判员和对手表达谢意。

球员家长:

作为球员的家长,你希望你的孩子享受足球的乐趣,保持身体和心理健康,并能为他的规范行为而自豪。你们是孩子的第一任老师,有兴趣教导孩子怎样处理社会交际关系。教育孩子为别人考虑,教育他辨别对与错、公平与不公平都是家长的首要任务。在孩子早期的娱乐活动中向他灌输公平竞赛的思想。孩子上学后,你希望老师和体育教育工作者加强这样的教育。

在体育上,老师和教练总是积极热情地创建可以赢得比赛的队伍。如果队伍在公平竞赛的基础上赢得比赛的胜利,这样的成功将给队伍带来骄傲和声望。这是个不错的目标。你个人或者在家长委员会的帮助下要反对不惜一切手段赢取比赛的行为。输球要输的有尊严,赢球后也要懂得谦虚。

不妨跟你的喜爱足球的孩子讨论这里关于公平竞赛原则的指导方针,你将更加乐观积极。你可以全面检查每一个要点,并确认他在场上是否付诸实践。观看你孩子所在队伍的比赛时,你就理所当然地成了球迷。你的原则因此而受到考验。你可以研究和学习一下为球迷设置的指导方针。

比赛组织者:

你可能是领队,俱乐部官员,比赛组织者,当地足协或国家足协或国际足联的行政官员。你也许拿工资,也许不拿工资,不管怎样,你一生的大部分时间都奉献给了举办足球比赛,让他人分享你对足球的热情。你代表的是权威,手里掌握着权力。同时你也负有责任。其中一项就是维护足球的公共形象,保证比赛合理进行。确立合法的比赛制度,让球员可以友好地进行比赛。这就要求你清晰仔细地制定比赛规则,规定场内外队员应该遵守的法则。与公平竞赛原则一致,不要让你的爱国心左右你的观点。即使是你所代表的一方犯了错误,你也必须保证予以公正的处理。谴责违规、腐败、暴力以及其他一切破坏公平竞赛原则的行为。严格处理任何影响组织或比赛声望的个人、队伍或俱乐部。选择支持和拥护公平竞赛原则的人担任领导位置,如教练、官员或其他人。

教师:

作为中学、大学或其他任何院校的老师,你拥有特殊的机会向性格形成时期的年轻人宣扬公平竞赛精神。小学阶段,你可以向他们展示怎样尊重别人,尊重比赛规则,使比赛更有意义更令人满意。中学以及大学阶段,如果过分强调比赛胜利,将在比赛中影响学生对公平竞赛原则的运用。坚定地引导一些出色的球员避免出现这些错误的想法,天才更要遵守道德规范。

让那些可能出现在大量观众和媒体面前的球员意识到,他们有责任建立高标准,从而为其他球员做榜样,引导他们也采取正确的态度。无论是在体育馆还是运动场,你都必须友好有耐心,尊重并为他人着想。

培养你的学生遵守纪律,有慷慨大方的自豪感,从而为足球,为他们自己,为教育机构增光,他们有义务一生发扬公平竞赛精神。

球队医生:

你为队员的身体负责。与教练和俱乐部官员一起你可以制定规矩,从而为公平竞赛做贡献。

你的公平竞赛行动可以包括以下:

根据气候和比赛条件建议和引导队员的着装和鞋袜;

建议队员不要穿戴可能造成伤害的饰品,如戒指、项链等。

当有年轻队员参加比赛时,宣扬"安全第一"的观点;

鼓励任何有助于参与者健康和安全的行为;

帮助缓和受伤队员的激动情绪;

反对使用违禁药物或者兴奋剂,因为你的队员和对手都可能因鲁莽或危险的行动受伤。

媒体记者:

不管你是兼职记者还是全职记者,还是广播电台、电视台或电影的评论家,你都应该为使足球比赛更精彩更有吸引力而努力。你的首要任务是向观众转述足球比赛,这样的转述必须让你的编辑、出版商或制片人满意。在时空限制内,主要强调有趣的地方,你也可以对比赛表达自己的观点或其他相关的更多话题。你的观点影响着大众的观点。作为一个教育者,你可以帮助宣扬广大观众都认可的公平竞争精神。这是当今世界的积极力量,值得付出更多。

你对发扬这一精神的贡献可以包括以下:

谴责违规和作弊行为;

批评那些采用不公平手段的企图;

批评蔑视公平竞赛原则的明星球员;

从不同的角度考虑问题后再对裁判的判罚表达自己的意见;

表扬比赛官员和队员、教练员好的行为;

谴责球迷的暴力和不良行为;

支持公平竞赛、鼓励公平竞争。

公平竞赛宣言

1. 通过公平竞赛实现我们的梦想,让足球促进世界和平;

2. 严格按照规则进行比赛,让支持我们的人感到幸福;

3. 不要与裁判争论,要向观众展示你的风格;

4. 尊重你的对手和队友,不要把坏脾气带到场上去;

5. 不要使用暴力,要保证永远不会失去自我控制;

6. 在尽了最大努力后勇敢地接受失败,公平地祝贺胜利;

7. 团结一致,让我们梦想成真。

二、篮球

1. 项目简介

篮球始于 1891 年 12 月 21 日美国马萨诸塞州斯普林菲尔德基督教青年会训练学校体育教师詹姆士·奈史密斯在体育馆内组织学生进行的游戏。他将竹篮固定在离地高约 3.05 米的墙上,然后将全班 18 个人分为 2 队。游戏时各队将球投入对方的竹篮内,进球多者为胜。因游戏使用的器材主要是竹篮和球,故称篮球。1892 年 1 月 25 日奈史密斯在《训练学校研究报告集》上介绍了篮球游戏方法,同年制定了 13 条比赛规则。1893 年 3 月 11 日在斯普林菲尔德基督教青年会训练学校举行了教师队与学生队的比赛,这是世界上有记载的最早的篮球赛。

19 世纪末至 20 世纪初,篮球运动流传到欧洲。1950 年举行首届世界篮球锦标赛,1953 年起举行世界女子篮球锦标赛。篮球场长 28 米,宽 15 米,中线将其分为两个半场。场地中央有一半径为 1.80 米的圆,用于比赛开球。篮板要用透明材料制成,横宽 1.80 米、竖高 1.05 米,底端距地面 2.90 米。球重

600～650 克。比赛时分两队，每队 5 人。将球投入对方球篮得 2 分，在三分区投入对方球篮得 3 分，罚球中 1 次得 1 分。全场比赛 40 分钟，分上下两半场共 4 节，每节 10 分钟，在第一节和第二节之间、第三节和第四节之间有 2 分钟的休息时间。半场时间的休息为 15 分钟。以全场得分多者为胜。男女篮球分别于 1936 年和 1976 年被列为奥运会比赛项目。

2. 赛场礼仪

篮球是技术性和对抗性都比较强的体育项目，比赛时运动员可以用快攻、掩护、接应、突破、传切、策应、转移、空切、三分球等战术来进攻，也可以用紧逼、联防、盯人、补位、协防、关门、夹击等技术来防守。高水平的篮球比赛常常被誉为绝妙的艺术，运动员娴熟的运球、巧妙的传球、准确的投篮、机智的抢断以及攻守交错等战术，都能给人以美的享受。

2006 年 NBA 淘金和尼克斯两队赛场群殴，双方 10 名队员均被驱逐出场

篮球运动员在赛场上出色的发挥是与球员自身的技艺和整个赛场的和谐程度相关联的，由于篮球比赛场地相对较小，球员又大多身高体壮，人与人之间的身体距离也比较靠近，如果运动员在规则和道德方面忽略了对自身的要求，赛场上就会出现混乱和不文明的局面。为了篮球和球员自身的荣誉，运动员在赛场上要做到规范有礼：其一，运动员不能有拉、打、踢或是故意推对方员的小动作、坏动作或伤人动作；其二，运动员不能戏弄对手或在对手眼前摇手妨碍其视觉；其三，运动员不可以长时间地悬吊在篮圈上以显示自己；其四，运动员不能由于赌气而故意掷球打篮板，不可使用可能冒犯或煽动观众的语言和行为；其五，运动员在裁判宣判犯规后要有礼貌地举手示意，如有问题要

有礼貌地与教练、技术代表、记录台人员或对方球员进行交涉,不可大喊大叫,延误比赛。

篮球运动在世界范围内非常流行,由于它是在体育馆内进行的,所以每场比赛的观众人数少于足球、橄榄球、棒球等比赛。看篮球比赛不要求观众像看台球、网球比赛时那样安静且不能随便走动。比赛需要观众有激情,为主队也为双方球队呐喊助威。由于观众席离赛场较近,比赛中禁止向场内投掷杂物、大声谩骂球员或教练,因为这样做会对比赛的正常进行和球员情绪产生不良影响。观众在照相时最好关闭闪光灯。在 NBA 以及职业赛场中,体育馆内使用有强烈节奏的背景音乐都是允许的。在 CBA 等篮球赛事开始前要奏国歌,国际比赛时则要奏两国国歌,这时,要求每一位现场观众起立行礼。比赛前介绍出场运动员时观众要为每一位球员鼓掌。

现代篮球技术正继续朝着强对抗、高速度、全空间的方向发展。在高水平的篮球比赛中,球队双方实力相当,运动员在球场上的每一次拼搏,都是对于生命极限的冲击和超越,在身心上都需要付出艰苦的努力。这都对运动员的身体素质及思想品质等提出了更高的要求。闻名世界篮坛的"飞人"乔丹,他不仅为人们展现了他精湛的球艺,更重要的是他那镇定自如,充满自信的神情,让人们感受到了一种超人的人格力量,激发着人们奋进。观众通过观看这些高水平的篮球比赛,本身在精神和道德上都得到熏陶。

3. 案例

CBA 京辽保级战 看台扔来矿泉水瓶

2004 年 2 月 18 日,2003—2004 赛季 CBA 保级战北京首钢对辽宁盼盼的比赛在辽阳举行,临近终场前北京队以 10 分左右优势领先,首钢外援和盼盼队员在场上发生冲突,辽阳观众很不冷静,用下流语言辱骂北京队员,继而向场内投掷矿泉水瓶等杂物,导致比赛暂停,最终比赛结果是北京队以 7 分优势获胜。两天之后中国篮协就此事给予了处罚:除两队相关队员被禁赛若干场次、罚款以外,两家俱乐部也受到了警告处分,辽宁盼盼俱乐部主场辽阳赛区被取消当赛季承办资格,辽宁队主场比赛改在铁岭市铁岭体育馆进行。

三、排球

1. 项目简介

排球比赛是两队各六名队员在长 18 米，宽 9 米的场地上进行集体比赛的项目。排球源于 1895 年由美国马萨诸塞州霍利奥克城的基督教青年会干事摩根所创的室内游戏。1896 年摩根制定了世界上第一个排球竞赛规则，同年在斯普林菲尔德专科学校举行世界上最早的排球赛。最初游戏是在篮球场挂一张网，两队隔网站立，以篮球胆为球，在网上打来打去，不使其落地。斯普林菲尔德市立学院的特哈尔斯戴博士将其命名为"volleyball"，意为"空中飞球"。1900 年左右传入加拿大，1905 年传入古巴、巴西等美洲国家。1914—1918 年第一次世界大战期间，排球先后在法国、意大利、苏联、波兰等国家广泛开展。1912 年规定双方上场的运动员必须轮换位置。1917 年规定每局为15 分。1918 年规定上场运动员每队为 6 人。1922 年规定每方必须在 3 次以内将球击过网。1949 年举行首届世界男子排球锦标赛，1952 年起举行世界女子排球锦标赛。

排球比赛场地长 18 米、宽 9 米，中线将球场分为两个相等的场区，中线设置长 9.50 米、宽 1 米的球网。男子排球网高 2.43 米，女子排球网高 2.24 米。排球由皮革制成外壳，内装用橡皮或类似物质制成的球胆，重 260～280 克。比赛有两队参加，每队 6 人。每队可击球 3 次（拦网触球除外），将球击回对方场区。比赛方法以前采用发球得分制，1998 年 10 月 28 日国际排联决定改为每球得分制，仍为五局三胜，前四局每局先得 25 分者为胜，第五局先得 15 分者为胜，若出现 24 平或 14 平时，要继续比赛至某队领先 2 分才能取胜。1999 年 1 月开始在国际排联组织的比赛中实施，2000 年 1 月 1 日起在各类比赛中实施。男、女排球从 1964 年起被列为奥运会比赛项目。

2. 赛场礼仪

排球运动被称作球类运动中的高雅运动，因此在赛场礼仪方面有很多需要注意的地方。对于运动员来说，应该注意以下几点：

其一，本队球员的服装必须统一、整洁，但自由人应身穿与队友不同颜色的衣服。参加比赛时，如果比赛双方所有服装的颜色相同，主队应该更换服装，如在第三方场地进行比赛，则先登记在记录表上的球队更换服装。

其二，比赛场上每个参赛队必须有队长，队长的上衣左胸前应有一条与上衣颜色不同的长 8 厘米、宽 2 厘米的带状标志。参赛者必须以良好的体育道

2006 年世界女排锦标赛中国队与多米尼加队赛后友好地相互握手

德作风服从裁判员的判定，不允许进行争辩，如有疑问，可以并只能通过场上队长提请解释。在比赛前和赛后，队长代表本队在记录表上签字并要感谢裁判员。

其三，在比赛发球时，任何一名发球队的队员都不能以挥臂、跳跃或左右摇晃等动作妨碍对方接球，运动员在接发球时也不要击掌或喊叫以影响裁判员的判断。替补队员必须坐在本场区外的长凳上，可以为本队鼓掌、喝彩，但不能进行指导。

其四，在比赛中，运动员的团结协作、互相鼓励是非常重要的，每一次进攻得分后队员们可以通过相互拥抱或击掌来鼓舞士气，当丢分的时候，队员们也要拍手示意以相互安慰，而不要彼此抱怨。

对于观众来说，在欣赏排球比赛时，首先要学会配合球员以营造一种始终高涨的赛场氛围，无论是主队、客队，每当队员做出一次精彩的倒地救球、拦网或进攻得分时，观众都应该为之鼓掌叫好。当自己支持的球队由于失误而失分时，应该给予积极的加油鼓励，也可以不作声。无论对主队还是客队，都不要有喝倒彩、幸灾乐祸等不文明的举止。另外，观众还要注意以下几点：

其一，当运动员在比赛开始前做热身活动时，球可能会被打到看台上，这时观众不应把球据为己有，也不要随意把球扔回场内，而应该把球捡起交给捡球员，如果把球扔回场内有可能会绊倒运动员而造成伤害。

其二，球员在救某一个险球时，很可能连人带球飞出场外，如果比赛场地小，球员甚至会冲到观众席上。这时观众不要对球员做握手、拥抱等动作，而应该尽快协助球员回到比赛场地继续投入比赛。

其三,比赛暂停时,球员都会回到双方的替补席附近,在教练员对球员安排战术时,附近的观众要尽量保持安静,决不能有针对性地议论、评价甚至辱骂某个球员以给球员带来心理压力。

其四,在整个比赛过程中都严禁使用闪光灯。观众可以照相,但是绝不能使用闪光灯,因为闪光灯瞬间的高强度亮光会严重影响球员对球走向的判断。

3. 案例

2003 年 3 月 19 日,四川男排与河南男排相遇在郑州赛场。四川男排大比分 2 比 1 占优,第四局比赛中也以 13 比 5 领先。此时,河南籍的两名司线员判罚引起争议,来自江苏的主裁判改判了几次司线的判罚后,部分观众对本场比赛的裁判员和客队教练员、运动员恶语中伤,并向场内投掷杂物,甚至投掷打火机等危险物品。现场秩序相当混乱,造成比赛短暂中断,后被场地安保人员及时制止,比赛才得以继续进行。

在比赛重新开始后,司线员的几个判罚再次引起四川男排的不满,致使四川队情绪激动,在大比分领先的情况下反以 21 比 25 输掉了第四局。关键的第五局,四川男排开局以 1 比 3 落后,河南队的发球再起争议:四川男排认为发球出界,而司线员则示意球落在界内,主裁判在对司线员作出询问之后,作出了发球有效的判罚。这个判罚立刻引起四川男排的不满,他们上前与裁判交涉未果,而球迷则在场边疯狂起哄。司线的不公、球迷的疯狂让四川男排收拾衣物,退出比赛。

事后四川男排被排协勒令降级,这是排球联赛推行七年来最为严厉的处罚,而罢赛风波的发源地河南天冠男排主场郑州赛区也受到警告处分。

四、网球

1. 项目简介

网球与高尔夫球、保龄球、台球并称为世界四大绅士运动。它的起源可以追溯到 12—13 世纪的法国:当时在传教士中流行着一种用手掌击球的游戏,这种运动不仅在修道院中盛行,而且也出现在法国宫廷,1358—1360 年,这种供贵族玩的古式网球从法国传入英国。

近代网球起源于英国。1873 年,会打古式网球的温菲尔德英国少校,在羽毛球运动的启示下,设计了户外的网球运动。1877 年,在英国伦敦郊外温布尔顿设置了几片草地网球场地,同年 7 月,举办了首届草地网球锦标赛,即温布尔顿网球赛第一届比赛。1881 年,世界上第一个全国性网球协会诞生——美国全国草地网球协会。该协会当年 8 月 31 日至 9 月 3 日,在罗得岛纽波特港举行第一届美国草地网球的男子单打和男子双打锦标赛,采用了温布尔顿的比赛规则。当时的美国总统罗斯福爱上了网球运动,他不仅积极支持修建网球场、举行网球比赛,而且还经常邀请陪同他骑马散步的朋友们在白宫球场上打网球,所以人们称他"网球内阁"。美国的网球运动也因此得到了空前的发展,直到今天,美国的网球运动始终处于世界领先地位。

1913 年 3 月 1 日在法国巴黎成立了世界网球的最高组织——国际网球联合会。20 世纪 70 年代以后,网球又得到了进一步的发展:允许职业选手参加温布尔顿等锦标赛,取消了职业选手和业余选手的界限,开创了职业网球巡回赛的先河,增加了大赛的激烈程度和热烈争夺的气氛,从而促进了运动员技术水平的提高,造就了一批年轻的优秀选手。同时,科技在球拍等器材制造中的应用促进了先进器材的生产和技术水平的提高。目前,国际上有四大网球赛事,即澳大利亚网球公开赛、法国网球公开赛、温布尔登网球公开赛和美国网球公开赛。

网球每局以 15、30、40 计分,每局比赛至少要比对手多赢 2 球才能结束该局比赛,如果双方球员都达到了 40,此时称为"平分"。网球比赛中如果对手落后至少两局,那么先赢得 6 局的球员就赢了这一盘,如果这盘是 6 比 5,那么双方就要再打一局,若占先者赢了,即该盘比分为 7 比 5,判占先者赢得此盘。然而,若另一个球员把这盘扳平为 6 比 6,那就由决胜局(抢 7 局)决定谁为胜者。在网球 3 盘赛中,是先赢得 2 盘者为胜者,即为 3 盘 2 胜;在 5 盘赛中,是先赢得 3 盘者为胜者,即为 5 盘 3 胜。决胜局(抢 7 局)要本该轮到发球的球员先发第一分球,对手接着发第二、三分球,然后双方轮流发 2 球,先得 7 分的球员若至少领先了对方 2 分,那么他就赢了该盘比赛。

2. 赛场礼仪

网球在国外是一项很绅士的运动,有着深厚的文化底蕴。网球赛场与热闹非凡的足球、篮球和排球赛场不同:虽然网球场也是竞技场,总会有激烈的争斗上演,但网球场要求的是一种安详与和谐,要求球员与观众具备良好的行为素养和发自心底的友善态度。

(1)球员礼仪

其一,每个选手出现在赛场上时都必须穿着洁净、整齐、符合习惯及要求的网球服装。正规比赛中男子应着半袖上衣及短裤,女子应着中袖或无袖上衣及短裙或连衣短裙。参加温布尔顿或其他草地网球比赛时球员必须穿草地网球鞋,除准备活动外,网球服及鞋袜的颜色必须以白色为主。双打比赛时,同队选手应着一致的比赛服装出场。

其二,"尊重网球场上的一切人与物",是球员最起码的行为准则。运动员除必须尽自己最大的努力去争取胜利外,在赛场上不能做任何带有污辱性的手势及身体动作;不能对观众、裁判、对手等说任何带污辱性的语言;不能以摔、敲、踢拍子、用品等形式发泄不满;不能有损害运动员形象的、不合运动员礼仪和身份的行为。

(2)观众礼仪

其一,要严格遵守赛场安检的规定,不要携带玻璃瓶、易拉罐等硬包装饮料进入场地;一些电子通信设备也是不能带进场地的,包括电视、收音机、电脑等等,因电视及收音机的杂音会影响到选手的发挥;婴儿也不能带进场地,因为他们的声音无法控制;另外,在美国网球公开赛中,像照相机、摄影机等都是限制带入场地的,闪光灯会影响球员的发挥,所录制的影音制品也不能够作为商业用途使用。

2007 年澳网公开赛球迷发生群殴,约有 150 个球迷被驱除出球场

其二,网球比赛中在单数局时双方球员需要换边并进行短暂的休息,但第1局结束后球员只换边而不能坐下休息,所以这时一般不允许外场观众进场。在 3、5、7 等单数局或一盘结束后,观众需在引导员的帮助下尽快入座。如果在比赛开始时仍没找到自己的位置,应该就地坐下,在下一次球员换边时再找,此时是不应该站起来来回走动的。

其三,网球是一项失误较多的比赛,球速很快,选手一旦受到场外的影响就可能导致注意力不能集中、击球动作变形,这样无法打出精彩的比赛,对球迷而言也是一种损失。所以,在观看比赛的过程中,观众要尽量保持安静,看台上应该是只有掌声而没有其他的嘈杂声,而且观众也不能在任何时间随意鼓掌,一定要等一个球死球之后,鼓掌的时间也要适可而止,因为选手在准备发球的时候现场要保持安静,如果现场迟迟不能安静下来,选手就不会发球或者向裁判提出抗议。另外,在比赛时观众不要随意交谈、吃东西,不能随意走动。一般情况下,观众在观看比赛时是不允许拍照的,如果实在想拍照的话则绝对不能使用闪光灯。

其四,如果选手把球打到观众席上的时候,观众应该将球退回去。因为在一场网球比赛中换球的次数是有规定的,一般为单数局换球,不同的比赛换球局有细微的差别。在高水平比赛中,每个球的弹性以及和地面摩擦后掉毛的情况都是不同的,重量和弹起高度在高手眼中也是有差别的,所以比赛中选手会严格按照比赛的规定换球,中途一般不愿意换球。所以,如果观众不退还该球,那么比赛会因此而中断,直到观众退回球或是等到换球时间。

3. 案例

小威和法网观众的宿怨

2002 年法网公开赛女子单打半决赛中,观众对小威持续喝倒彩,原因是过去几次大满贯决赛成为威廉姆斯姐妹的"专利"而引起了法国观众的不满,他们希望看到决赛中有新的面孔。赛后,小威委屈地掉下了眼泪,她哽咽地说:"在这种氛围里比赛真是太难了。"

2003 年的法网,比利时球星海宁在女单半决赛中击败了小威。这一次,小威同样遇到了法国观众的不友好对待:在小威因为几个压线争议球和裁判理论之后,法国观众就不断将嘘声赠予小威,甚至在她发球失误后热烈鼓掌。

小威在不礼貌的观众面前保持了风度,她在赛后说:"这一切都十分艰难,我不是一个习惯哭的人,我告诉自己仍要微笑。"

ESPN 电视评论员费尔南德兹在赛后评论中说,法国观众的过激行为令海宁的这场胜利有些失色,法国人将最毫无保留的热烈掌声留给了海宁,而将不加遮拦的恶意留给了小威。更让人无法接受的是,法网公开赛上 70% 以上的门票都是出售给法国各网球俱乐部的会员,他们都是非常内行的网球迷,熟知观看网球比赛的礼仪,这种举动带有明显的主观恶意。小威的母亲愤怒地说:"法国人不懂网球!"法网在世界上的形象因为球迷有失风度的表现而减色不少。

五、羽毛球

1. 项目简介

据史料记载,1840 年英国驻印度浦那的军官在酒瓶的软木塞上插入羽毛,用酒瓶打来打去,后成为一种游戏,在驻印度军官中流行起来。19 世纪 60 年代,一些退役军官将这种游戏带回英国。1873 年英国博福特公爵在他的庄园巴德明顿宴请宾客,一些从印度回来的军官作了表演,后逐渐在英国流行。巴德明顿庄园因而成为羽毛球运动的发源地,于是将羽毛球运动命名为 Badminton。1877 年英国出版了第一本羽毛球竞赛规则,同年英国成立羽毛球俱乐部。1893 年英国羽毛球协会成立,1899 年举办全英羽毛球锦标赛。20 世纪初,羽毛球运动开始传播到世界各地。羽毛球场地长 13.40 米,单打场地宽 5.18 米,双打场地宽 6.10 米,中间悬挂长 6.10 米、高 1.55 米的球网。羽毛球可由天然材料、人造材料或混合制成。有 16 根羽毛固定在球托部,重 4.75～5.50 克。比赛时,运动员隔网站立,用球拍击打羽毛球,争取球落在对方场地或对方击球失误。比赛采用三局两胜制。自 1899 年在英国举行的全英羽毛球锦标赛起,重要的国际羽毛球赛事相继出现,其中包括世界羽毛球个人锦标赛、汤姆斯杯(正式名称应为国际羽毛球挑战杯的男子羽毛球团体赛)、优伯杯(女子羽毛球团体赛)、苏狄曼杯(男女羽毛球混合队比赛)及世界羽毛球格兰披治大赛等,直至 1992 年,羽毛球才正式成为奥林匹克运动会的比赛项目。

2. 赛场礼仪

羽毛球运动自诞生之日起,始终是一项文明程度很高的体育运动,特别是在正规比赛时,赛场礼仪对参赛者的服装、赛场行为以及观众的表现都有很严格的要求。

在服装要求上,运动员在奥林匹克运动会、世界锦标赛、汤姆斯杯赛、尤伯杯赛、世界团体锦标赛等系列大奖赛总决赛,以及国际羽联主办的其他比赛的比赛场上应穿以白色为主或已由有关国家组织在国际羽联注册的颜色的服装。双打比赛同队两名运动员的服装颜色必须一样。如遇比赛双方服装颜色有冲突,则均应改穿白颜色的服装。在比赛中,运动员要有良好的行为规范,一旦开始发球,双方队员要马上站好位置,任何运动员都不能以假动作来有意妨碍对方,发球员不能故意拖延时间,接球员也不能迟迟不作接球准备。在比赛的进程中,双方都不能有企图占对方便宜的不正当行为。

羽毛球是人们比较喜爱的体育运动,观看比赛已经成为人们提高技艺的方式。值得观众注意的是,在所有球类项目中,羽毛球可能是对声音、色彩、光线乃至室内的小气候要求最严格的项目。所以,在观看比赛时,观众要特别注意以下礼仪。

其一,羽毛球运动是一项对运动员的注意力要求相当高的体育项目,许多运动员特别是高水平运动员,在比赛中能否保持精力集中,是决定发挥水平并获胜的关键。在比赛中,观众要尽量保持安静,不能随意发出声音,也不要随便走动。羽毛球赛场的背景一般相对较暗,观众在照相时绝对不能使用闪光灯。

2005年苏迪曼杯冠军林丹向观众致意
(赵迎新 摄)

运动员在发球和接发球时,观众特别需要保持安静,当运动员打完一个球后,观众可以鼓掌、叫好。当运动员开始准备下一个球时,观众就应该马上安静下来。

其二,观众要学会欣赏比赛,欣赏运动员高超的球艺,明白运动员获胜或失误的原因,而不是只图看热闹或像看足球比赛那样宣泄激情。观众更不能在赛场上一边看比赛,一边大呼小叫地做"场外指导",仿佛在指挥运动员如何打球。有的观众会认为,这样喊可以很好地带动赛场气氛,但实际上这样会打乱运动员的打球战术思路,影响运动员水平的发挥。

其三,羽毛球整个赛场通常是封闭不通风的,以避免有风而影响比赛。在这种情况下,整个场地会显得比较闷热。观众要记得随身携带小扇子、纸巾或手绢等用品,以备降温或擦汗之用,用完纸巾记得妥当回收,不要随意乱扔。观众绝不能因为场馆闷热而袒胸露背。

3. 案例

董炯谈赛场礼仪

"观赛如看戏,观众和演员都要有高素质和高品位。一场好戏需要台上的演员和台下的观众互动。观众首先要懂戏、会看戏,这样观众的情绪会随着剧情的发展而变化,反过来会促使演员更好地发挥演技;但观众在看戏过程中不能人为地干扰演员的情绪,那样的话会影响演员的发挥,影响戏的质量。看羽毛球比赛,同样也是这个道理。"

"1990 年世界青年锦标赛在印尼举行,当时我只有 17 岁,而且是第一次出国参赛,结果到了赛场那叫一个乱,观众席上乱吵吵的,加上馆里又热,整个人脑子里一直都是乱哄哄的,精神根本就集中不起来。而我到欧洲比赛,整个情形就完全不同了。在 1997 年,在英国伯明翰我第一次拿全英赛冠军时,英国观众自始至终在比赛中非常安静,直到打完一个球后,他们才鼓掌;而在这种环境下我的精力完全集中在怎么打球上,没有受到任何外来的干扰;后来到我拿了冠军,全场观众起立鼓掌,那种感觉特别好,所以我特别喜欢到那里比赛。我觉得英国观众明白这个道理,他们来看比赛其实就是欣赏,而运动员发挥得好,他们才能欣赏得更好。"

六、乒乓球

1. 项目简介

乒乓球起源于英国,由网球运动派生而来。19 世纪后期,英国一些大学生在室内以桌为台,书为网,酒瓶软木塞为球,在桌上推来挡去,形成"桌上网球"游戏。1890 年左右英格兰著名越野跑运动员吉布从美国带回空心赛璐珞球,代替软木塞。因赛璐珞球击在木板拍上发出乒乓声响,故称"乒乓球"。1891 年英国的巴克斯特申请乒乓球商业专利。

1900 年 12 月英国在伦敦举行有 300 余人参加的乒乓球比赛。1902 年日本东京高等师范学校教授坪井玄道将乒乓球活动引入日本。1904 年上海四马路一家文具店的经理从日本购买了 10 套乒乓球器材,将乒乓球活动介绍到中国来。20 世纪 20 年代,乒乓球逐渐在欧洲、美洲和亚洲各国广泛开展。1903 年英国的古德发明胶皮球拍,随即旋转削球的打法问世。1926 年起举办世界乒乓球锦标赛。50 年代日本使用海绵贴面球拍,推出弧圈球、发球抢攻的打法。60 年代中国首创近台快攻打法。乒乓球台面长 2.74 米,宽 1.525 米,离地 0.76 米,中央有一垂直的球网将台面分为两个大小相等的台区。球拍大小、形状、重量不限,但板面覆盖的颗粒胶厚度至多 2 毫米。2001 年起每局 11 分,每场比赛采用七局四胜制或五局三胜制。乒乓球比赛分男、女团体,男、女单打,男、女双打和男女混合双打 7 个项目。1988 年乒乓球进入奥运会,设男女单打,男女双打 4 个项目。

2. 赛场礼仪

乒乓球比赛时,双方球员面对面地攻打,距离比较近,比赛激烈时运动员的表情往往很严肃,运动员应克服那些可能不公平影响对手、冒犯观众或影响本项运动声誉的不良行为,如故意弄坏球或将球打出赛区、摔球拍、踢球台或栏板,以侮辱性、挑逗性语言、吐唾沫、掷球攻击或以不文明的表情与手势侵犯对方球员,拖延比赛,不尊重比赛官员,不尊重裁判员等。

乒乓球是在室内比赛,场地比较小,比赛时观众不要将锣鼓带进体育馆,旗帜和标语也不要太大,比赛时观众要把手机调到震动状态,因为铃声突兀地响起,会影响对运动员的注意力。运动员在准备发球的时候,整个赛场应该保持安静,大声加油会分散运动员的注意力,观众的助威呐喊和鼓掌应该在一个球死球之后才可以。运动员在比赛时,观众绝对不能使用闪光灯给运动员拍照,因为闪光灯无论是对发球方还是接球方都会带来很大的影响,尤其是对接球员,瞬间的亮度很容易造成队员的判断失误。

3. 案例

输了比赛丢了风度

在第十九届亚洲杯乒乓球赛男子单打决赛中,中国队的一名队员在负于队友后表现失态,输了比赛又丢了风度。当天下午的男单决赛是本届赛事的最后一场比赛,中国队的一名队员最初表现得很有朝气,但连败两局后开始急躁不安,进攻乏力,防守也有失水准。第四局战至最后,他发球、发球抢攻和接发球连续失误,最后自认为回天无力,干脆乱打一拍结束战斗,以 0 比 4 的总比分惨败。

这名队员与队友、裁判员握手致意后走到球台围板外的行李旁,十分用力地把球拍砸向地面,然后又一脚踢飞椅子,让现场的日本观众大为吃惊。看台上先是发出惊叹声和嘘声,随后又有观众大声指责这名运动员。本次比赛的裁判长随后向中国教练通报此事。这位裁判长说,作为一名知名运动员,有责任也必须学会控制自己,在观众面前保持良好的风度,礼貌地对待观众。

七、棒球

1. 项目简介

现代棒球运动的起源说法不一,有的认为源于 15 世纪英国的板浆球,但多数认为始于美国。1839 年美国陆军军官道布尔戴在纽约州的库珀斯敦举办了首次棒球比赛。1845 年世界第一个棒球俱乐部在纽约成立,并由卡特赖特确定正式比赛场地的规格,并制定较细的竞赛规则。1869 年美国成立世界上第一个职业棒球队。1871 年美国成立全国职业棒球队。棒球运动是一项在室外场地使用球棒和球轮流进行攻守对抗的球类运动,两队各上场 9 名队员,比赛双方的目标是赢得比对方更多的分。棒球场地分为内场和外场,内场为正方形,4 个角上各有一个垒位。棒球的打法可概括为投球、击球和接球三部分。攻方队员击球后跑垒,依次踏触一、二、三垒,最后安全踏触本垒的进攻得一分。如攻方队员 3 人出局无人跑回本垒,攻方得零分,攻方变成守方。棒球仅设男子项目,1992 年被列为奥运会比赛项目。

2. 赛场礼仪

棒球在世界上是非常有影响力的运动项目,有 14 个国家将棒球视为国球。棒球赛场礼仪可以归纳为以下诸多方面。

棒球球员上场比赛时要戴专业的头盔,同队队员应穿着式样和颜色整齐一致的比赛服装,服装上面不能有闪光纽扣或饰物。每队应有深浅颜色不同的两套服装,每场比赛的先攻队穿浅色,后攻队穿深色。在比赛时,球员要善待比赛用球,任何队员不得故意磨损、污损或弄脏比赛用球。球员不能用文字或手势煽动观众以争取他们的支持,也不能用语言攻击对方队员、裁判员或观众。在攻守活动正在进行时,球员不能呼喊"暂停"或使用其他语言或某些动作诱使对方投手犯规。

相对于其他运动而言,棒球规则较复杂。观众在欣赏比赛前,最好先了解一下比赛规则,懂规则才能更好地懂礼仪。

在棒球比赛中,依赖裁判员主观判罚非常多,但他们是距离现场最近的,更是最懂规则的专家,观众尤其注意应当最大限度地尊重裁判员的判罚和决定。举例来说,是跑垒员先上垒,还是防守队员先把球传给垒上队友封杀跑垒员,往往只有十分之一秒的时间差,还有就是投手投出的每一个球是好球还是坏球均要由裁判来判断,即使是通过电视慢镜头也很难判断,大部分是靠裁判员的直觉来判罚,这就要求球迷不要带有倾向性和主观臆断,那样会干扰比赛的顺利进行。棒球比赛设置四名裁判(有的比赛设六名裁判),就是为了最大限度地减少误差和错判。

棒球赛场与其他球类赛场一样,观众可能相当狂热,但是一定要把自己的热情控制在理智的范畴之内。投球和击球的时刻是最让人紧张的,这时候运动员集中了全部的注意力,所以此时最好不要发出声响,球击出之后,就可以尽情喝彩,高涨的观众情绪将有助于感染运动员,让他们发挥最佳水平。

与足球、排球等比赛不同,运动员如果将棒球击到观众席上,无论此球是本垒打还是界外球,接到球的观众都可以将它收藏。在棒球比赛中,经常可以看到观众为抢夺一个球而争执的场面，而击球员也很乐意看到这种场景，运动员与球迷形成互动，是棒球比赛区别于其他比赛很有意思、很独特的一点。但通常飞到观众席上的棒球，接到它的人应该将它送给附近就座的小球迷或是女性观众，以显示风度。

有特殊意义的棒球具有很高的价值。1998年，当大联盟著名球员马克·麦克道维尔打出创纪录的第73号本垒打时，收藏那个棒球的球迷把它以100万美元的高价拍卖并获得了成功，可见棒球比赛的巨大魅力。日本的广岛棒球场观众席较低，有些远程本垒打通常会飞到场外，总有些没有球票的小朋友在场外"守株待兔"，等待着捡到它们后收藏。美国大联盟球队的一个主场设在海边，当本垒打飞出场外后，可以看到多名球迷划着小艇争夺棒球的场面，煞是有趣。

3. 案例

在2001年9月美国国家联盟的一场重要比赛中，攻方击球手打出一记外野高飞球，球恰好在围墙上方下落。就在外野守方队员即将接住此球的刹那，一名球迷突然从前排观众席中探出头来，他甚至准备好了棒球手套，先于防守队员稳稳将球收入怀中并据为己有。攻方球队认为此球为本垒打，而防守一方坚持认为此球应判被接杀出局。比赛不得不中断了很长时间，此球被称为当年大联盟比赛中最大的争议。后来被裁判折中判为二垒打，那名观众被逐出场外，并限定当赛季余下比赛禁止入场，他的干扰比赛的行为受到了各方谴责。

八、垒球

1. 项目简介

垒球运动的诞生完全是出于一种需要，由于恶劣的天气和拥挤的城市影响，棒球运动转移到室内，期间有"软球""女孩球"等叫法，直到1932年正式定名为"softball"，我国译为"垒球"。垒球技术难度、运动剧烈程度低于棒球，后成为女子项目。1996年，该项目成为奥运会正式女子比赛项目。

垒球诞生于19世纪80年代的美国芝加哥，同美国三大运动之一的棒球相比，垒球所需的场地小、球体大、球速慢（因为垒球运动的规则规定在抛球过程中，手必须要在肩下）。由于以上诸多优点，垒球运动很快风靡美国各地。随着二次世界大战中美国势力的扩张，垒球运动在全世界得到了推广。此后，垒球逐渐成为女子运动，现在全世界有2000万人进行这项体育运动。

垒球运动分为两种：快速垒球和慢速垒球。垒球运动发展初期，包括 4 名游击手，每方有 10 名上场队员。由于慢速垒球的规则要求投手掷出的球必须要有弧线，从而限制了球速，比赛的比分通常很高。相反，快速垒球则是低分投手的竞争，比赛中也只有 9 名上场队员。第一届女子垒球世锦赛决赛后，快速垒球很快成为了垒球运动的主流。

2. 赛场礼仪

垒球运动脱胎于棒球，是一种类似于一棒击球、攻占堡垒的球类运动，其使用的场地和棒球运动类似。虽然它的技术难度和运动剧烈程度低于棒球，场地也比较小，但是由于它是一项女子球类项目，观赏女选手在场上的飒爽英姿是非常赏心悦目的。观看垒球比赛，情绪要和比赛的进程合拍，击球的时候，观众要尽量保持安静，因为这一棒击球的好坏对比赛的胜负有着决定性的作用，跑垒员接住球之后，观众的助威呐喊将有助于激发运动员的斗志，使她发挥更好水平，所以此时不要吝惜你的掌声和喝彩。

九、手球

1. 项目简介

19 世纪末，捷克、德国、丹麦等国出现类似手球的游戏。1917 年德国柏林体育教师海泽尔为女子设计了一种集体游戏，规定运动员只能用手传递或接抛球，双方身体不得接触。1919 年柏林另一位体育教师舍伦茨对海泽尔的游戏有所改进，规定持球者传球前可跑 3 步，允许双方身体接触。1920 年制定竞赛规则。1925 年德国与奥地利举行首次国际手球赛，以后手球比赛逐渐在世界各国开展。1928 年举行首届世界男子手球锦标赛，1957 年起举办世界女子手球锦标赛。手球于 1936 年第十一届奥运会上成为正式比赛项目，之后因为战争中断。1972 年再度被列为奥运会比赛项目。手球比赛两队各上场 7 名球员。每场比赛分上下半场各 30 分钟，中间休息 10 分钟，以射入对方球门多者为胜。手球场地长 40 米，宽 20 米，除了守门员任何人都不能进入 6 米为半径的球门区。除了小腿和脚，球员可以用身体上的任何部位传接球。每个队员在传球、拍球或射门前，球在手里最多只能停 3 秒；每人持球后只能走 3 步；如果拍了一下球，则还可以再走 3 步。守门员可以用身体的任何部位触球，包括脚。任意球是犯规最轻的处罚，罚球队员必须在犯规地点罚球。自由区域是距球门 9 米远的一个弓形区域。在自由区域内犯规，罚球球员必须退到自由线上。防守方严重犯规将被判罚点球，点球点在球门正前方 7 米处。

2. 赛场礼仪

对抗激烈是手球竞赛最主要的特点。在手球比赛中,规则规定防守队员用身体阻挡进攻队员是合法动作,由此,手球比赛中身体接触异常频繁,对抗十分激烈。尽管如此,球员在比赛时应避免以下无礼行为:当对方掷罚球时,大声喊叫;暂停期间,当对方准备持球掷任意球时将球踢走;持球队员假意将球递给对方掷任意球,当对方接球时,故意将球掉落;互相辱骂;当球越过边线时,替补席队员不拾回这个球;当球在外球门线以外时,守门员故意缓慢拾球或将球推倒更远处;抓对方衣服;比赛停止后或中断时,故意将球掷中对手等。

观看手球比赛没有太多的禁忌,由于手球运动传球速度快,队员跑动快,战术配合快,整个赛场令人眼花缭乱,观众很多时候都处于高度兴奋的状态。需要注意的是,观众在看比赛时不要一味地狂呼乱喊,要适当地保持理智和冷静,欢呼喝彩要符合场上比赛的节奏。如罚球之前,观众最好保持安静,不要扰乱运动员的情绪,罚球结束之后再鼓掌喝彩。

雅典奥运女子手球中国队与丹麦队开赛前相互致敬(郑迅 摄)

在观看手球比赛时,观众以击鼓、拍手、做人浪等方式为自己喜爱的队员加油是允许的,但要注意所发出的声音不要与裁判的哨声相似。曾经在国内的一场比赛中,临近终场时,场上突然响起了几声长哨。场上的运动员马上停止了比赛,裁判们则面面相觑,都以为是对方吹响的终场哨声,但此时距离比赛结束还有近10分钟。结果比赛被迫中止了几分钟,造成了很坏的影响。有的观众可能是无意识地想用口哨声表达激动的心情,但有的观众纯粹就是恶作剧,这种扰乱赛场秩序的恶劣行为是要坚决避免的。

在手球比赛中,球很容易在队员的大力抛击下飞出场外,飞到观众席上。此时,捡到球的观众一定要及时地将球抛回场内,绝不能据为己有。棒球比赛中,观众可以将拾到的比赛用球作为私人收藏,但是手球比赛中不可以。

3. 案例

1998 年,在巴林举行的亚洲青年锦标赛中,发生了一起罕见的球迷与球员之间的严重暴力事件。当时在科威特和巴林的比赛中,双方的打法都很粗野,主场的巴林观众难以控制自己的情绪,便开始用脏话骂场上的科威特球员。一名科威特球员随即翻过架在球场和观众席之间的 3 米高的铁网,冲向观众席,对着一名观众便开始拳打脚踢。随后,越来越多的巴林球迷涌过来对这名球员进行群殴,比赛被迫中止。在第二天继续进行的比赛中,科威特队最终获得了比赛的胜利。当时,对于要不要处分这名科威特球员,引起了极大的争议。

十、曲棍球

1. 项目简介

曲棍球又称草地曲棍球。亚洲、欧洲、美洲和非洲都曾流行过以弯棍击球的游戏。据文献记载,古希腊的建筑浮雕上有两人持弯棍争球,4 人持弯棍一旁观看的图案;埃及出土文物中发现有持弯棍击球的描述;中国唐代也流行过步打球的游戏。现代曲棍球 19 世纪下半叶兴起于英国。1840 年英国成立世界上第一个曲棍球俱乐部,1875 年伦敦一些曲棍球俱乐部创立世界上第一个曲棍球联盟。1886 年英国曲棍球协会成立,同年出版了竞赛规则。1895 年英国举行首次曲棍球赛。后逐渐传入印度等英联邦国家。曲棍球场地长 91.40 米,宽 55 米。球门高 2.14 米,宽 3.66 米。球棍长 80～95 厘米,球重 156～163 克。比赛时两队各 11 名运动员上场。分四节进行,各 15 分钟,第一、二节和三、四节之间各休息 2 分钟,第二、三节之间休息 5 分钟。第三节开始前交换开球权。用棍子将球击打到对方的球门里而得分。男、女曲棍球分别于 1908 年和 1980 年被列为奥运会比赛项目。

2. 赛场礼仪

曲棍球是最具技巧性的集体球类项目,与冰球的球杆可以左右控球不同,曲棍球的球棍一面是圆的,另一面是平的,运动员只可用平的一面控球,对技术要求很高。在比赛时,运动员用球棍来控制地面的球已经非常不容易,还要时刻观察双方队员的位置,因而运动员之间的战术运用和相互配合就显得至关重要。曲棍球赛场礼仪要求运动员的动作要中规中矩,言行要具有君子风范。例如冰球运动允许运动员有一些冲撞,但在曲棍球里是绝对禁止的;运动员们手持的球棍只能用来击球,决不可用来故意伤人等。

曲棍球和足球都是 11 人制的集体比赛项目，和足球比赛一样，曲棍球比赛是一项快速、激烈、对技术要求非常高的运动。曲棍球的比赛用球既小又硬，飞行速度能达到每小时 100 英里，经常能够看到一记长传，球就从后场直奔射门弧，迅速地攻防转换使比赛紧张激烈，扣人心弦，极具观赏性。所以欣赏球员高超的技术应当是比赛的主要看点。看到球员精彩的个人发挥以及球队精妙的配合，观众一定不要吝惜热烈的掌声。

雅典奥运女子曲棍球德国队获胜后向球迷致谢

3. 案例

在多哈亚运会男子曲棍球 B 组也门队同孟加拉国队的比赛中，上半场也门队 2 比 1 领先，下半时孟加拉国队连进两球，以 3 比 2 反超。第 65 分钟时，也门队的拉贾巴打进了他本场的第二个进球，将双方比分扳成 3 比 3 平。比赛还剩 5 分钟时风云突变，先是萨希杜尔的进球让孟加拉国队再度领先，随后他的队友吉米又利用短角球机会得分。整场比赛孟加拉国队一共获得 3 个短角球。5 分钟内连丢两球，也门队队员的情绪开始恶化，同孟加拉国队队员不断发生肢体冲突。当裁判吹响终场的哨声时，场面突然失控，也门队队员开始攻击孟加拉国队队员和裁判。维护赛场秩序的警察将双方队员拉开，才避免了一场恶斗，但还是有一名孟加拉国队队员被打伤，血流满面，医护人员用担架把他抬出赛场。也门队教练萨格洛尔赛后表示，队员们压力很大，再加上裁判的判罚有问题，队员们才会情绪失控。

第三节　重竞技项目

重竞技比赛项目多属于比较激烈的搏击型比赛项目，运动员除了需要具备强健的体魄，还需要有非常清晰的战术思路。重竞技比赛项目规则往往很复杂，而且较之其他运动项目更注重运动员之间的礼仪。观赏这类比赛时，观众要以审美的角度来欣赏运动员力量与技巧的合二为一，并要以适当的方式为运动员加油助威。

一、跆拳道

1. 项目简介

跆拳道起源于 1500 年前的韩国民间武术,由韩国的花郎道、中国的武术、日本的空手道融会而成。公元 688 年新罗王国统一韩国,跆拳道得到大力推广。韩国的一些顶尖的武术家在 20 世纪 50 年代将武术的各种形式统一成一种只用手和脚进行搏击的形式,并将这种联合后的武术形式定为"跆拳道",意思是"手脚并用的搏斗方式",之后逐渐在世界各国广泛开展。1973 年起开始举办世界跆拳道锦标赛。跆拳道是一种利用拳和脚进行格斗的体育项目。它是以脚法为主的功夫,其脚法占 70%。跆拳道的套路共有 24 套,另外还有兵器、擒拿、摔锁、对拆自卫术等十余种功夫。1988 年跆拳道被列为奥运会表演项目,2000 年悉尼奥运会上正式成为比赛项目。

2. 赛场礼仪

"礼仪"是跆拳道运动必不可少而且是十分重要的组成部分。由于跆拳道是练习者精神和身体的综合修炼,使练习者在艰苦的磨炼中培养出理想的人格和体魄,并能够真正掌握防身自卫的本领,因而对练习者的精神锻炼必须包括"礼仪"的教育和熏陶。跆拳道运动员或练习者始终是在不同的场合行礼鞠躬,就是因为跆拳道运动始终把"礼"作为运动的重要内容,强调"礼始礼终",即运动要从礼开始,以礼结束,并突出爱国主义。通过行礼的方式,培养跆拳道练习者发自内心的行礼习惯,以养成恭敬谦虚、友好忍让的态度和互助互学的作风以及坚韧不拔的意志品质。

在赛场上,跆拳道运动员的礼仪包括以下几个方面:

其一,赛前礼节:运动员依照主裁判"立正""敬礼"的口令,立正向裁判席行标准礼。标准礼为鞠躬的自然姿势,腰部前倾 15 度,头部下倾 45 度,两手于双腿两侧自然下垂,两脚跟并拢。运动员依照主裁判"向左向右转"口令,内转相对,立正站好,再依敬礼口令,相互鞠躬施礼。

其二,赛后礼节:比赛结束时,运动员在各自位置相对站好;运动员依照主裁判"立正""敬礼"口令,相互敬礼;运动员依照主裁判"向左向右"及"敬礼"的口令转向裁判席,向各裁判行标准礼。

其三,在比赛过程中如果运动员道服松开,则要暂停比赛。这时运动员要转身背向会旗(或国旗)和教练员及同伴整理道服,整理好后再转回原来方向。

其四，无论表演还是竞技跆拳道，选手多以发出洪亮并带有威慑力的声音来显示自己的能力，尤其是在竞技跆拳道比赛中，双方都会以规则允许的发声来提高自己的斗志，借以在气势上压倒对手，甚至在出击时配合击打效果使裁判得以认可，争取在心理上战胜对手。跆拳道虽然是以双方格斗的形式进行，但是不管它怎样激烈，由于双方都是以提高技艺和磨炼意志品质为目的，所以在双方各自内心深处都必须持有向对方表示敬意和学习的心理。

跆拳道倡导的是"以礼始，以礼终"的尚武精神，观众在观看跆拳道比赛的时候当然也应该遵守相应的礼仪。

其一，跆拳道是精彩激烈的搏击项目，观众的情绪在比赛期间会随着运动员精彩的搏杀而不断高涨。但观众情绪的高涨应该有个度，毕竟跆拳道是一个蕴涵奥运精神的竞技体育项目，而不同于一般的打打杀杀，观众的心态首先应该放平和。在观看比赛时，每当运动员完成一个精彩的技术动作，叫一声"好"并鼓掌示意就可以了，千万别掺杂着情绪喊出一些类似于"踢他""打他"的话语，这不仅不文明，也是对运动员的不尊重。

其二，在跆拳道比赛现场，裁判员判分有着相当大的主观性，这样的裁判方式有时的确容易产生"歧义判决"。在这种时候，观众要保持冷静，不要群起而攻之，否则极易干扰选手情绪，扰乱赛场秩序。

3. 案例

1998年曼谷亚运会跆拳道比赛女子最轻量级半决赛中，泰国女拳师 Usa 自信她已经在半决赛中打败了印度尼西亚对手 Juana Wangsa，当裁判抓起 Wangsa 的手宣布她获胜时，Usa 显然大吃一惊。当泰国队提出抗议时，Usa 把头盔抛向空中。拳迷们冲上赛台，"欺骗！欺骗！"的口号声响彻整个体育馆，并向裁判乱扔塑料瓶和可以找到的任何东西。警察把裁判们围在中间，要求观众安静下来。同时，裁判小组举行特别会议，重新观看比赛的实况录像。裁判委员会主席 Hong Sun-chun 说，他们把录像看了四遍，最后改判 Usa 在这场比赛中获胜。但 Usa 后来在决赛中输给了中华台北选手 Tang Hui-wen。

当裁判在轻量级决赛中判中华台北选手 Hsu Chih-Ling 胜韩国选手 Lee Sun-Hee 时，韩国拳迷们发火了。尽管采取了更正式的保护措施，台胞拳迷和韩国拳迷都冲上了赛台，警察只能在他们中间筑起一道人墙。两边的支持者在知道裁判决定之前都不肯离去。体育场管理人员关掉了灯光并一再宣布要关门了，但是拳迷们仍然不肯离开，直到运动队的官员请求他们离开。裁判小组最后把金牌判给中华台北选手 Hsu Chih-Ling。

二、摔跤

1. 项目简介

摔跤运动历史悠久,如果说奥林匹克运动是一部人类的历史,那么摔跤就是这部历史的序幕。当古代奥运会在公元前 776 年诞生之时,摔跤就是其中的一项比赛,而且一直是历届奥运会的主要比赛项目。

在古代奥运会中断 1500 年后,现代奥运会于 1896 年兴起,"古典式摔跤"成为第 1 届现代奥运会正式比赛项目。在古典式摔跤比赛中,摔跤选手严禁使用腿攻击对手,也严禁攻击对手的双腿,只能用双臂和上半身去攻击对手,也只能扭抱对手的这些部位。后来,另一种更加自由的摔跤形式风靡英美。1908 年,奥运会增添了"自由式摔跤",允许选手用腿来压迫、挑起和绊倒对手,也允许扭抱对手腰部以上或腰部以下的部位。

比赛双方中任何一方只要将对手的肩膀压到毯子上的时间足够长并可以控制他(一次摔倒对方)就算获胜。摔跤手也可以点数取胜:比赛中谁领先对手 10 点就算获胜(技术优势);如果谁都不能领先对手 10 点以上,则比赛结束时获得点多者胜(技术点)。

每场摔跤比赛分为两局,每局 3 分钟,两局之间有 30 秒的休息时间。如果在两局比赛结束时双方得分相同,就按以下三方面裁决:

其一,如有不同价值的技术动作,有得分较高的技术动作的获胜;

其二,如上述都相同,则被场上裁判警告次数少者获胜;

其三,如上述还是相同,则获得本场比赛最后一分的获胜。

2. 赛场礼仪

摔跤是一项对抗性强,比赛激烈的运动项目,具有很强的观赏性。由于参赛的两位选手在比赛过程中身体大部分时间都处于"零距离接触"的状态,因此摔跤选手在保持仪容整洁方面需要多加注意。一般来说,参赛选手指甲必须剪短,不能留胡须。头发必须很短,或者在裁判的指导下向后梳并且系好。摔跤选手不能带着汗水进入摔跤毯,也不得在身上涂油脂,更不能佩戴任何可能伤及对手的物品,如戒指、手链和耳环等。摔跤比赛中还有一条特别的礼仪潜规则延续至今,即摔跤选手必须带手帕参赛,通常是要求选手将手帕塞在他们的护裆里。本来古代摔跤手带手帕,是用来在比赛中擦血、擦鼻子和唾液等,但现在这些都是由医生来处理,然而选手必须带手帕这一条规则却一直保留着。

作为两个人的面对面的搏击，运动员的士气是非常重要的。因此如果观众像看台球、围棋一样沉默冷静，往往就会让选手觉得提不起劲来，觉得士气低落，发挥不出最好的水平。因此，在摔跤比赛进行过程中，观众可以尽情地喊，只要别带有太强的倾向性、干扰比赛的言语就行。作为一名内行的观众，当场上出现选手使用高级技术，把对手大幅度腾空翻转摔到垫上，或者以类似的高难度动作得高分时，观众都应当给予热烈的掌声，因为这在高水平比赛中并不多见，选手只有具备高超的技艺并得到难得的战机时才可能拿到这样的高分。跪撑角斗"滚桥"时，如果运动员连续翻滚成功也应得到喝彩，如果处在下面的运动员滚了半天滚不过来，还一直在坚持努力，这时候观众也应当给点掌声，为他加把油。

摔跤又是一项文明的运动，观众没有理由做出粗鲁无理或是夸张的举动。一旦融入了火辣的现场气氛中，一些观众难免情绪激动，不雅之言也脱口而出："踢他，踢他""扔啊，快扔"，还有的弯胳膊、撸袖子、攥拳头，那架势似乎要与场上选手共同进退。当然这些观众是因为看比赛太投入才会有上述举动，而且也是出自善意的盼赢心理，但这些加油的语言和动作让人看着有点"别扭"。其实摔跤比赛看似激烈，实则在漫长的发展过程中早已形成了一套完善的规则，早就与"野蛮"二字无缘。观众加油喝彩要掌握尺度，要给自己支持的运动员加油，同时也不能伤害对方运动员的感情。

3. 案例

摔跤比赛演变为自由搏击

在十运会男子 60 公斤级摔跤淘汰赛湖北队对阵上海队的赛场上，第一节一开始双方就展开了激烈较量，此节还未进行到一半，湖北队队员就被裁判处以两次消极警告。此时湖北队教练跑上赛场边大声与裁判理论，但最终还是无功而返。双方队员继续比赛，随后，又是一次有争议的判罚，湖北队教练冲上赛台直奔裁判席，还没说几句话就拿起裁判台上的分数牌砸向了其中一名裁判，场上顿时一片混乱，观众席上的湖北啦啦队更是大喊："打死他（裁判）！"场边警察立刻跑上赛台将该裁判架出赛场。第二局开始，湖北队队员以一记抱摔将上海队员重重摔在地上，获得 3 分，场边的湖北队助理教练兴奋地起立欢呼。此时，执法的 7 名裁判都跑到场边，在观看完录像回放后，宣布湖北队队员第二局成绩取消，被判罚第三次警告。出局的湖北队队员一把撒开裁判的手，围着场地边跑边喊"黑哨"。警察再次出动维持秩序，湖北队队员坐在场地中央不肯下来。情绪激动的湖北队助理教练也冲上场地，比赛又一次被中断。下午的比赛进行了没多久,大会组委会宣布了对湖北队队员殴打裁判这一恶劣行为的处罚决定。

三、柔道

1. 项目简介

柔道运动起源于日本。1882 年日本的嘉纳治五郎将中国武术的踢、打、摔、拿以及日本的武技、柔术等技术融为一体,创立柔道。同年在东京永昌寺开设讲道馆。1884 年设立柔道段位制。1900 年制定柔道竞赛规则。第二次世界大战后,柔道传播到欧美等国。1956 年举行首届世界柔道锦标赛。男、女柔道分别于 1964 年和 1992 年被列为奥运会比赛项目。

柔道通常被译作"一种文雅的方式",这个术语实际上来自两个日本字汇:"ju",意味着文雅、温柔、柔顺或灵活;"do",意味着方式、道路、途径或教导。如果不考虑柔道中的技战术,它文雅的一面在哲学思想和技巧上表现得很明显,与其他迅速而熟练地刺和踢的格斗技术不同,柔道中教导的是"灵活就是力量"。

柔道服包括白色衣裤及有色腰带,用棉布制成,质地厚实,具有较强的抗拉力。衣长须盖住臀部,袖、裤管要宽大,裤长在小腿一半以下。腰带长至绕腰两圈打扁结后,两端仍余长 20 厘米至 30 厘米。腰带的颜色表示运动员的段或级。比赛时,双方运动员要系不同颜色的标志带。

柔道比赛按体重分级别,在榻榻米上进行。运动员身穿白色或蓝黄色柔道服,徒手赤脚,腰扎段位带。比赛中不许用头、肘、膝顶撞对方,不许抓头发或对肘关节以外的其他关节使用反关节等动作。柔道比赛要求选手对对手的四肢、脖子作出"锁臂""扼颈"等动作,将对手扔倒或压制在地,直到对手认输或清楚地将对手扔倒在地,方可取得胜利。

男子柔道比赛以运动员的体重分为 60 公斤、65 公斤、71 公斤、78 公斤、86 公斤、95 公斤和 95 公斤以上级及无差别级(不分体重级别)。从 1988 年第 24 届奥运会开始,不设无差别级比赛。女子柔道比赛于 1992 年进入奥运会,现设七个重量级别的柔道项目。

2. 赛场礼仪

柔道是东方传统的武道,蕴含着丰富的文化内涵,它不仅追求攻防技艺的磨炼,更要求习练者有良好的道德品质修养。在正规柔道比赛时,运动员要践行以下礼仪:

其一，柔道服饰礼仪。柔道服应为白色或米黄色，上面不能带有不必要的标志。柔道上衣的长度须过大腿的一半，上衣的袖长须过前臂的一半，但不能长过腕关节，在衣袖和臂之间应留有 5～8 厘米的空隙。裤子不得带有任何标志，其长度须过小腿的一半，但不得长过踝关节，在腿和裤脚口之间应留有 5～8 厘米的空隙。在腰部必须系一条结实的其颜色代表段位的宽 4～5 厘米的腰带，腰带要用方结系紧以防止上衣敞开，其长度须在绕腰两周系好后，两端各留有 20～30 厘米的空余段。女运动员须在柔道衣内穿一件结实的白色或米黄色的 T 型短袖衣，其长度须长到能把底襟压在裤子里。

其二，仪容礼仪。柔道服必须洁净、干燥，不能有难闻的气味。比赛者的手指甲和脚指甲必须修短。比赛者的个人卫生须达适度标准。为避免给对手造成不便，长发须束扎起来。

其三，比赛礼仪。在柔道比赛时，为了表示尊敬对方，都是从礼开始，并以礼结束。

比赛前，运动员应面对面地站在比赛区内和自己标志带相同颜色的红、白标志线上，然后相互行立礼并向前一步，在主裁判宣布"开始"的口令之后，开始进行比赛。行立礼的基本过程是：身体成自然站立姿势，两脚脚跟并立，膝关节伸直，两眼注视对方；上体前躬约 30°，两臂下垂，两手手指放在膝关节上方的大腿处，稍静止；自然抬起上身，恢复原来站姿势。整个过程在 4 秒钟左右。

在比赛时，运动员不可向对手做出贬义的手势或其他举动，不能用手、脚、腿或胳膊击打对方的脸部，在被对手控制的情况下不可掰对方的手指。

比赛结束时运动员也需互相致礼。另外，在每场比赛开始之前，三名裁判（一名主裁判和两名副裁判）须一起站在比赛场地的界限内向主席台行礼，然后就位。

柔道和摔跤运动一样，展示的是一种搏击美学，观众在观看柔道比赛时切不可将比赛视为简单的搏斗表演。柔道运动主要追求的是平衡，选手靠选择时机利用对手的失衡，控制住对手，比赛中，并不是一方被另一方摔倒就算胜利，重要的是要让摔倒一方的肩膀落地。所以，观众要看得懂场上运动员比赛的进程，知道在什么时候鼓掌，什么时候不能鼓掌。有的观众只要见到一方倒地就拍手叫好，有的人甚至看到运动员摔倒的场景还会叫倒好，这些都是极不文明的行为。还有，无论是哪个国家的运动员，只要他的动作干净漂亮，观众都要为他加油鼓掌。

3. 案例

运动员躺地，柔道赛场现不和谐音

在十运会男子 90 公斤级柔道的淘汰赛中，辽宁队对阵江苏队。比赛一开始，辽宁队队员把江苏队队员摔倒。辽宁队队员认为是"一本"。可是，裁判却判辽宁队队员仅赢得一个"瓦扎里"。这时，辽宁队队员很不满，不但没有恢复比赛，反而鼓动观众席上的辽宁啦啦队大声叫喊，企图向裁判施压。看到这样的情景，3 名裁判立刻跑到场边的仲裁处咨询。结果是，比赛继续进行，维持原判。虽然辽宁队队员不断地挥动手臂，鼓动观众，但是并没有得到多少响应，只能继续参加比赛。

重新回到比赛场，辽宁队队员还是一路领先，他开始消磨时间。但是为了不被判罚"消极"，辽宁队队员几次中断比赛，要求医生为自己查看伤情。这时候，观众席里开始发出嘘声。最后，因为辽宁队队员一再延误比赛，裁判判给他一个"消极"。回到赛场，被逼到悬崖边上的江苏队选手也让辽宁队队员吃到一个"瓦扎里"。因为辽宁队队员多一次"消极"，使得场上形势风云突变。要想赢得比赛辽宁队必须还要得分。而这时离比赛结束只有 15 秒。最后，辽宁队队员没有抓住机会，输掉了比赛。

比赛结束后，辽宁队队员并没有离开赛场，而是躺在了场地中央，还不停地向比赛仲裁说着什么。约两分钟后，几个医生才上场把辽宁队队员抬了下去。这边刚结束，场下的一名教练员又开始指责裁判，经过众人的不断劝阻，他才离开了赛场。

四、拳击

1. 项目简介

拳击运动源远流长，可考证的历史大约就有 5000 多年。随着比赛规则的日趋完善，拳击比赛变得越来越文明。公元前 688 年第 23 届古代奥运会上，拳击被列为比赛项目。但那时的拳击比赛没有护具，规则简陋，比赛一直要到对手失去战斗力或认输才能结束。到罗马时期，拳击演变成残杀性的比赛，公元 394 年罗马皇帝下令禁止一切拳击活动。现代拳击运动开始于英国，1743 年，英国"拳击之父"约翰布劳顿推出世界上最早的职业拳击比赛规则，此后又发明了拳击手套。1865 年，英国记者钱伯斯修订了"昆斯伯利规则"，现代拳击竞赛框架形成。该规则经过 20 多年的实践与完善于 1891 年得到世界公认。1896 年第一届现代奥运会组委会认为这项运动过于危险,取消了拳击项目,1904 年第 3 届奥运会拳击成为表演项目,1908 年成为奥运会正式比赛项目,1912 年奥运会拳击再次被取消,直到 1920 年拳击才重回奥运会并一直持续了下来。

拳击是对抗性极强的运动项目,比赛中的打斗和可能产生的伤害使一些人认为拳击是一项残酷、不人道的运动。其实,稍微深入了解一下这项运动就会知道并非如此,国际业余拳联公布的统计结果表明,业余拳击的伤害率在所有项目中仅排 11 位,远比滑雪、赛车、曲棍球、橄榄球、足球、体操等运动项目低得多,而且规则的不断完善和护具的改进使运动员的安全更有保障,使拳击比赛更加文明。

拳击业余比赛和职业比赛有着很大不同。业余拳击比赛实行 3 个回合制,每个回合打 2 分钟(也可以 3 分钟),回合间休息 1 分钟;职业拳击比赛新手每场 6 个回合,其余拳击手赛 8 到 12 回合,回合中间休息 1 分钟。业余拳击比赛主要靠技术得分来判定胜负,所用拳击手套大而且厚,比赛时红蓝双方运动员要穿背心、短裤、软底拳鞋以及戴护头盔。职业拳击比赛主要靠强烈攻击或将对方击倒判定胜负;比赛时职业拳手的手套小而且薄,赤裸上身、头部不戴头盔进行比赛。拳击比赛是根据运动员的体重,划分成不同的级别分别进行的。业余拳击比赛共分为 11 个体重级别,职业拳击比赛分为 17 个体重级别。

比赛时,运动员用拳直接击打对方头部或腰以上部位的正面或侧面,为有效击中,每击中一次得 1 点。每一回合结束后,占优势的运动员可得 20 分。裁判员根据双方的总分判定名次。当一方运动员被击倒后,裁判员要开始数秒,从 1 数到 10,并用手势表示秒数,如裁判员数到 10,该运动员还不能站起来,则判对方获胜。

2. 赛场礼仪

拳击作为现代体育的一个项目,有别于作为军事训练科目的"拳击"和作为防身手段的"散打"。它是通过竞技磨砺意志,强健体魄,健美身心,增进友谊。在形式上,拳击也不同于古典拳击,它有完善的组织、完整的规范、完备的安全防护用具和医务监督,有助于人的潜能的全面发挥。在拳击比赛中,运动员要遵守以下礼仪:

拳击手服饰礼仪:在拳击业余比赛中,参赛拳手必须戴合乎规格的拳击手套、头盔、护齿和护裆上场比赛。拳手下巴禁止蓄有胡须,上唇胡须最长不能超过上唇缘。

比赛礼仪：参赛拳手要在第一回合开始之前和比赛结果宣布后相互握手，以示友好。在比赛时，拳手不能击打对方腰线以下部位，不能用手臂和肘部挤压对方的脸部，不能把对方的头往围绳外压，不能张开手掌击打或用掌背击打，不能击打对方的头颈后部以及躯体的背部。当裁判员命令"分开"时，拳手要后退一步，不能再击打对方。

拳击比赛更要讲究体育精神，所以观众在观看比赛的时候要有遵守规则、尊重别人的意识；对拳手的支持要有节制，不能干扰选手情绪和扰乱赛场秩序。观众要具备平和、健康的心态，做到文明礼貌地观看比赛。具体说文明拳击赛场对观众有以下一些要求：

拳击比赛吸引人的地方之一是拳台周围设有观众席，观众可以"零距离"地观看激烈的对抗。拳击比赛本身所具有的紧张和刺激，使观看拳击比赛的观众也容易变得热血沸腾。因此，观众就需要克制自己的情绪，最重要的是加油而不鼓噪、激动而不疯狂，不要由于自己对某个运动员的喜爱变得感情用事，随口说出一些野蛮的加油词汇，况且，一些不文明的言论还会对其他观众起到煽动作用，会对整个比赛造成不良影响。

在观赛的时候，观众千万不能喝倒彩。由于拳击比赛性质的特点，喝倒彩很容易造成场上队员对立的情绪，往往会使正常的比赛变得不正常起来。在拳手击中对手的时候，观众应该给予掌声和欢呼声，但是决不能怂恿拳手击打已经倒地的对手，更不能起哄或者向失利的一方发出嘘声或吹口哨。更要注意的是，当拳手倒地接受数秒时，往往是对拳手体力与毅力的极大考验，作为一名有素养的观众，当拳手以顽强拼搏精神站起来时，应该为之鼓掌助威，而不应该起哄、喝倒彩。

拳击比赛时双方的对抗形势瞬息万变，要求拳手能在极短的时间内准确地了解对手的状况，同时还要迅速作出相应的判断并采取相应的行动。为了不干扰拳手的比赛，现场观众在拍照时是不能用闪光灯的，坐在前排的观众也不能向运动员挥舞或抛掷物品。

3. 案例

韩国教练集体殴打拳击裁判

1988 年奥运会期间，韩国教练集体殴打拳击裁判事件被认为是有史以来对业余拳击比赛最沉重的打击。事情发生在拳击 54 公斤级争前 16 的一场淘汰赛中。对阵双方为韩国本土选手道丁一和保加利亚拳手、欧洲冠军赫利斯。比赛中，比对手矮一头的道丁一在家乡父老的助威声中进攻勇猛，但多次击打均告无效,并被警告。观众席上嘘声不断。第三回合,韩方教练金成殷曾冲到拳台边冲裁判大喊大叫,被警告后退回教练席。比赛结束后,执法裁判瓦尔克举起了赫利斯的手宣布他为胜利者。观众一片哗然。金成殷和助理教练蹿上拳台,穿过绳圈,扑向瓦尔克挥拳就打。场边的韩国运动员、官员也跟上去大打出手,甚至有工作人员甩掉大会统一发放的黄色工作服加入战团。国际业余拳联工作人员愣了好几秒才想起去制止这不理智的场面,武警也赶来维持秩序。瓦尔克被救出时已是鼻青脸肿。混乱结束后,道丁一还赖在拳台上不走,使得这一拳台的下一场比赛不得不转场。

国际业余拳联当即对事件进行调查并于当晚宣布,拒绝韩国队关于裁判不公的申诉和抗议,并宣布取消参与群殴的李兴珠等人的比赛资格,裁判瓦尔克因伤不能继续执法本届奥运会。仲裁委员会研究比赛录像认为,裁判是正确的。两天后,韩国奥委会主席金宗河为此引咎辞职。

五、举重

1. 项目简介

现代举重运动始于 18 世纪的欧洲,当时英国伦敦的马戏班常有举重表演。19 世纪初,英国成立举重俱乐部。举重杠铃的两端最初是金属球,重量不能调整,比赛以次数决胜负。后来意大利的阿蒂拉将金属球掏空,通过往球内添加铁或铅块来调整杠铃质量。1910 年路易斯·卡斯珀·博格将金属球改成重量不同、大小不一的金属片。1891 年首届世界举重锦标赛在伦敦皮卡迪里广场举行。

20 世纪 40 年代,美国开始举办女子举重比赛,1987 年举行首届世界女子举重锦标赛。早期举重比赛按体重分级,比赛方式为单手举哑铃、双手举杠铃。1920 年起按体重分级比赛,比赛方式有单手抓举、单手挺举、双手抓举、双手推举、双手挺举。1972 年后取消推举比赛项目。体重分级不断变化,1947 年起将 5 级改为 6 级,1951 年改为 7 级,1972 年增至 9 级,1976 年发展到 10 个级别。1998 年 1 月 1 日起,男子调整为 8 个级别,女子调整为 7 个级别。杠铃由横杠、套筒、卡箍和杠铃片组成。横杠长 2.20 米,直径 2.8 厘米,重 20 公斤。比赛按抓举、挺举的顺序进行。每场比赛运动员共有 6 次试举机会,抓举 3 次,挺举 3 次。试举重量由运动员自己选定,增加重量必须是 1 公斤的倍数。

奥运会比赛只计算抓举和挺举总成绩,如总成绩相同则赛前体重轻者列前,如再相同,则以赛后即称体重轻者列前。男、女举重分别于 1896 年和

1996 年被列为奥运会比赛项目。

2. 赛场礼仪

举重是体育比赛项目中动作相对简单的运动,但却有其内在的魅力。选手们从走上赛台开始就集中全部精力,然后用强大的爆发力和惊人的力量完成整个动作。全程不过 1 分钟,但这 1 分钟对于选手来说,就意味着全部,在杠铃离地后短短几秒钟内,选手要把几十种技术动作都做到位,有一个地方出现差错便会前功尽弃,可见,举重的难度可与任何一个体育项目比肩。

作为看台上的观众,在选手上场时可以大声呐喊,为运动员加油,但从选手碰触杠铃开始,观众就要进入绝对安静的状态中,不能发出任何容易让选手分神的声音。一旦运动员受到干扰,后果会非常严重,这也是为什么举重场馆内的观众人数会有所限制的主要原因。当运动员举起杠铃并放下后,观众才能鼓掌祝贺。

3. 案例

十运会举重比赛时,湖南举重选手王小文调整呼吸即将发力时,靠近比赛台的观众席上突然响起一阵急促的锣鼓声。王小文一惊,右臂一软,当即被 127.5 公斤重的杠铃压倒在举重台上。医生诊断,王小文右臂肘关节脱臼,内侧韧带损伤。猝然而起的锣鼓声,并非有意让王小文分神,而是源于观众对举重的不了解。一些观众在看到选手提铃至胸准备上挺时,以为这是助威的好时机,顿时喊声、锣鼓声响成一片。按规定,选手走上举重台后,观众就不能再有声音干扰选手。

第四节　体操和艺术体操项目

一、体操

体操一词源于古希腊语,意为裸体技艺,与当时裸体操练有关。体操在中国、印度、埃及、古希腊、古罗马都有着悠久的历史。产生于远古时代、称为瑜伽的呼吸体操动作至今在印度仍流传甚广。现代竞技体操始于 18 世纪的欧洲,有德国体操和瑞典体操两大流派。

1896 年首届奥运会即有男子体操比赛,但早期几届奥运会项目比较杂乱。20 世纪 20 年代,国际体操联合会将德国、瑞典两大流派结合起来,确立了现代竞技体操的项目。男子有自由体操、鞍马、吊环、跳马、双杠、单杠 6 个项目,女子有自由体操、高低杠、平衡木、跳马 4 个项目,分团体赛、个人全能赛和单项赛。

自由体操:19 世纪初始于德国。在规定的场地和时间内完成编排成套的徒手和技巧动作。比赛场地面积 12 米×12 米,铺设地毯或弹性地板。1958年第 10 届世界体操锦标赛规定女子自由体操必须有音乐伴奏。男、女自由体操分别于 1932 年和 1952 年被列为奥运会比赛项目。

鞍马:源于跳马项目。1804 年德国著名体操家古茨穆特斯将木马上的马鞍换成一对铁环,后铁环被木环取代,形成现在的鞍马。鞍马为男子项目。1896 年被列为奥运会比赛项目。

吊环:起源于法国,其形成与杂技悬空绳索表演有关,后传入意大利和德国。1842 年德国的施皮斯制作了世界上的第一副吊环,原为体操训练的辅助手段,19 世纪下半叶成为独立的男子比赛项目。吊环为木制,圆形,用钢索悬挂在高 5.80 米的立架上,两环相距 50 厘米。木环与钢索间用皮带或帆布带连接,长短不可调节。1896 年被列为奥运会比赛项目。

跳马:源于罗马帝国末期的骑术训练。初跳真马,后改为与真马外形相似的木马,并配有马鞍。1719 年将马腿改为立柱,1795 年德国的维斯首先去掉木马的马头,1811 年又去掉马尾,将两端改为圆形,马身用皮革包制。1836 年德国的施皮茨在学校体操节首次表演跳马,1877 年德国规定跳马必须助跑 6步,从正侧两个方向过马和做 1～2 次支撑动作。马长 1.60 米,男子跳纵马,马高 1.35 米,女子跳横马,马高 1.20 米。男、女跳马分别于 1896 年和 1952年被列为奥运会比赛项目。

双杠:起源于德国。1811 年德国体操家扬在柏林郊外的哈森海德体操场首次安装这种体操器械。最初为体操训练手段,19 世纪 40 年代成为独立的比赛项目。双杠由 4 根立柱架设两根平行的木制横杠构成。横杠长 3.50 米,两杠间距及高度可调节。1896 年被列为奥运会比赛项目。

单杠:起源于德国。18 世纪末西欧国家的杂技表演出现抓住钢丝做大回环的动作,受此启发,1811 年德国体操家扬在柏林郊外的哈森海德体操场用一根木杠代替杂技演出的钢丝,首次安装了世界上的第一副单杠。1812 年将木杠改为铁制,后又改为钢制,杠的弹性和承受力增大。19 世纪 20 年代成为独立的比赛项目。杠长 240 厘米,直径 2.8 厘米,高 2.55～2.75 米。横杠两端分别固定在支柱上。1896 年单杠被列为奥运会比赛项目。

高低杠:始于欧洲。19 世纪下半叶欧洲兴起女子体操。最初使用与男子相同的体操器械。20 世纪 20 年代后,医学界人士认为单杠、双杠、鞍马等器械练习对身体负荷太大,女子从事这些项目会影响身体健康。因而,取消了单杠、鞍马项目,将双杠中的一杠降低,形成倾斜状,练习时手脚和身体均可触及器械,以分散负荷。横杠由玻璃钢制作,椭圆形,长 2.40 米,高杠高 2.30 米,低杠高 1.50 米,两杠间距可在 1.10~1.40 米间调整。1952 年被列为奥运会比赛项目。

平衡木:起源于公元前的罗马时代。18 世纪末,德国体操家将其用于体操训练的辅助器材,后传入欧美国家。最初平衡木为圆形,两端及中部用支架支撑。19 世纪初,德国体操家古茨穆特斯将平衡木设计成平面,置于地上。1845 年成为女子体操项目。平衡木为方形木条,长 5 米,宽 10 厘米,距地面高 1.20 米。1952 年被列为奥运会比赛项目。

二、艺术体操

艺术体操又称韵律体操,起源于欧洲,为女子项目。20 世纪初,瑞士日内瓦音乐学院教师雅克·达尔克罗兹创编的韵律体操,将身体练习与音乐结合起来,并从最初的徒手发展为使用轻器械的形式。1962 年被国际体操联合会确定为比赛项目。1963 年起举办世界艺术体操锦标赛。艺术体操有团体赛、个人全能赛和个人单项赛。艺术体操中使用的轻器械主要有绳、圈、球、棒和带等。1984 年被列为奥运会比赛项目。

绳:采用麻或合成纤维制成,可染成除金、银、铜以外的其他颜色。长短同运动员身高。两端有小结头,中段可缠布条或胶布。比赛由过绳跳、摆动、绕环、8 字、抛接、跳跃、平衡以及各种交换绳握法等动作编排而成。

球:采用橡胶或软塑料制成,可选用除金、银、铜以外的其他颜色。直径18~20 厘米,重 400 克以上。比赛由拍球、滚动、转动、绕环、8 字、抛接、跳跃、平衡以及旋转等动作编排而成。

棒:采用木材或合成材料制成,可染成除金、银、铜以外的其他颜色。全长40~50 厘米,重 150 克以上,形状如瓶,细端为颈,粗端为体,顶端为头。比赛由绕环、空中转动、抛接、摆动、跳跃、平衡以及敲击等动作编排而成。

带:由棍、尼龙绳或带构成。棍可采用木、竹、塑料或玻璃纤维等材料制成,带可采用缎或类似材料制作,可选用除金、银、铜以外的其他颜色。带长 6米,宽 4~6 厘米,重 35 克以上。棍长 50~60 厘米,直径不超过 1 厘米,一端有金属环,与绳或带相连。比赛由绕环、螺形、抛接、摆动、跳跃、平衡、转体、8字以及蛇形等动作编排而成。

圈：采用木材或塑料制成，可染成或选用除金、银、铜以外的其他颜色。横断面可以是圆形、方形、椭圆形等。内径 80～90 厘米，重 300 克以上。比赛由滚动、转动、8 字、绕环、抛接、旋转、钻圈以及平衡等动作编排而成。

体操和艺术体操是人们比较喜欢的体育项目，体操所体现出的运动和人体的美感往往令人陶醉。从观赛的角度来讲，观众主要欣赏男子强健的身体和肌肉、动作的高难度以及力量之美；欣赏女运动员体形的优雅、动作的舒展大方以及高难度动作与音乐的完美组合。

1. 赛场礼仪

体操是一项富有高度艺术性和技巧性的竞技运动项目，具有很强的欣赏性。体操项目礼仪对运动员和观众是有诸多要求的，一方面运动员应尽最大努力展现自我风采，尊重观众，尊重裁判，另一方面观众也应该懂得体操项目的观赏要求和习惯，以礼貌而热情的方式支持运动员。

2006 年多哈亚运会体操女团比赛中程菲和队友击掌鼓励

体操礼仪对运动员有如下要求：

其一，比赛时只允许穿规范的体操服。体操运动员出场的时候，服装是随着器械的不同而变化的。之所以变化，一方面是为了上器械方便，另外也是出于对观众的尊重。对于所有的男子项目，运动员都要穿背心。鞍马、吊环、单杠和双杠这四个高器械项目要求男运动员穿长裤和袜子，以防止运动员在高器械上做大幅度动作时"走光"，长裤的颜色不能是黑色的，也不能是深蓝、深褐或深绿色；对于自由操和跳马这两个低器械项目来说，男运动员可以穿短裤和袜子，也可以赤脚，主要是为了活动方便，有利于展现运动员的飒爽英姿，但是如果穿长裤，就必须要穿袜子。女运动员体操服要合身，不能过大或过小，不要暴露太多的身体部位，髋部过高或胸部过低的体操服是禁止的。

1992年巴塞罗那奥运会女子体操团体决赛独联体队胜
保加利亚队获得冠军,双方队员友好地握手祝贺。

其二,运动员仪容要清洁美观。体操比赛对运动员的精神面貌有一定的要求。运动员出场时要精神饱满,表情自信。男运动员不能留长发和胡须,染发的颜色要适当;女运动员面部可作适度化妆,可留长发或短发,如果是梳马尾辫,不宜过长,梳好的头发周围要发胶固定,既出于美观,也是为了安全考虑。

其三,文明参赛。在每项比赛前,即当绿灯亮时或裁判长举手后,运动员要保持准确立正姿势并举右臂向裁判长示意,这既是对裁判的尊重,也是提醒裁判员自己已做好准备;当运动员完成一套动作之后,也要向裁判员立正示意,表示动作完毕,然后再下场。在体操比赛中运动员应遵守为使比赛顺利进行而制定的规定,如在比赛进行时运动员要尊重裁判,不能与教练员、裁判员或其他队员说话,未经允许运动员不得离开场地,运动员也不能在比赛中调整器械高度等。

体操礼仪对观众有如下要求:

其一,在体操或艺术体操比赛中,运动员完成一个比赛过程需要相对安静的环境。因此,在裁判宣布比赛开始后,观众应尽量保持安静,当运动员比赛动作结束后,观众再表达自己的情绪。值得注意的是,在体操场内,敲打乐器、大声呼叫等加油方式是与现场格调不符的,应该避免。

其二,在运动员做动作时,观众不要使用闪光灯。

其三,如果说足球比赛需要裁判的制衡,那体操赛事中,裁判的位置就显得更加重要,因为每一分、每一次裁决都由裁判决定,最终的名次也是如此。因而,现场观看比赛的观众,尤其是东道主观众,应该表现出对裁判员的尊重和理解。在运动员做完动作等待打分时,观众应该礼貌等待,给裁判和运动员一个安静的空间。一旦裁判打出的分数有失公正或不能达到观众的心理预期时,观众要有理智地表达自己的情绪,不可制造混乱。

2. 案例

案例 1

杨威:天津的观众让我终生难忘

我很庆幸自己当了一名体操运动员:我走过很多国家,见到过数以千万的观众,所有的人都对我非常礼貌和友好。我想,可能是喜欢观看体操比赛的人素质一般都很高,表现出来的风度也很好。印象最深的要算 1999 年天津体操世锦赛,因为是在家门口比赛,所以比赛过去六七年了,当时的场景还历历在目。每当我们完成一套好的动作时,天津的观众总是报以最热烈的掌声,给我们最大的支持和鼓励。看到他们喜欢我做的动作,我顿时觉得特别有劲。最难得的是,外国运动员做得好的时候,他们同样也给予最热烈的掌声和鼓励,连外国运动员也为这些热情的观众所感动;同样,在别国运动员没有做好的时候,这些观众没有一次幸灾乐祸的表现,总是鼓励鼓励再鼓励。

作为我们运动员来讲,一个地方的观众越热情,赛场越有气氛,运动员的竞技状态越容易激发出来。比赛好像并不完全是运动员的事情,是运动员和观众共同创造出来的。我们不仅在乎裁判怎么看我们,也很在意观众对我们的看法,裁判对我们有生杀大权,观众给予我们的支持和理解,更是我们不断拼搏和练习的动力。所以,还希望观众继续喜欢我们、给我们鼓励,让我们有更精彩的表现。

案例 2

观众为涅莫夫翻案

2004 年雅典奥运会上,狂热的观众集体用合理合法的方式怒斥裁判,要求改判,并为俄罗斯老将涅莫夫成功翻案。

单杠第一个出场的是日本人福田,发挥正常获 9.787。第二个是美国体操双胞胎之哥哥摩根·汉姆,落地很稳,同样 9.787,根据更详细计算,摩根暂列第一。第三个出场的是 28 岁的涅莫夫。涅莫夫一个腾越接一个腾越,一个空翻加另一个空翻,加上各种变化的转体加回环,流畅如水,刚劲中又不乏轻柔飘逸,每个动作准确到位又充满惊险刺激。落地前几乎找不到任何扣分之处,可惜,老将的脚稍微被磕了一下,一个小跳步,让完美演出留下一点小伤疤。如果按照给前面两位选手的打分标准,涅莫夫至少不会比他们低。结果出来,涅莫夫仅得 9.725! 全场愤怒了,口哨声、呜呜低沉而有节奏的抗议声,震得人头晕。

　　一分钟过去,裁判们低头不语,抗议声越来越大,大家齐声高呼:"涅莫夫、涅莫夫……"然后是"啪啪啪"整齐地击掌。这时大部分裁判还是假装镇静。裁判长有点受不了了。俄罗斯教练举着国旗,愤怒的他几乎冲下看台,倔强的观众整齐划一而充满愤怒的抗议持续了整整十分钟。

　　下一个出场的是摩根的弟弟美国的保罗,其间,他曾经到台上等了一会,发现嘘声太大,实在无法继续,又无奈地撤回座位。涅莫夫在运动员席上,有点开心,又有点难过地跟观众挥手。突然,全场嘘声变成了掌声,裁判们实在是扛不住了,真的重新打了分! 得分上升到 9.762。观众鼓掌表示暂时满意,可突然回过神来,发现比前面两人的分数还是低,仍然是不公平的,大家再度聚集,开始新一轮的狂怒,但没有过激行为,完全是低沉而整齐的抗议声。这回,裁判们完全拒绝了请求,强行把保罗的名字打出来,准备下一个比赛。保罗就算在裁判的庇护下,也无法开始他的比赛。此时,涅莫夫实在看不下去了,主动跳到赛台上,微笑着感谢大家,然后做了几个"大家平静,让比赛继续"的手势。看在涅莫夫的面子上,大家饶了保罗,让比赛继续。最后涅莫夫仅列第五名。裁判们就此事件达成两点共识:"希腊观众真可爱,敢爱敢恨(大部分观众来自希腊);能赢得这么多人的心,涅莫夫的翻案胜似金牌!"

第五节　游泳项目

一、游泳

1. 项目简介

　　现代游泳始于英国,17 世纪 60 年代流行于约克郡地区。1828 年在利物浦乔治码头修建了世界上第一个室内游泳池。1837 年成立世界上第一个游泳协会。1908 年规定游泳必须在水池内比赛。国际标准游泳池长 50 米,宽至少 21 米,深 1.80 米以上。设 8 条泳道,每条泳道宽 2.50 米,分道线由直径 5～10 厘米的单个浮标连接而成。运动员比赛必须站在出发台上出发(仰泳除外),出发台高出水面 50～75 厘米,台面积为 50 厘米×50 厘米。1896 年游泳被列为奥运会竞赛项目时,不分泳姿,是真正的"自由式",只有 100 米、500 米、1200 米 3 个项目。1900 年第 2 届奥运会时,将仰泳分出;1904 年第 3 届奥运会时,又分出蛙泳。1912 年第 5 届奥运会时,女子游泳被列为比赛项目。1956 年第 16 届奥运会,又增加了蝶泳,从此定型为 4 种泳姿。此后的奥运会游泳比赛发展到共有自由泳、蛙泳、蝶泳、仰泳、混合泳和接力(自由泳与混合泳)6 大项 32 个小项,是奥运会仅次于田径运动的金牌大户。

2. 赛场礼仪

在国际性的游泳比赛赛场上,当裁判员入场时,赛场通常会伴有轻快的音乐,为了表示对裁判的尊重,观众应该跟着音乐的节奏鼓掌以示欢迎。比赛开始前,赛场的广播会向观众依次介绍各条泳道的运动员,当运动员听到自己的名字后应向在场的观众举手示意,观众也应用掌声给予回应。

比赛时,运动员要始终在自己的泳道内游泳,不能游出本泳道或用其他方式干扰、阻碍其他运动员。在比赛中运动员不能使用或穿戴任何有利于其速度、浮力的器具。比赛中也不允许陪游、带游,不允许速度诱导或采取任何能起速度诱导作用的办法。

对于观众来说,在比赛发令前,一定要保持安静,保证运动员可以清楚地听到发令声,待运动员入水后,再给予适当的鼓掌和欢呼。在比赛进程中,如果观众的加油助威声能与运动员的频率结合在一起,按照比赛节奏进行,对运动员来说,是一种很有效的辅助作用。

对于仰泳选手来说,最怕的可能就是热情观众手里的闪光灯了。强烈的闪光会刺激到选手,从而对比赛造成莫大的干扰。所以,观众不要用闪光灯来照相。

游泳馆是禁止吸烟的。因为在场馆内吸烟,烟气会溶入水中,运动员吸进身体,会严重影响运动员比赛。另外,游泳比赛场馆的气温高、湿度大,观众可以穿得清爽些,但不能赤膊观赛。

如果比赛在公开水域进行,观众要在岸边观赛,不要下水。运动员快到岸时,观众不要向前围观,以免发生危险。

3. 案例

在 2006 年多哈亚运会上,男子 1500 米自由泳决赛中,领先的韩国运动员朴泰恒、中国运动员张琳等早已到达终点，但由于是最长距离的游泳比赛，一名来自阿拉伯国家的参赛者在泳池中被整整落下了一个来回。这时全体观众都站起来，用热烈的掌声为他加油，鼓励他游向终点。在这名选手完成比赛后，他也在泳池中向观众挥舞着手臂，感谢不同国家、不同肤色的人们给予他的热情鼓励。此情此景让人难忘，体现了"重要的在于参与"的奥运精神。

二、花样游泳

1. 项目简介

花样游泳是女子项目，20 世纪 20 年代起源于德国、英国等欧洲国家，原为游泳比赛间歇时的水中表演项目，由游泳、技巧、舞蹈和音乐编排而成，有水中芭蕾之称。1920 年花样游泳创始人柯蒂斯将跳水和体操的翻滚动作编排成套在水中表演，后传入美国和加拿大。1934 年在美国芝加哥万国博览会上举行首次表演。1937 年考斯特成立世界上第一家花样游泳俱乐部。1942 年美国业余体育联合会确认花样游泳为正式比赛项目。1952 年被列为奥运会表演项目。1956 年得到国际游泳联合会承认。1973 年举行首届世界花样游泳锦标赛。比赛必须在面积至少 12 米×12 米，水深 3 米的池内进行，运动员可以在陆上开始，但必须在水中结束。分规定动作和自选动作，自选动作应有音乐伴奏。各动作均有难度系数。1984 年成为奥运会正式比赛项目，有单人和双人两项，1996 年改为团体赛。

2. 赛场礼仪

花样游泳和游泳、跳水一样也是在游泳池中进行比赛的项目，和其他水上项目相比，花样游泳的观赏性更强。运动员在水面上展示的美妙姿势，编排精美、整齐划一的动作以及运动员在水中表现出的柔韧性、持久的耐力和对身体的控制能力，配之以动听的音乐，无不给人以美的享受。观众观看花样游泳比赛，如同欣赏"出水芙蓉"，应该是一件非常赏心悦目的事情，所以，千万别让自己不文明的举止破坏这美妙和谐的赛场气氛。和其他激烈的对抗比赛性质不同，看花样游泳比赛用不着高声叫好喝彩，最好不要大声喧哗，对运动员精彩的表现用掌声表示赞赏即可，同时，欣赏这样高雅的赛事，最好衣着整齐，别因为游泳馆里高温而衣冠不整。

三、跳水

1. 项目简介

跳水的起源很早,在国外出土的公元前 500 年的文物上就绘有人头朝下作跳水姿势的陶瓶,表明那时跳水运动已出现。

现代跳水运动分竞技跳水和花式跳水。近代花式跳水起源于德国和瑞典。跳水成绩的高低取决于跳水高度,19 世纪 70 年代就有人从美国纽约大桥上跳下,高度为 46 米。20 世纪后才发展成以技术动作的难度和美观程度来衡量水平的高低。1900 年瑞典运动员在第 2 届奥运会上表演了跳水,1904 年男子跳水出现在美国圣路易奥运会,8 年后,也就是 1912 年的瑞典斯德哥尔摩奥运会开始有女子跳水项目。

根据起跳动作的方向和结构,跳水可分为向前、向后、向内、反身、转体、臂立 6 组,每组均有规定动作和自选动作,每个动作又有不同的难度系数。根据跳水空中姿势,可以分为 A(直体)、B(屈体)、C(抱膝)、D(翻腾兼转体)4 种。有跳台跳水和跳板跳水之分。

跳台跳水:在坚硬无弹性的平台上进行。跳台距水面高度分为 3 米、5 米、7.5 米和 10 米 4 种,奥运会、世界锦标赛、世界杯赛限用 10 米跳台。跳台跳水根据起跳方向和动作结构分向前、向后、向内、反身、转体和臂立 6 组。比赛时,男子要完成 2 个有难度系数限制的规定动作和 4 个无难度系数限制的自选动作,女子要完成 2 个有难度系数限制的规定动作和 3 个无难度系数限制的自选动作。男、女跳台跳水分别于 1904 年和 1912 年被列为奥运会比赛项目。

跳板跳水:在一端固定,另一端有弹性的板上进行,跳板离水面的高度有 1 米和 3 米两种。跳板跳水根据起跳方向和动作结构分向前、向后、向内、反身和转体 5 组。比赛时,男子单人跳要完成 6 个自选动作,男子双人跳完成 2 个规定动作和 4 个自选动作;女子单人跳要完成 5 个自选动作,女子双人跳完成 2 个规定动作和 3 个自选动作。男、女跳板跳水分别于 1908 年和 1920 年被列为奥运会比赛项目。

2. 赛场礼仪

跳水是一秒钟的艺术,从起跳到入水这短短的十几秒的时间里,运动员要完成翻腾、转体、屈体、抱膝等多个高难度动作,稍有闪失或者入水动作不够完美都会影响成绩,而对于双人跳水来说,两个队员的同步和动作的协调一致是决定成败的关键。

　　观众在观看跳水比赛时，可以从四个阶段来欣赏运动员的竞技：第一是助跑阶段，要求运动员自然、走动平稳，并显示出充满自信的精神状态。第二阶段是起跳，要求果断、准确、有力。起跳时，正确恰当的角度非常重要。另外一般来说跳得愈高愈好，以便有更多时间和空间做动作。第三阶段是空中动作，要求动作准确轻快连接好，熟练而优美；翻腾、转体快速。第四阶段是入水，要求入水准确，身体舒展与水面垂直，水花愈小愈好。

　　当运动员开始走上跳台或者跳板时，比赛即将开始，这时运动员必须排除一切杂念，将全部精力集中在要完成的动作上；而观众要做的是屏住呼吸，全神贯注地观看，不要鼓掌、不要欢呼，更不要喊运动员的名字或者为他加油，因为馆内回音比较大，嘈杂的环境不但影响运动员的发挥，还扰乱运动员的注意力。另外，在这短短的十几秒钟内，观众最好不要拍照，如拍照一定不要使用闪光灯，因为如果在运动员腾空或跃起的时候，闪烁的灯光会分散他的注意力，影响他对高度的判断，有可能造成比赛失误。当运动员入水以后，水花溅落，这时观众可以尽情地鼓掌喝彩。需要注意的是，不仅要为本国的运动员鼓掌，对于其他国家有精彩表现的运动员也应该表示真诚的赞美。由于游泳馆内的温度较高，如果冬季到游泳馆观看比赛应备用凉爽的衣物，并且注意厚重衣物的存放，夏季看比赛要注意穿戴不可太随意，避免赤身观赛。

3. 案例

　　雅典奥运会男子跳板双人决赛可以说是有史以来跳水比赛最离奇、最混乱的一次比赛。看过那场比赛的人应该都还记得那个裸着上半身，穿着芭蕾

穿着芭蕾舞裙跳入泳池的"胖天鹅"

舞裙跳入泳池的"胖天鹅"。虽然"胖天鹅"入水后只表演了十几秒钟就被现场工作人员带走，但比赛已被搅乱。此时比赛已进入最后一轮，前四轮结束后以283.89分排在第一位的中国选手彭勃/王克楠准备跳难度系数为3.4的5154B，结果王克楠走板失误，背向落入水中，动作完全失败，一个大大的0.00分出现在记分牌上，观众席一片哗然，中国观众目瞪口呆。意外还不止于此，美国的杜马斯兄弟跟着失误，斜拍入水。俄罗斯"沙皇"萨乌丁脚碰板，弯着身体入水。最终这三对实力强劲的选手排名倒数前三。希腊本土选手摘得金牌，这也是东道主在本届奥运会上的首枚金牌，现场的希腊观众立刻投入他们的狂欢之中。那个"胖天鹅"名叫罗恩·本西蒙，来自加拿大蒙特利尔，事后这个人在雅典被判处5个月监禁，但在缴纳2000欧元罚款后被当庭释放。

四、水球

1. 项目简介

水球起源于19世纪60年代的英国，最初是人们游泳时在水中传掷足球的一种娱乐活动，故有"水上足球"之称，后逐渐形成两队之间的竞技运动。1869年英国出现用小旗标定边线和球门的水球比赛。1877年英格兰伯顿俱乐部聘请威尔森制定世界上第一部水球竞赛规则。1879年开始设置球门。1885年英国游泳协会将水球列为单独比赛项目。1890年首先传入美国，后又逐渐在德国、奥地利、匈牙利等国家广泛开展。

1973年起举办世界水球锦标赛，1979年开始举办世界杯水球赛。水球比赛场地因男女的不同而有所区别。男子水球场长30米、宽20米，女子水球场长25米、宽20米，水深至少1.80米，两端各有一个高90厘米、宽3米的球门。比赛分为两队，每队由7名运动员组成，其中1名为守门员。每场比赛为32分钟，分4节，每节实际比赛时间为8分钟，每两节之间休息2分钟，中场休息5分钟，并交换场地。除守门员外，任何人不得用双手触球。射入对方球门得1分，以最后得分多者为胜。

2. 赛场礼仪

水球运动是体育项目中最累人的项目之一。水球比赛分四节，每节8分钟，在这8分钟之内，运动员不得接触游泳池底和边，拿球、抢球、踢球、摔抱以及拉拽等动作基本在水下进行，每名运动员一场比赛完后平均至少要游5公里的距离。所以水球运动不仅要求运动员要有游泳冠军的技巧和耐力，还要具备不亚于足球运动员的传接球和射门功夫,甚至还需要橄榄球运动员的力量。水球运动对运动员的行为也有特殊要求,如在比赛过程中运动员不能抱持、压沉、拖拉对方未持球的队员;不能踢、打对方队员;不能故意向对方脸上泼水等。

观看水球比赛,观众应该首先对手球运动的基本规则有所了解,才能在观赛时避免一些不适当的举止或言行。比如在比赛中,当进攻一方球员控球在手时,防守一方为了抢球可以将其按压入水,知道了这条规则,观众就不必惊呼"犯规"了。

赛场上,水球比赛的激烈程度丝毫不逊色于绿茵场上的足球比赛。观众看球时,欣赏的是运动员娴熟技术及战术配合,对于比赛中出现的一些不和谐的现象,观众应该冷静对待,不要跟着起哄制造事端。此外,水球比赛的游泳馆通常比较热,观众要备好凉爽的衣物,不要衣冠不整,也不要当"膀爷"。

3. 案例

2004 年,希腊首都举行的一场水球邀请赛。当比赛进行到距离第二节比赛还有 1 分 31 秒就要结束时,雅典的奥林匹亚克斯队和来访的帕尼奥尼奥斯队的比赛为 3 比 3 平。此时,双方运动员发生了争执,演变成为打斗。双方的替补球员纷纷跃入水中打群架。奥林匹亚克斯队的球迷也参加了武斗。一名球迷将帕尼奥尼奥斯队的主教练推入了比赛水池中。与此同时,主场的球迷向对方运动员投掷广告牌、衣服、拖鞋、救援设备、水桶,打得帕尼奥尼奥斯队的球员不敢上岸,直到警察闻讯赶来才制止了这场骚乱。

第六节　水上项目

一、赛艇和皮划艇

1. 项目简介

赛艇起源于英国,17 世纪泰晤士河的船工经常举行划船比赛。1715 年为庆祝英王加冕,首次举行赛艇比赛。1775 年英国制定赛艇竞赛规则,同年建立赛艇俱乐部。1811 年伊顿公学首次举行八人赛艇比赛。1829 年牛津大学、剑桥大学首次举行校际赛艇比赛。1839 年举办赛艇杯赛。1846 年英国人在船舷上安装了桨架,加长了桨的长度,提高了划桨效果;1847 年又将重叠板的外龙骨艇改装成平滑的内龙骨艇，提高了赛艇的速度。1857 年美国的巴布科克发明滑座（一说是 1865 年比利时运动员发明），运动员划桨时能前后移动，增加腿部力量。1882 年俄国人将封闭式桨栓改为活动式桨环，提高了划桨幅度。赛艇类似织布梭子，两头尖而窄长。艇、桨、桨架的制作材料、形状、大小，原则上没有限制，通常用铝合金或玻璃钢等材料制成。艇内装有带滑轮的座板，可在两条轨道上滑动。划动时，运动员两腿蹬两臂拉。赛艇按乘坐人数、体重，有无舵手，以及使用单桨还是双桨划分项目。舵手的最轻重量男子 50公斤，女子 45 公斤，当体重不足时，应增加相应的加重物，放在离舵手最近的地方。男子有单人双桨、双人双桨、轻量级双人双桨、双人单桨无舵手、双人单桨有舵手、四人双桨、四人单桨无舵手、轻量级四人单桨无舵手、四人单桨有舵手、八人单桨有舵手 10 个项目，女子有单人双桨、双人双桨、轻量级双人双桨、双人单桨无舵手、四人双桨有舵手、四人单桨有舵手、八人单桨有舵手 7 个项目。比赛距离男子 2000 米，女子 1000 米。每条航道长 2200 米，宽 12.5～15.0 米，一般 6 条航道，最多为 8 条航道。运动员必须在自己的航道内完成赛程。以艇首到达终点的先后顺序判定名次。男子赛艇于 1896 年被列为首届奥运会比赛项目，因浪大未举行，1900 年再度列入。女子赛艇于 1976 年被列入奥运会比赛项目。

皮划艇起源于原始人类渔猎和运输的生产实践活动。近代皮划艇与16 世纪人们的探险和漫游欧洲北部海域有关。皮划艇有静水项目和激流项目之分，分皮艇和划艇两种。在天然或人工湖面进行的比赛，称静水项目，水面宽 90 米以上，长 2200 米，设9 条航道，道宽 5～9 米；用串有塑料浮球的钢索划分，在水流湍急的河道

皮艇项目

进行的比赛，称激流项目。运动员必须在指定的航道内完成赛程，以艇首到达终点的先后顺序决定名次。1936 年皮划艇被列为奥运会比赛项目，1938 年举行首届皮划艇锦标赛。

皮艇：起源于北美洲格陵兰岛上爱斯基摩人用动物皮包在木架子上制作的兽皮船。1865 年苏格兰的麦克格雷戈仿兽皮船制作了 1 条长 4 米、宽75 厘米、重 30 公斤的"诺布·诺侬"号皮艇，驾艇穿越了瑞典、芬兰、德国、英国。19世纪 90 年代在欧洲得到广泛开展。皮艇有舵，比赛时，运动员坐在艇内，面向

前方,手持两头带桨叶的桨在艇的两侧轮流划动,依靠脚操纵舵控制航向。有单人艇、双人艇、四人艇和障碍回转项目。

划艇项目

划艇:起源于加拿大。北阿拉斯加以渔猎为生的印第安人将树干掏空,坐在里面用木棍划行,故又称独木舟。划艇两头尖,艇身短,无桨架,无舵。划桨时前腿成弓步立,后腿半跪,手持一头带有铲状桨叶的桨在固定的舷侧划水,并控制方向。有单人、双人、障碍回转项目。

2. 赛场礼仪

赛艇类比赛需要宽阔的水域,比赛场地都选在室外,观众也只能在水面的两岸为运动员加油助威。在静水比赛项目中,无论是单人项目还是多人项目,比赛的关键都在于节奏的掌控。观众最好能找准运动员的比赛节奏,跟着运动员划桨的节奏为他们加油,这样才会真正给运动员鼓劲。由于比赛场地比较空旷,观众可以借助乐器或者其他的辅助工具如锣鼓等为运动员加油。

与其他比赛项目不同,在多数情况下,因为赛程的关系,观众有时是看不到运动员的,运动员也可能听不到观众的掌声和喝彩,所以赛艇类运动员和观众往往会感到很"寂寞"。这个时候,运动员要为自己、为自己的队伍而努力比赛,不管有没有观众都要一样。观众也要能自得其乐,可以把看赛艇类比赛当作是一次郊游,一次户外的狂欢。因为很可能你等待很长时间,才看到几分钟的精彩,所以在等待的过程中,要学会打发时间,和邻座的人聊聊天,猜测一下比赛形势,哪怕只是坐在那里什么也不干,呼吸一下潮湿的风,晒晒太阳,珍惜和大自然密切接触的机会也很好。当然,当运动员划着艇过来的时候,您就别吝啬自己的掌声和欢呼了,可以尽情地为他们加油。另外,比赛水域是不允许其他人下水的,观众在观看比赛时不要下水游泳。

3. 案例

在希尼亚斯水上中心进行的雅典奥运会女子八人艇比赛刚刚结束,罗马尼亚、美国和荷兰队分获冠、亚、季军,中国队屈居第四。比赛船艇冲过终点后静静地滑向缓冲区,这时出现了不可思议的一幕:岸上的几名男观众相继跳入水中,游到荷兰队的艇边和选手接吻。这浪漫的场景最终的结局是——几名观众被雅典警察带走。按规定:观众不能到比赛水域游泳。

雅典奥运赛艇赛场观众跳入赛道狂吻参赛选手(毛建军 摄)

二、帆船

1. 项目简介

现代帆船始于荷兰。1660 年荷兰的阿姆斯特丹市长将一条名为"玛丽"的帆船送给英国国王查理二世。1662 年查理二世举办了英国与荷兰的帆船比赛。1720 年爱尔兰成立皇家科克帆船俱乐部。1851 年英国举行环怀特岛国际帆船赛。1870 年美国和英国首次举行横渡大西洋的美洲杯帆船赛。世界上帆船种类繁多,而且不断发展创新,国际帆联将各种运动帆船划分为三类。分别是:稳向板型、龙骨型和多体型。稳向板型帆船在船体中部有个突出的槽安放稳向板,稳向板根据需要可上下移动,减少船体横移。最大的船体长6 米,由 1~2 人操纵。此类帆船轻而快,设备较简单,易于开展活动,奥运会项目中的飞行荷兰人型、荷兰人型、470 型、星型、托纳多型等均属此类,是世界最普及的帆船。龙骨型帆船包括 5.5~22 米长短不等的船型,它水下稳向部分是固定的,与船体为一体,船体中下部突出一块铁砣或铅砣,用以稳定船体,减少船体横移,铅砣大小和船体大小和帆面积相关,有 1~1.8 米长,固定在船体中央。此类帆船最少由 2~3 人操纵,最多有十几人或更多人操纵。27届奥运会设有星级、英灵级帆船比赛。多体型帆船船体由两个船身连接在一起组成,也称双体船,27 届奥运会设有托纳多级帆船比赛。

帆船比赛在海面进行,场地由 3 个浮标构成等边三角形,每段航道长度为2~2.5 海里。比赛为绕标航行,共进行 7 场,取其中成绩最好的 6 场之和评定总分,总分少者名次列前。1896 年首届奥运会帆船被列为比赛项目,因天气不好未举行,1900 年再次被列为奥运会比赛项目。

2. 赛场礼仪

帆船运动是风、水、人、船四者完美结合,充满活力的运动。欣赏帆船比赛,看速度、看人、船与自然的配合情况。帆船是海上壮丽的风景线,然而驾帆船出海却是件非常需要体力的运动,它对船员在艰苦环境中的耐受力要求很高。因此,运动员耐力和意志品质的考验也是观看帆船比赛的一个重要方面。由于帆船竞赛是在自然条件下进行的,直接受到气象水文条件的影响。所以规定的竞赛轮次可能完不成;因此,帆船比赛没有绝对的记录,只有最好成绩。

帆船比赛受项目特点所限一般离岸较远,所以观众在岸上很难看到比赛中的细节;即使自己有船也只能在划定的比赛区域之外观看,而且每个级别都要比好几天才能分出胜负,所以到现场看比赛不妨当作一次海滨假日之旅。在蔚蓝的大海上,林立的桅帆在阳光的映照下,会让眼前的风景更加生动,而运动员驭风破浪的矫健身姿也会给人运动之美的愉悦享受,让人感觉心胸开阔,张弛有度。观众可以很放松地在岸边看比赛,肉眼看不到的细节往往也可以通过场边的大屏幕来弥补。观看比赛时,还可以带上国旗,当本土队员靠近时放声呐喊为他们助威。在一些比赛中,比赛场地设置会尽量靠近岸边,灵巧的帆板有时还会安排岸边出发,岸边冲向终点,那时千帆竞发的场面将是比赛不容错过的看点。

3. 案例

帆船比赛场地通常离岸较远,因此观众很难在现场看到比赛细节,但悉尼奥运会是个例外,设在悉尼海湾的赛场离海岸非常近,人们可以在岸上或过往的渡轮上观看比赛。位于悉尼湾南部的布拉德利海角是观众最喜欢的地方,比赛期间每天都有拿着各国国旗的人到这里看比赛。一位美国选手说,每次经过布拉德利海角时,都能听到美国观众的呐喊,澳大利亚选手经过时,则能听到本土观众的喊声。帆船比赛很少能看到那么多观众。在渡轮上看比赛可能更清晰,当澳大利亚队夺得 470 级帆船女子团体赛冠军后,海港里的渡轮鸣笛庆贺,乘客齐声高喊"澳大利亚,澳大利亚!"

第七节　全能项目

一、现代五项

1. 项目简介

现代五项由现代奥林匹克运动奠基人顾拜旦倡导。项目设计模仿拿破仑时代信使穿越战场所经历的活动：先骑马穿越村庄，游过一条挡住去路的河，上岸后又使用剑和手枪与遭遇的敌人搏斗，最后跑过田野完成任务。1911 年国际奥委会瑞典委员巴尔克建议设立符合军队特点的比赛项目。1912 年将现代五项作为唯一的军事项目列入奥运会比赛，但仅限军队中的军官参加。1949 年国际奥委会取消这一限制。比赛分击剑、游泳、射击、越野跑和马术五个项目。

击剑：使用重剑，采用单循环赛，每场比赛在 3 分钟内结束，一剑定胜负，如在规定时间内未决出胜负，则判双方均负。游泳：均是 200 米自由泳。射击：使用 4.5 毫米口径气手枪，射程 10 米，20 发子弹，每 5 发为一组，以环数计算得分。越野跑：男、女距离分别为 4000 米和 2000 米。马术：在 600 米的规定路线上越过 15 道按顺序设置的障碍。

奥运会的现代五项比赛分个人和团体两类：个人赛是以单项得分的总和计算个人成绩，得分多者名次列前，男子于 1912 年，女子于 2000 年被列为奥运会比赛项目；团体赛以各队 4 名成绩最好的运动员计算团体总分，总分多者名次列前，男子于 1952 年被列为奥运会比赛项目。

2. 赛场礼仪

正像现代奥林匹克运动创始人顾拜旦所期望的那样，现代五项可以说是奥运会中最"男子汉"的运动，也是最艰苦的项目之一。运动员要连续完成五个单个项目，是对他们体能、技术以及意志的严峻考验。

从礼仪角度来看，现代五项比赛礼仪对运动员的要求与单项比赛的要求基本相同；对于观众而言，则必须了解这一项目的总体情况以及各个项目的基本要求，才能更好地欣赏比赛。

现代五项是由五个比赛项目组成，分别是射击、击剑、游泳、马术和越野跑。参赛运动员在每个项目中的不同成绩获得不同积分，前四项的积分多少决定最后项目即 3000 米越野跑比赛的起跑顺序,积分领先的运动员第一个起跑,积分排位其后的运动员依次起跑,运动员之间的积分差距决定了他们起跑时间的间隔。最后,率先到达终点的运动员就是整个比赛的冠军。

由于构成这一赛事的诸多项目性质的不同,比赛需要在不同的场地或场馆举行,因此观众要做好观看比赛的准备:可以准备一些简单的交通工具,便于在各个场馆之间往来,这样有助于更好地观赏比赛全程;如果对其中一些项目格外青睐,也可以选择一两样赛事重点观赏,这样可以避免自己在奔波中过于疲劳;由于有一些户外项目,观众要考虑天气因素,注意防雨、防晒等;由于现代五项是一个综合项目,所以对观众的要求很高。观众必须对五个单项的规则及观赛礼仪都有所了解才能更好地观看比赛。比如,在观看射击比赛时,在选手准备射击时,全场必须十分安静,否则会严重影响选手的发挥。观看马术比赛时,首先要了解马术比赛是一项传统的贵族运动,有很多礼仪。比如选手入场后要敬礼致意,此时观众也必须向选手致意,不然会显得很没有礼貌。在观看越野赛时,对运动员要热情地鼓劲加油,但是不要进入赛道,不要向运动员递水递食物,不要做出妨碍运动员比赛的不适当的举动等。

现代五项比赛需要消耗运动员很大的体力和精力,为了取得好的成绩,运动员都付出了很大的心血。无论比赛选手取得怎样的成绩,观赛的观众都应该给予他们掌声和鼓励。在现代五项的比赛中,比的是综合实力,很多运动员可能在自己比较擅长的项目中能取得好成绩,而在其他项目上落后,在这种时刻,不仅他们自己需要努力拼搏,观众更应该为他们加油鼓劲。

3. 案例

案例 1

观众拍手造成运动员被罚分

在 2004 年全国现代五项比赛的单项游泳比赛起跳之前,一名观众发出了拍手的声音。有三名运动员由于过分紧张,误将拍手声当做裁判的命令提前跳入了泳池。现代五项中的单项游泳规则与专业游泳比赛不同:运动员提前起跳之后,裁判并不会将其召回,比赛继续进行,但是犯规的运动员会被罚掉 40 分。结果,这名观众致使三名运动员均被罚掉 40 分。

案例 2

马受惊选手成绩为零

现代五项的马术障碍赛中所使用的马匹由比赛组织者提供,骑手出发前20分钟才能获得适应马匹的机会。由于选手们从未与配合过的马匹合作过,难免会碰上一些意想不到的情况。在 2002 年的西班牙世界杯中,一名埃及选手正骑着自己的马匹从热身场地进入比赛场地。突然,从通道里冲进一名观众,使得马匹受到惊吓,在进入比赛场地后满场飞奔长达 5 分钟。那位可怜的埃及选手只能在一旁束手无策。在现代五项比赛中,任何外来因素的影响都不在判分标准之内,比赛考验的是选手的整体掌控能力。结果,裁判认为这名选手没有掌控赛马的能力,给他打出了零分。

二、铁人三项

1. 项目简介

铁人三项起源于美国。1974 年 2 月 17 日,一群体育爱好者聚集在夏威夷的一家酒吧里争论当地举办渡海游泳赛、环岛自行车赛、檀香山马拉松赛哪个项目最有刺激性、挑战性、最能考验人的意志和体能。美国海军中校科林斯提出,谁能在一天内先在海里游 3.8 公里,然后骑自行车环岛骑行 180 公里,再跑完 42.195 公里的马拉松全程,中途不得停留,谁就是真正的铁人。科林斯的想法得到大家的支持。第二天,有 15 人参加比赛,其中还有 1 位女选手。结果有 14 人赛完全程。第一名的成绩是 11 小时 46 分。该次比赛后被追认为首届世界铁人三项锦标赛。最初仅在夏威夷和加利福尼亚流行,后逐渐在澳大利亚、新西兰、西班牙、法国、英国、日本、中国等国家广泛开展。铁人三项有不同距离的比赛:①夏威夷铁人三项锦标赛:游泳 3.8 公里,自行车 180 公里,马拉松 42.195 公里。②尼斯世界铁人三项锦标赛:游泳 3.04 公里,自行车 120 公里,长跑 29.44 公里。③世界铁人三项锦标赛:游泳 1.5 公里,自行车 40 公里,长跑 10 公里。这也是铁人三项比赛的标准距离,按游泳、自行车、长跑的顺序进行。2000 年悉尼奥运会首次将铁人三项列为奥运会比赛项目,由 1.5 公里游泳、40 公里自行车和 10 公里的长跑组成。

2. 赛场礼仪

铁人三项赛和别的运动项目相比,比赛场地比较开放,而且活动范围广泛,因此运动员和观众基本都是在室外比赛和观看的。铁人三项是一项考验运动员体力和意志的运动,运动员要以良好的作风完成以下比赛。

游泳:游泳是铁人三项赛中的第一项,运动员可以用自己喜欢的任何姿势游泳。游泳赛段必须戴游泳帽,允许使用泳镜和鼻夹,但不允许使用帮助游泳的器材,运动员在换项区域内不能阻止其他的运动员,或者侵犯他人的竞赛设备。

自行车:从水里上岸后,运动员要马上转入自行车的赛程,运动员的自行车必须存放在大会指定的区域里。在自行车赛段中,整个赛程必须骑自行车完成。但是如果车胎出了问题,运动员可以带车跑到换胎站换胎。

长跑:长跑赛段对每一个参加铁人三项比赛的运动员来说都是极其艰苦的。运动员在长跑赛段中必须穿鞋(自行车赛段中不是必需的)和运动服。

在铁人三项比赛期间,往往有成千上万人现场围观。对于观众来说,在观看比赛时最重要的自我要求就是不要和运动员发生接触。如在比赛中,观众绝对不可以给运动员递水,如果发生这种情况,运动员将被取消比赛资格,运动员需要水时可以到组委会准备的饮水点去取;在观看游泳项目时,观众不要到运动员比赛的海水中去游泳;在自行车比赛中,观众不要横穿赛道,等等。

由于所有比赛都在室外进行,观众一定要考虑天气变化,注意防晒、防雨。如果观众想要观看全程比赛,需要准备好交通工具,如自行车、摩托车或者汽车,但一定要确保交通工具不能进入赛道。在比赛中,运动员从游泳到自行车或者从自行车换到长跑的地方是换项区域,运动员在换项区域所用的时间往往至关重要,所以换项区域也是很好的看点。

3. 案例

东京奥运会铁人三项选手集体呕吐,冠军爬着领奖

北京时间 2021 年 7 月 26 日,东京奥运会的铁人三项男子游泳比赛在东京都港区的海滨公园展开。因为水质问题,开赛前,许多选手纷纷选择弃赛,而没有弃赛的选手在完赛上岸后,开始集体呕吐。

挪威选手布鲁蒙菲尔特最终获得了金牌,他在冲过终点线之后,痛苦地倒在了地上,并且开始呕吐不止。由于无法站立起来,不得不暂时依靠轮椅活动。后来,他设法恢复后,也只能勉强爬上领奖台领取奖牌,看起来非常痛苦。

第八节　冰雪项目

一、滑雪

1. 项目简介

滑雪起源于北欧,距今已有 5000 余年的历史。1733 年,挪威人阿马霍尔森出版了世界上第一部《滑雪指南》。1840 年,挪威人努尔海姆发明近似现代式样的滑雪板。1860 年,挪威举行首届全国滑雪比赛。1883 年,挪威滑雪联合会成立。1924 年,滑雪被列为首届冬奥会比赛项目。滑雪有越野滑雪、跳台滑雪、北欧两项滑雪、高山滑雪、自由式滑雪、单板滑雪和滑雪登山 7 个比赛项目。

越野滑雪起源于北欧,又称北欧滑雪,比赛路线分上坡、下坡、平地三部分,各占全程的三分之一。比赛项目有男子 10 公里、15 公里、30 公里、50 公里、4×10 公里接力,女子 5 公里、10 公里、15 公里、30 公里、4×5 公里接力。

跳台滑雪起源于挪威,又称跳雪,跳台由助滑坡、着陆坡、停止区组成。比赛有男子 90 米级、120 米级和团体 3 个项目。

高山滑雪起源于北欧的阿尔卑斯地区,又称阿尔卑斯滑雪。比赛时运动员手持滑雪杖,脚踏滑雪板从高坡快速回转、降下。不同项目起点与终点的垂直高度差有所不同,比赛项目有男女全能、速降、回转、大回转和超大回转。

自由式滑雪始于 20 世纪 60 年代,在高山滑雪基础上发展而成。比赛项目有男女空中技巧,男女雪上技巧 U 型场地技巧、障碍追逐与坡面障碍技巧,共 5 小项比赛。

滑板滑雪源于 20 世纪 60 年代中期的美国,其产生与冲浪运动有关。比赛项目有男女大回转和滑道技巧。

2. 赛场礼仪

滑雪是一项惊心动魄的体育运动,它既是人对自然的挑战,更是人与自然的和谐共处,在冰天雪地的银色世界里,运动员借助雪橇与滑板做着各种优美的动作,本身就是一种艺术。由于滑雪是运动员借助器械在雪地上高速滑行,具有某种程度的不可控制性。为了倡导安全行为以及有益于防止事故的发生,运动员与观众一定要遵守赛场规则和礼仪。

其一，运动员要为他人着想。运动员必须以这样的方式滑雪，即不要把滑雪道上的任何一个滑雪者置于危险或是损伤的境地。

其二，运动员要控制速度和动作。运动员必须使自己的速度和动作与自身的能力相称，也要与当时的天气条件、地形状况和雪质相适应。

其三，运动员要选择正确线路。运动员如果正从后面接近其他滑雪者，必须另外选择一条滑行线路，以免危及前面滑雪者的安全。

其四，运动员要适当地超越他人。运动员可能在山上侧或是山下侧，也可能在左侧或是右侧超过另外一个滑雪者，但是必须为他的滑行留下足够的空间，前面的滑雪者通常拥有使用滑雪道的优先权。

其五，观众观看滑雪比赛要充分享受比赛的全过程，为运动员出众的技巧、如风的速度，挑战自然的毅力和勇气喝彩。

其六，观众在看比赛时不要冲出围栏或者警戒线，不要往赛道上丢任何物品，以免发生危险或者影响运动员比赛。

其七，观众最好做好保暖，尤其是脚部的保暖。情况允许的话，最好要戴上墨色眼镜。

其八，观众要保护好环境，不要在洁白的雪地上留下垃圾等物品，废弃物一定要随身带走，不要给美丽的雪峰留下污迹。

3. 案例

观众不遵守礼仪致横祸

在1957年全国第一届滑雪比赛时，由于当时没有要求观众在栏杆外观赛，很多人都站在上坡转弯处和赛道以内，结果比赛时就有运动员由于速度过快冲入观赛人群。

20世纪60年代在美国普莱西顿湖进行的一次滑雪比赛中，观战的观众往赛道中扔吃完东西后剩下的包装袋，导致正在高速滑行的运动员为躲避这些飞来物，冲出赛道，撞到了护栏。

二、滑冰

1. 项目简介

滑冰起源于荷兰。11至12世纪，在荷兰、英国、瑞士以及斯堪的纳维亚一些国家就有脚绑兽骨，手持带尖木棍支撑冰面向前滑行的记载。1572年，苏格兰人发明全铁制冰刀。17世纪后，这种最初的冰上运输形式逐渐发展成为一种运动项目。从 19 世纪开始,滑冰运动迅速在西欧、北欧、北美等地区的国家兴起。滑冰运动于 1924 年被列为首届冬奥会比赛项目,分速度滑冰、短道速滑和花样滑冰。

速度滑冰:比赛在周长 400 米的跑道上进行,跑道由两条直线和两条 180 度的弧线连接而成,分内、外两道,道宽 5 米。内跑道的内圈半径为 25 米,外跑道的内圈半径为 30 米。比赛时每组 2 人,同时滑跑,每滑 1 圈交换 1 次内、外道。现比赛项目有男子 500 米、1000 米、1500 米、5000 米、10000 米,女子 500 米、1000 米、1500 米、3000 米、5000 米。

短道速滑:短道速滑是在室内冰球场进行的一项速度滑冰比赛,比赛场地面积为 30 米×60 米,跑道每圈长 111.12 米。比赛采用分组预、次、复、决赛的淘汰制,抽签决定道次。比赛出发时,多名运动员在一条起跑线上同时起跑,滑行过程可以随时超越对手。现比赛项目有男子 500 米、1000 米、5000 米接力,女子 500 米、1000 米、3000 米接力。

花样滑冰:花样滑冰的冰场长 56～61 米、宽 26～30 米,冰的厚度不少于 3～5 厘米。现有男、女单人滑、男女双人滑和冰上舞蹈 4 个比赛项目。

2. 赛场礼仪

滑冰是技巧性与艺术性高度结合的冰上运动项目,具有灵动与优雅之美。运动员和观众良好的礼仪规范不仅能增添这种美感,也是确保赛场温馨和秩序的重要条件。

在冰场上,速度滑冰运动员要做到行为得体,不能用身体任何部位阻挡或推撞他人。在超越他人时,必须保证被超越者表现出正常动作,不能发生阻碍或碰撞。在减速时,不要造成其他运动员减速或发生碰撞。运动员不得有意影响他人(如不正常地横穿跑道),也不得与其他运动员串通影响比赛的真实成绩。花样滑冰是唯一有音乐伴奏的冬季体育项目,运动员要用想象力、艺术表现力以及运动技术来展示冰上运动之美。在冰场上花样滑冰运动员要穿着得体,肢体动作舒展大方而不能低俗。

滑冰比赛是人们比较喜欢观看的体育项目,特别是花样滑冰比赛往往能吸引大量观众。观众在欣赏冰上之美的同时,也要积极配合运动员的表现,遵守以下观赛礼仪:

其一,最好提前入场。花样滑冰与很多其他体育比赛项目一样,要求观众在赛前或比赛间隙时入场。一般来说,如果时间允许,观众最好提前进入观众席。如果观众要在比赛中入场,则要等待场上的选手结束比赛后再入场。

其二,不要随便走动。在比赛进行的过程中,观众不要在观众席上随意走动,观众的走动可能会影响当时冰上选手的发挥。观众可以在冰场浇冰时或在选手比赛前做热身练习时起身活动。

其三,禁用闪光灯。在观看冰上比赛项目时,观众绝对不能使用闪光灯照相。冰上项目的场地一般都较小,运动员在比赛时,由于距离观众比较近,这时候观众如果打开闪光灯拍照,很容易闪到运动员的眼睛,从而影响运动员的发挥,严重的还会导致运动员动作失误,对比赛造成干扰和破坏。如在花样滑冰比赛中,运动员经常会做一些高难度的动作,比如双人滑中的抛接等动作,如果选手正在做这些难度动作的时候被看台上的闪光灯晃了眼,就很有可能发生危险。

其四,适时喝彩。观看短道速滑比赛,当裁判员召集运动员在起跑线上准备出发时,观众应保持安静,因为短道速滑的出发非常重要,运动员此时精神高度紧张,噪声会影响他们对发令枪的反应。在起跑线附近就座的观众除了不要出声外,还不要站起身来,以免影响裁判的视线和计时。观众要给予在比赛中发挥出色的运动员热烈的掌声。另外,在比赛过程中,运动员可能会摔倒,这时候观众表示关注是可以的,但千万不要鼓倒掌;如果摔倒的运动员迅速站起来继续比赛,观众则要给以掌声鼓励。在花样滑冰比赛中,选手的表现臻于完美,观众可以起立鼓掌欢呼,但喇叭、锣鼓之类的狂躁是不适宜出现在优雅的花滑赛场上的。

其五,慎投小礼物。在一位选手比赛结束后,喜爱他的观众向场内抛掷小礼物是花样滑冰比赛的惯例,也成了一种习俗。礼物中,毛绒玩具由于轻便、柔软不会损伤冰面,又童趣可爱而成为首选。无论是鲜花还是毛绒玩具都应经过严密的包装,否则散落在冰面上的花瓣和绒毛会给下面比赛的选手带来不可预见的危险。另外,观众要到场边近距离抛掷小礼物,或由工作人员转交选手,不要在观众席上远抛。但在比赛过程中,观众不要向冰面上扔任何东西。

3. 案例

张丹、张昊感动世界

2006年2月13日,在都灵冬奥会花样滑冰双人滑比赛中,中国年轻选手张丹、张昊在挑战奥运史上的最高难度——"抛四周跳"的时候出现了意外:由于张丹动作没有展开,落地时双膝重重地摔在了冰面并摔向了护栏。整个体育馆里顿时气氛凝重。张丹小心翼翼地尝试着恢复受伤的双膝继续前行,但是伤痛使她不得不停滞下来。随后,现场的音乐停止了,她和张昊缓慢滑向了教练席。当所有现场的人们都以为这对组合将就此退出比赛时,令人感动的一幕出现了:凭借着钢铁般的毅力,张丹、张昊再次出现在了赛场上,音乐《龙的传人》和雷鸣般的掌声同时响起。张丹、张昊的表演在震耳欲聋的掌声中结束,现场所有的观众都被这样不同寻常的勇气和

张丹受伤后仍然坚持比赛,最终与张昊摘得了一枚珍贵的银牌

精神所打动,全场观众起立向他们致敬。最后张丹、张昊以 189.74 分为中国队拼得一枚宝贵的双人滑银牌,取得了中国在奥运会花样滑冰历史上的最好成绩。

三、冰球

1. 项目简介

19 世纪中叶,加拿大安大略省的金斯顿地区流行脚穿冰鞋,手持曲棍,在冰面上追、运、击打圆球的游戏,后来发展成冰球运动,冰球又称冰上曲棍球。

1855 年 12 月 25 日在金斯顿举行首次冰球比赛,1860 年加拿大开始使用橡胶制成的盘形冰球,1875 年 3 月 3 日在加拿大蒙特利尔的维多利亚冰场举办第一次正式冰球赛,1879 年加拿大麦克吉尔大学的罗伯逊和史密斯共同制定了比赛规则,规定每队比赛人数为 9 人。1890 年加拿大成立安大略冰球协会,这是世界上第一个冰球协会组织。

1902 年欧洲第一个冰球俱乐部在瑞士的莱萨旺成立。1910 年举行第 1 届欧洲冰球锦标赛。1912 年加拿大国家冰球协会首创六人制打法,并被国际冰联沿用至今。

女子冰球始于 19 世纪 60 年代。1892 年在安大略的多伦多举行首次女子冰球赛。1916 年在美国举行加拿大和美国参加的首次国际女子冰球赛。1990 年起举行世界女子冰球锦标赛。男子冰球于 1920 年被列为奥运会比赛项目,后将该届奥运会冰球赛追认为首届世界冰球锦标赛。女子冰球于 1998 年被列为冬奥会比赛项目。

冰球场长 61 米,宽 30 米,四周有高 1.15～1.22 米的界墙。球门高 1.22 米,宽 1.83 米。分两队比赛,每队可报 20 名运动员,比赛时上场 6 名。全场比赛为 60 分钟,分三局进行,中间休息 15 分钟,以进球数多者为胜。

2. 赛场礼仪

冰球运动是一项激动人心的运动项目。运动员在攻防战术转换上要求推进速度快,回防积极、迅速。由于运动员在争夺、推进、防守、冲刺的整体运动过程中允许合理的身体碰撞,使得这一比赛项目的现场气氛相当激烈。碰撞是冰球运动的一个突出点,也是对运动员力量、耐力、速度、技巧、果断和勇敢等素质的考验。不过在频繁的身体碰撞中,运动员不能举杆过肩和用冰球杆戳打他人。

在比赛中,冰球选手穿着厚实而笨重,除了一次又一次的激烈碰撞外,在冰场上"打架"的事件也经常发生,而且"打架"是冰球的一部分,观众也喜欢看。选手们"打架"时必须放下手中的器具,赤手格斗。一般裁判员不会立刻制止选手们的"打架",而是把球杆、帽子、手套踢开,给队员创造良好的"打架"环境。

观看冰球比赛,一定要掌握一个原则:透过现象看本质。选手们在赛场上冲撞或"打架"固然激烈精彩,但观众欣赏的应该是队员们风一样的速度以及突破障碍的智慧和勇气。

冰球是一项充满激情的运动,观众在观赛时并没有太多禁忌。但还是有些小细节需要注意。比如拍照绝不能用闪光灯,尤其在冰球场地上,闪光灯更容易晃到运动员的眼睛。还有就是,冰球比赛中打架频繁,观众在运动员打架时不要喝倒彩,不要煽动队员情绪,不然会使场上的局面更难以控制。另外,冰球击中观众的事情偶有发生,所以观赛时还要注意安全。

3. 案例

案例 1

裁判计时失误,选手猛砸裁判桌

2004 年 11 月,在首都体育馆没有正规观众席的冰球赛场内,因为裁判在最后时刻的计时失误,使中国女子冰球队在 2006 年冬奥会女子冰球资格赛 C 组最后一轮比赛中以 2∶3 负于瑞士队,痛失冬奥会参赛资格。

在这场比赛之前,中国队和瑞士队均为两战两胜积 4 分,但中国队比瑞士队多 7 个净胜球,因此本场比赛只需打平即可出线。比赛的前两节进行得波澜不惊,第三节里双方各进 2 球,战成 2∶2 平。最后 30 秒,瑞士队孤注一掷,换下门将全力进攻。比赛进行到 19 分 56 秒,只剩下最后 4 秒时,场上出现争议球,但计时裁判并没有停表,经过一段时间商议,裁判竟将时间倒拨回去 10 秒。结果瑞士队在比赛只剩 5 秒钟的时候远射破门,将比分定格为 3∶2。

当终场的锣声响起时,中国女冰姑娘们有的开始掩面哭泣,有的冲着裁判席大喊:"是谁计的时? 你们怎么计的? 我这辈子都进不了奥运了!"两名运动员抄起球棍跑进场内向裁判席的桌椅一阵猛砸,反反复复地责问:"告诉我,是谁计的时?"最后是中国队的加拿大籍主教练保罗及时冲过来才拉住这两名弟子。就这样,瑞士队在几乎不可能的情况下,从中国队手里抢走了进军都灵冬奥会的资格。

案例 2

日韩冰球队赛场群殴

在第 6 届亚冬会男子冰球复赛进入决赛轮首轮比赛中,日本韩国的斗殴事件备受关注,作为亚洲冰球里的强强对战,比赛的精彩被两队在终场前的大规模混战所掩盖。

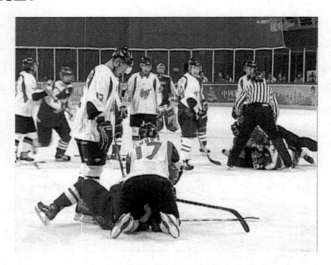

2007 年亚冬会冰球赛场日韩队大打出手

日本队(A 组)与韩国队(D 组)在小组阶段均占据各自小组头名位置,不过身为上届冠军的日本队实力要比韩国队更高一筹。第一局比赛,两队势均力敌,只是日本队在第 14 分钟由饭村喜则把握机会打破僵局。第二局两队互有攻守,但都未能攻破对手城池,比分依然是日本队 1：0 领先。第三局,日本队尽管有球员犯规被判出场 2 分钟,但日本队依靠强大实力再次破门。临终场前田中豪门前乱战中抽射锁定胜局。最终日本队以 3：0 击败韩国,在卫冕路上迈出坚实一步。

不过就在比赛离结束还不到 1 分钟时,日本队的今洋祐因球衣被对手撕破,而直接将韩国队的金延焕推倒,随后两队在场上发生群殴。包括饭村喜则和金基成在内的多对选手都在场内厮打,裁判员在劝阻时还造成手部受伤,最后时刻日本选手居然坐在韩国选手身上用拳猛击对手而无人劝阻。最终,日本队有 5 名球员、韩国队有 4 名球员被罚出场。经过长达 6 分钟的停摆,最后比赛重新开始补完最后 30 秒后这场强强对战就草草收场。

案例 3

冰球击碎观众鼻子

2002 年 2 月,当时 37 岁的纽约妇女托克尔伊首次进入职业冰球赛场观看比赛。她的座位在球门后面的第七排。然而,不幸的事情还是发生了,冰球击打在她的脸上,将她的鼻骨打碎成三块,而且眼睛下面的骨头也受到了损伤。托克尔伊没有马上起诉。但是她的受伤之处屡屡出现问题,才决定使用法律手段。纽约的一位法官裁定,托克尔伊可以向体育场寻求赔偿。不过,在冰球比赛中,观众受伤事件屡见不鲜。而且,受伤的观众告状总是难以获胜,因为门票的背面有球场不承担责任的声明。所以观众在观赛的时候一定要注意安全。

第九节 其他项目

一、自行车

1. 项目简介

自行车起源于欧洲,1790 年法国的西夫拉克伯爵将两个轮子装在木马上,人骑在上面用脚蹬地前行,称木马轮。1816 年德国的冯德赖斯男爵发明有车把可控制方向的木轮车,1818 年获英国专利。1839 年苏格兰铁匠麦克米兰制成由曲柄连杆结构驱动后轮的铁制自行车。1861 年法国的米肖父子发明前轮大、后轮小,前轮上装有曲柄和能转动踏板的自行车,并于 1867 年在巴黎博览会上展出。1874 年英国的劳森在自行车上采用了链条传动结构。1886 年英国的斯塔利使用了滚珠轴承和车闸,并将前后轮改为大小相同。1888 年英国的邓洛普成功使用了充气橡胶轮胎,自行车至此基本完善。1868 年 5 月 31 日法国的圣克劳德公园举行了自行车比赛,这是有记载的最早的自行车比赛。1893 年举行首届世界业余自行车锦标赛。1895 年举行首届世界职业自行车锦标赛。奥运会自行车比赛分场地赛、公路赛和越野赛三大类。

(1)场地赛

比赛在赛车场进行,赛车场为椭圆盆形,跑道用硬木、水泥或沥青筑造,跑道周长分 400 米、250 米和 333.33 米,其中 333.33 米为国际标准场地。跑道宽 5～9 米,弯道坡度 25～45 度。所用自行车应为死飞轮,不得安装变速装置和车闸。奥运会比赛项目有追逐赛、计时赛、计分赛、争先赛。

追逐赛分个人和团体项目。个人追逐赛出发时,两名运动员分别位于跑道正中的起、终点线上,枪响同时出发,互相追逐。在规定的距离内,如后面的运动员追上前面的运动员或与之并排,被追上或并排者淘汰,未被追上,则以到达终点的时间决定胜负。获胜者参加下一轮比赛。团体追逐赛每队 4 名运动员参加,比赛时,运动员之间保持 1 米左右的距离,呈梯形队站立,枪响同时出发。如一队的第三名运动员追上另一队的第三名运动员或与之并排,被追上或并列的队淘汰。如未追上,则以各队第三名运动员到达终点的成绩判定名次。每队必须有 3 名运动员到达终点方可计算成绩。现奥运会比赛项目有男子 4000 米个人追逐赛(1964 年列入)、4000 米团体追逐赛(1920 年列入),女子 3000 米个人追逐赛(1992 年列入)。

计时赛于 1889 年由彼德莱设计,以运动员到达终点的时间排列名次。比赛时运动员在同一起点单个原地出发,抽签决定出发顺序。出发犯规延后 5 人重新出发,再次犯规取消比赛资格。以每名运动员到达终点的成绩判定名次,优者列前。如成绩相等,则名次并列。奥运会仅设男子 1000 米计时赛,1928 年被列为比赛项目。

计分赛又称积分赛,比赛前先抽签排列顺序,指定一名领骑者。比赛时由领骑者领骑一圈,到达起点线时,发令员鸣枪,比赛正式开始。每 5 圈录取前四名计分,第一名得 5 分,第二名得 3 分,第三名得 2 分,第四名得 1 分。半程和终点计分加倍。以运动员比赛中的总得分排列名次。奥运会仅设男、女 50

公里个人计分赛,分别于 1984 年和 1996 年被列为比赛项目。

争先赛又称速度赛。一般排定 2～4 名运动员同时原地出发,计最后 200 米的时间,首先通过终点者为胜。男、女 1000 米争先赛分别于 1920 年和 1992 年被列为奥运会比赛项目。

（2）公路赛

比赛在有各种地形变化的公路上举行。奥运会设有公路个人赛和公路团体赛。

公路个人赛选择环行或往返路线,路面要有起伏和斜坡,起、终点应尽可能设在同一地点。赛程男子 170～200 公里,女子 60～84 公里。比赛时所有运动员位于起点线集体出发,以运动员到达终点的顺序排列名次。男、女个人赛分别于 1896 年和 1984 年被列为奥运会比赛项目。

公路团体赛选择比较平坦的路面,途中应设转折点,起、终点应在同一地点。每队 4 人,在起点线成横排出发。队与队之间的出发间隔为 2～3 分钟。每队必须有 3 名运动员到达终点,并以第三名运动员到达终点的成绩判定名次。如成绩相等,则以该队第一名到达终点的成绩判定名次。奥运会仅设男子团体赛,1912 年被列为比赛项目。

（3）越野赛

20 世纪 50 年代,一些自行车运动员厌倦了在现代化公路上枯燥的训练和比赛,他们到丘陵地带寻找新的环境、新的挑战,于是一种全新的运动方式产生了。自行车越野应骑山地车。据传,美国加利福尼亚大学学生斯科特（James Finley Scott）是第一位将普通自行车改装成山地车式样的人。以后越野运动逐渐在欧洲流行,并形成赛事。1990 年国际自行车联盟承认了这项运动,1991 年首次举行世界杯赛。越野赛应选择崎岖不平、有天然障碍的路面,必要时设置人工障碍。赛程男子 40～50 公里,女子 30～40 公里。比赛时各队从左至右排成一路纵队集体出发,以到达终点的时间判定名次。男、女个人越野赛均于 1996 年被列为奥运会比赛项目。

2. 赛场礼仪

自行车比赛是运动会赛场上异彩纷呈的一项赛事,从比赛场地到比赛形式乃至判定比赛胜负的方式都各不相同。如场地追逐赛是参赛运动员之间的直接角逐,场地计时赛则是运动员与时间的赛跑,而自行车山地赛是运动员与对手、与自然环境的竞争;比赛过程中,既有依靠战术取胜的争先赛和计分赛,也有完全依靠个人力量和体力的公路赛,等等。作为运动员来说,必须戴头盔文明参赛,比赛中不能有非道德行为,如故意用手触及、追、推其他队员(如果车手感觉因推挤或阻挡而处于不利位置,必须以书面形式向组织者提交抗议);短距离尾随机动车辆或乘坐机动车辆;终点冲刺曲线骑行和阻止他人骑行;在饮食区外取食品等。对于观众来说,由于自行车比赛形式较多,观众可以根据自己的喜欢程度来选择观看,在观看时要注意礼仪:

其一,观众在观看自行车场地赛时,要尽量提前到场并落座,不要打任何标语、横幅等以防止影响运动员。在比赛开始的时候要保持安静,以便能使运动员听到裁判的提示,在比赛的进程中,观众可以为运动员加油助威。

其二,观看公路赛时,观众绝对不要冲进赛道。因为在自行车比赛场地上不仅有快速行驶的自行车,还有各种宣传广告车、警车、裁判车等诸多机动车,观众突然冲进赛道,不仅给自身带来了危险,还会阻挡运动员去路,影响运动员的比赛成绩。观众在观看自行车比赛时一定要听从相关人员的指挥,不要随意冲入场内,带儿童观赛的父母要注意看管好自己的小孩。

其三,观看山地赛时,观众不要给选手帮倒忙。在选手爬坡或是自行车出现故障时,是不需要观众帮助的。因为山地赛考验的是选手与自然作战的能力,任何外力的帮助都会使选手被取消比赛资格。

3. 案例

在 2002 年的环法自行车赛第十赛段上发生了一起悲剧。一名 7 岁的男孩儿麦尔文在比赛开始后 26 公里处,挣脱了祖父母的看护,穿过公路,被一辆快速驶来的宣传广告车撞倒,尽管救护车以最快速度赶来救护,但这名男孩儿还是在半小时后不治身亡。

二、马术

1. 项目简介

马术比赛需要骑师和马匹配合默契,考验马匹技巧、速度、耐力和跨越障碍的能力。马术起源于原始人类的生产劳动过程。公元前 680 年古代奥运会设有马车比赛。中国的马术也具有悠久的历史,兴于周代,盛于唐代。现代马术运动始于欧洲。1734 年美国弗吉尼亚成立查尔列斯顿马术俱乐部,这是世界最早的马术俱乐部。1900 年第二届奥运会上,马术被列为比赛项目,内容包括障碍赛、跳高和跳远比赛。1912 年第 5 届奥运会才开始把 3 日赛、障碍赛、花样骑术赛 3 项列为比赛项目。1953 年首次举办世界场地障碍马术锦标赛。1966 年起举办花样骑术锦标赛。

花样骑术:花样骑术又称盛装舞步骑术赛。被形容为马的芭蕾表演。比赛时,马和骑手要在长 60 米、宽 20 米的场地内在规定的时间内完成行进、疾走和慢跑等规定动作和自选动作以展现马匹和骑师的协调性、马匹的灵活性以及马匹对骑师的驯服程度。最终以骑手完成动作的姿势、风度、难度等技巧和艺术水平评分,得分高者名次列前。

障碍赛:障碍赛是在各种条件下,测验人、马结合通过一条设有障碍物的路线的能力的比赛。意在评定马匹跳跃时的力量、技能和顺从,马的轻松自如,以

马术

及骑手的骑术水平。场地至少 2500 平方米,设置十多个高 1.40~1.70 米的障碍。运动员骑马必须按规定的路线、顺序跳越全部障碍。超过规定时间、马匹拒跳以及运动员从马上跌落等都要罚分。罚分是负分,最好成绩为零分,罚分少者名次列前。奥运会有个人(1900 年列入)和团体(1912 年列入)两个项目。

三日赛:三日赛又称综合全能马术赛。骑手在 3 日内连续参加 3 项比赛,第一天花样骑术,第二天越野赛,第三天障碍赛。以 3 项总分评定名次。分个人和团体两个项目,1912 年被列为奥运会比赛项目。

2. 赛场礼仪

马术是一项很绅士的运动。马术的赛场环境要求宁静优雅,骑手的骑术要潇洒高贵,在整个骑乘过程中,骑手与马要完全融为一体,以展现马术的协调与奔放之美。马术运动很强调精神和礼仪,具体体现在以下诸多方面:

其一,在所有的马术项目比赛中,骑手都必须盛装。比赛时,骑手都必须穿燕尾服、戴高帽子,在障碍赛时,要戴安全帽。男选手必须是白马裤而女选手是白或浅黄褐色的马裤,同时着黑靴子。身为军人和警察的运动员可以穿自己的制服。要求使用英式的马鞍,马必须有双重的缰绳。马嚼子的直径不能大于 8 厘米。马刺必须是金属的,但是马刺的臂部必须平滑。马的鬃毛可以梳理成辫子,但不允许其他的装饰。

其二,在骑乘时,骑手要精神抖擞,腰部和髋部要保持平衡,上体自然放松且直立。双手放低接近,但相互不接触也不触及马。大腿和小腿连贯且向下

伸直。拇指向上，而手臂和关节靠近身体。骑手只能用施压和接触的方法控制马，而不能吆喝和喊叫。马的表现应该是高兴和警觉，耳朵向上直立或略向后，头部稳定，尾部轻摆。

其三，裁判的哨声响后，运动员要从标有 A 的地方骑马进入场地中心，在 X 处行礼致意。

其四，关爱和尊重参赛选手和马匹。几乎所有的竞技项目都要求选手在比赛中坚持到底，轻易放弃比赛某种程度上被视作体育精神的缺失。然而马术运动却鼓励骑手"放弃"，"放弃比赛"是对骑手和马匹的一种保护。因为马术比赛总是伴随着巨大的危险，即使是在马术运动水平很高的欧美国家，也经常会发生马术事故。2003 年西恩·克里里在比赛中受伤死亡，成为英国和爱尔兰地区第一个死于赛场的马术师。2005 年 7 月，英国著名马术师汤姆·哈里迪在一场障碍赛中，他的赛马在跨越第三个障碍时跌倒，哈里迪因为身上多处受伤而死亡。2006 年的多哈亚运会中，韩国 47 岁的马术运动员金亨七在马术三日赛中发生意外，他的头部受到马匹强烈撞击，不幸身亡。所以出于安全考虑，在马术运动中，"尊重骑手，爱护马匹"较比赛的结果更为重要。

其五，决定马术比赛成功的关键性因素，就是马必须愿意听从骑手的指挥。要实现人马合一的境界，一方面要求选手要有高超的技艺，另一方面还需要观众的大力配合。因为，马匹是有灵性的活物儿，不是完全可控的机械，当马匹受到惊吓时就有可能变成脱缰野马。为了保持马术赛场上良好的环境，就要求观看比赛的观众不要离开观众座位而骑在围栏上观看比赛，不要走到运动员出场的地方用手触摸马匹，不要向场地内抛掷杂物。在观看比赛时，观众必须保持安静，配合比赛中的选手和马匹，不能高声喧哗，更不能摇摆任何旗帜和饰品。虽然比赛中的马匹长期和人相处，也都经过特殊的训练，但是过激的行为很容易影响到马匹的状态，甚至导致马匹的惊恐。

其六，在马术赛场，观众绝对不要对失败者吝啬掌声。无论马匹撞杆，还是拒跳，甚至摔倒了，在比赛停止以后，观众都要给骑手和马匹报以掌声以示尊敬和鼓励。

3. 案例

东京奥运会赛马障碍赛，马匹遇到了"真障碍"

东京奥运会赛场出现事端。据报道，个人马术障碍赛赛场，参赛马匹遇到了真正的"障碍"。马术选手们纷纷抱怨，由于场地中有一个真人大小的相扑运动员雕塑，让很多马匹都受了惊。

据称,这个雕塑被放置在第 10 个障碍物的左侧,并且摆出了极具震慑性的攻击姿态。

"雕塑非常逼真,"以色列骑手泰迪·弗洛克称,"它看起来的确像个真人,有点吓人。而且看上去准备进攻,这也是赛马不愿意看到的。"英国骑手哈里·查尔斯称,"比赛中转个弯,就会看到一个裸露的臀部,这本身就够吓人的。"

很多媒体以及日本人自己都在批判在马术赛场设置这样的布景是否有点"用力过猛"。

三、击剑

1. 项目简介

剑本是古代普遍使用的一种兵器,其形制在各国各地区都有所不同,并随着历史的发展不断变化。击剑运动所使用的剑源于欧洲,分花剑、重剑、佩剑 3 种。对击剑比赛最早的描绘见于埃及卢克索附近马迪纳特·哈布神庙内的一件浮雕,该神庙为公元前 1190 年前后埃及法老拉美西斯三世所建。欧洲中世纪时,剑是贵族、骑士随身必备的武器,剑也从笨重变得轻灵。为了提高剑术,欧洲各国还出现许多传授击剑术的行会和学校。

到 19 世纪后期,击剑成为一项竞技性体育运动,1882 年法国成立世界上第一个击剑协会,1893 年美国业余击剑协会成立。1896 年首届奥运会就有击剑项目,并且是唯一允许职业选手参赛的项目。比赛在一个约 2 米宽、14 米长,两端各有 2 米延伸带的击剑垫上进行,垫上画有中线、开始线、警戒线和端线,剑手只能前进或后退,不能向左右移动。剑手须穿戴覆盖有效部位的金属背心和面罩,当有效部位被刺中时,电动裁判器会自动显示红灯或绿灯,刺中无效部位则亮白灯。

花剑：又称轻剑。17世纪为配合当时的服装，在法国宫廷出现一种短而轻的剑，即是花剑的前身。剑条用弹性钢材制作，全长不超过110厘米，重至多500克。剑身与剑柄间有直径12厘米的圆形护手盘。只准刺，不得劈打。有效部位为躯干。奥运会有男子个人、团体，女子个人、团体四个比赛项目。

12月9日，中国选手谭雪（左）和队友赵媛媛在多哈亚运会女子个人佩剑决赛中。

重剑：出现于19世纪中叶，起初主要用于格斗。剑条为钢制，三菱形，全长不超过110厘米，重至多170克。剑身与剑柄间有直径13厘米的圆形护手盘。只准刺，不得劈打。有效部位为全身，手臂、腿、脚是主要攻击目标。奥运会有男子个人、团体，女子个人、团体四个比赛项目。

佩剑：系意大利人拉达那利于19世纪末从匈牙利骑兵使用的一种弯曲佩剑发展而来。剑条为钢制，有刃与背，全长不超过105厘米，重至多500克。剑身与剑柄间有月牙形护手盘。可以劈刺。有效部位为腰带以上的上肢、头部、颈部和躯干。奥运会有个人、团体两个比赛项目。

2. 赛场礼仪

击剑是一项古老的绅士运动，有很多礼仪一直沿用下来。在现代击剑赛场上，运动员和观众更要求具有绅士风度。

（1）运动员礼仪

其一，比赛前，运动员穿好击剑服，准备比赛。严禁运动员在剑道之上，赤裸上身进行决斗，也不能用剑劈、刺、击打尚未穿戴好击剑服和击剑护面的任何人员。严禁用剑尖、剑刃威胁尚未穿戴好击剑服和击剑护面的任何人员。严禁着装不齐者在剑道上交锋。

其二，比赛开始时，击剑手左手持护面，右手持剑（左手持剑者，右手持护面），剑尖向下，丁字步于剑道中线2米后站好，与对手同时举剑于眉间向对方、裁判和观众敬礼致意。礼毕后，戴好护面。听到裁判的准备口令后，做出实战姿势，准备比赛。在每一回合的开始和结束，选手必须向对手、裁判以及

雅典男子重剑银牌获得者王磊在领奖台上和冠军互致祝贺

观众敬礼。动作过程是,持剑臂手心向上伸平,剑尖指向裁判员(对手、观众),然后屈肘垂直举剑表示致敬。

其三,比赛过程中,严禁说话,喊叫。如需向裁判或对手解释,必须举手向裁判和对手示意,除去护面后,再陈述。

其四,比赛结束时,在裁判员裁决期间,应原地静止不动,用剑向裁判行礼,裁判员宣布比赛结束后,必须先用非持剑手除去护面,把护面夹于持剑手臂的腋下,用非持剑手与对手握手致意,并向观众行礼。

(2)观众礼仪

击剑运动员在赛场上英姿勃发、斗志昂扬,身影潇洒敏捷,动作灵活犀利,具有非常强的观赏性。为了能使运动员们集中注意力发挥出最好的状态和最高的水平,避免无谓身体伤害,观众在击剑赛场欣赏优雅激烈的击剑比赛时,尤其需要注意观赏礼仪。

其一,在主裁判宣布比赛"开始"时,赛场就必须安静下来,观众不要走动和说话,否则,主裁判有权暂停比赛,环视赛场以强调赛场秩序。

其二,运动员比赛时,观众要保持安静。在击剑比赛过程中,运动员总会根据对方的特点选择出剑、进攻的方式,这时观众不应发出助威声,以便运动员能够更好地思考和出招。

其三,当运动员有出色的表现,做出了精彩的技击或躲闪时,观众要在主裁判喊"停"后再喝彩欢呼。无论裁判器是否亮灯,只有主裁判喊"停",这一轮交锋才告结束。

3. 案例

遭遇泼皮剑客和黑哨，中国绅士赢得更多掌声

在雅典奥运会的男子花剑决赛中，意大利的"泼皮"剑客与裁判的"黑哨"使中国队没有登上冠军奖台，中国队虽然输了比赛但没有输掉人气和尊严，领奖时他们获得了全场最热烈的掌声。

在第一局董兆致与瓦尼的较量中，董兆致的剑尖碰到了瓦尼的皮肤，白灯亮，但裁判示意比赛暂停。当打到 7∶9 时，看到形势不对的瓦尼突然摔出剑道，磨蹭了足足几分钟，才回到场上，对其故意拖延比赛的做法，裁判只亮了黄牌，而获得喘息之机的瓦尼稳住了阵势，一剑得手，以 10∶7 领先换人。第二局开始，匈牙利裁判判罚怪异，只要是两灯同亮，甚至明显中国的绿灯先亮，他都示意意大利队员得分，在他的操纵下，中国队这一局仅拿了 11 分。第三局，意大利队员的"假摔"造成他们 42∶34 的胜券局面，不想被董兆致连刺 8 剑追到 42 平，意大利队员桑佐一看情形不利便坐在地上，最后董兆致被这样的花招骗过，关键时刻被对手连刺三剑，失去了金牌。

中国队以绅士风度容忍了这场不公平的比赛，但观众却十分恼火。中国香港击剑队主教练王锐在看到关键处时，大声用法文对裁判喊"不对"。一位外国观众也连连摇头："真是不公平。"就连意大利的剑迷也不好意思地冲记者笑笑："对不起!"，一向很向着意大利队的希腊观众，也集体用嘘声表达对裁判和意大利队的不满。在颁奖时，观众把更多的掌声献给了亚军中国队。

四、射击

1. 项目简介

射击起源于军事和狩猎活动。15 世纪瑞士举办过火绳枪射击比赛。19 世纪发明从后膛装填子弹的步枪。1897 年举行了第 1 届世界射击锦标赛。射击比赛分手枪、步枪、移动靶和飞碟四种类型，因使用的枪支和射击方法不同而又分为若干小项。男子射击于 1896 年被列为首届奥运会比赛项目。1972 年起允许女子参加奥运会射击赛，但不设女子项目，与男子同场竞技。从 1984 年奥运会起设部分女子项目。从 1996 年奥运会起，男、女射击比赛完全分开。

（1）手枪射击比赛

男子手枪慢射：用小口径自选手枪对距离 50 米的靶射击 60 发子弹，包括

试射在内的总时限为 2 小时。

男子手枪速射：用小口径速射手枪对距离 25 米的靶射击 60 发子弹，每组 5 发，按 8 秒、6 秒、4 秒的射击时间顺序先各射两组，共 30 发子弹，然后再按相同方法进行第二轮 30 发子弹的射击，在规定时间内射完。两组成绩相加之和为总成绩，以总成绩评定名次。

男子气手枪：用 4.5 毫米口径气手枪对距离 10 米的靶射击 60 发子弹，分 6 组，每组 10 发，包括试射在内的总时限为 2 小时 45 秒。

女子运动手枪：用小口径自选手枪对距离 25 米的靶射击 30 发子弹，每组 5 发，共 6 组，每组时限 6 分钟。慢射结束后，用小口径速射手枪对距离 25 米的靶射击 30 发子弹，每组 5 发，共 6 组。慢射、速射成绩之和为总成绩，以总成绩评定名次。

女子气手枪：用 4.5 毫米口径气手枪对距离 10 米的靶射击 40 发子弹，每组 10 发，共 4 组，包括试射在内的总时限为 1 小时 15 分。

（2）步枪射击比赛

男子小口径步枪 3×40 米：使用小口径步枪按卧、立、跪 3 种姿势的顺序向距离 50 米的靶各射 40 发子弹，包括试射在内的总时限为 3 小时 45 分。

男子小口径步枪 60 发卧射：用卧姿向距离 50 米的靶射 60 发子弹，包括试射在内的总时限为 1 小时 30 分。

男子气步枪 60 发立射：用立姿向距离 10 米的靶射 60 发子弹，包括试射在内的总时限为 1 小时 45 分。

女子标准步枪 3×20 米：用小口径标准运动步枪按卧、立、跪 3 种姿势的顺序向距离 50 米的靶各射 20 发子弹，包括试射在内的总时限为 2 小时 15 分。

女子气步枪 40 发立射：用立姿向距离 10 米的靶射 40 发子弹，包括试射在内的总时限为 1 小时 15 分。

（3）移动靶射击比赛

以小口径步枪立姿向距离 10 米的移动靶射击。移动靶多为跑动的猪靶，故又称跑猪靶。早期移动靶安装在滑车上，靠人工带动后的惯性前移，现多为电子操纵。

（4）飞碟射击比赛

双向飞碟：靶场为扇形，有 8 个射击位置，两端各设一个高、低抛靶房，房内各设一台抛靶机。比赛时，抛靶机向固定方向抛出角度、高度均不同的碟靶，一次抛一靶或双靶。6 名运动员为一组，每位运动员从 1 号射击位置开始,射完规定靶数后进入下一位置,8 个位置共射 25 个靶为一轮。全部比赛男子射 125 个靶,第一天射 75 靶,第二天射 50 靶;女子 75 靶,一天内赛完。

多向飞碟:靶场为长方形,设有 15 台抛靶机,每 3 台为一组。抛靶机抛出距离、高度和方向均不相同的碟靶,一次抛一靶。比赛时,6 名运动员为一组,轮流进入 5 个射击位置,每人各射 25 靶为一轮。每个碟靶可射 2 发子弹,第一发未射中,可再射第二发。全部比赛男子共射 125 个碟靶,第一天射 75 靶,第二天射 50 靶;女子共射 75 靶,一天内赛完。

双多向飞碟:靶场同多向飞碟,但只用中间的 7、8、9 号抛靶机,抛出距离、高度和方向均不相同的碟靶,一次抛双靶。比赛时,6 名运动员为一组,轮流进入 5 个射击位置,男子各射 25 个双靶,女子各射 20 个双靶为一轮。全部比赛男子共射 150 靶,女子共射 120 靶,均在一天内赛完。

2. 赛场礼仪

射击比赛是一项非常精彩的赛事,虽然没有激烈的对抗性,但是那种环环相扣的紧张刺激还是很吸引观众。射击比赛最容易受外界干扰,结果充满着变数,运动员只有排除一切干扰、心平气和地参加比赛,才有可能取得好成绩。而作为观众,在观看比赛时要与运动员形成一个有机的整体,自觉地遵守射击赛场礼仪,为运动员创造良好的比赛环境。

其一,手枪和步枪的比赛是在室内进行,并且这一赛事对比赛的环境要求很高,观众在比赛开始前应该坐到自己的位置上。观看比赛的时候一定要安静,绝对不能打手机,不要大喊大叫,也不要来回走动。观众尽量别拍照,即使拍照也一定不能使用闪光灯。当运动员打出好成绩的时候,要做到适度鼓掌,加油和欢呼应该在比赛完全结束以后再进行。

其二,为了保持射击场的安静,观众不要带年龄太小的孩子去赛场。

其三,飞碟比赛是在室外进行,由于这项赛事的性质,观众应提前就座并禁止来回走动、晃动宣传条幅等有动作的活动。

五、射箭

1. 项目简介

射箭是一项古老的技艺,距今约有 28700 年的历史。在原始群居时代我们的祖先为了生存,为了防御野兽的侵害,发明了弓箭作为狩猎和防御野兽的工具。古人将粗树枝用绳绷弯,做成弓,将细木棍做成箭,用以狩猎和自卫。到石器时代,箭被加上石镞、古镞。到后来又出现铜镞、铁镞。

公元前约 21 世纪,夏朝建立后,在黄帝与蚩尤的大战中,弓箭成为一种战斗武器。有关射箭的传说很多,如传说唐尧时代,天上十日齐出,晒焦了庄稼,后羿用箭射落九日,又射河伯之目,风伯之膝以及其他危害百姓的怪妖恶兽等,挽救了百姓。

据《太平御览》三百四十七卷记载,夏朝已经有了教授射箭的专职教员,同时还有了习射机构——"序"。夏之大学称"序"。《孟子》云:"序者,射也"。说明当时学校习射是教育的主要内容之一。

公元前 11 世纪,在伐纣和平定武庚叛乱的战争中,弓箭起到了重要的作用。统治者深知掌握武力的重要,制定了射礼、弓制、矢制等。礼仪规定,男子必习射,当时男子不会射箭是一种耻辱。中国古代教育着重"六艺"。即礼、乐、射、御、书、数。

射箭在世界其他国家也极为盛行。据历史记载,欧洲射箭首次比赛于中世纪在瑞士举行,瑞士的民族英雄威廉·退尔是射箭能手。英国的射箭历史悠久,从 1068 年亨利一世开始就开始有了射箭的制度,成立了射箭团体。1787 年英国成立皇家射箭协会,成为世界上最早的射箭组织;1844 年举行了英国第一届射箭锦标赛。

1900 年第二届奥林匹克运动会设立了射箭比赛项目。1931 年由英国人发起,组织成立了国际射箭联合会,同年举行了第一届射箭世界锦标赛。

射箭场地要求平坦,长约 130 米,宽约 150 米。射箭的器械包括弓、箭、靶。弓由弓把、弓面及一对顶端带环扣的弹性弓翼组成;箭包括箭头、箭杆、箭扣和箭羽;靶可用纸、布或其他材料制成,从外向内由白、黑、蓝、红、金 5 种颜色的等宽同心圆区构成,金色靶心叫"黄心"。射箭时运动员站在距离靶盘 70 米远的地方,将箭射向靶盘,射中金色靶心为 10 环,最外边的一圈为 1 环,依此类推,环数高者取得胜利。目前奥运会比赛项目有个人赛和团体赛。

2. 赛场礼仪

射箭与射击一样,在过去也是一项贵族运动。在以前,人们观看射箭比赛时都是盛装出席,所以观众在观看射箭比赛时也要尽量着装整齐。在观看射箭比赛时,观众不要大声喧哗,也不要在场地里来回走动,尤其不能在选手表现不好时喝"倒彩",不能打手机。一旦出现这种情况,裁判有权勒令不懂规则的观众离开赛场。另外,在运动员瞄准靶心箭未离弦之时,观众一定不能有任何动静。

由于比赛是在室外进行,观众一定要注意天气变化,做好观看比赛的各种准备。

3. 案例

射箭场传来不和谐音 啦啦队干扰他方选手

在十运会女子射箭决赛中,由于各队选手实力相当,场上比拼极为激烈。赛场旁观众席上来自不同地方的啦啦队也展开了竞争,甚至有的啦啦队为影响其他省上场选手的状态而大声喝倒彩和喊倒计时。当他省选手准备射箭时,他们便开始喊倒计时"4、3、2、1,脱靶"。这一做法虽然很快被现场工作人员制止,很快,他们又想出别的招法,在选手即将射出箭的一瞬间大喝一声"4环""3环""脱靶"等。这些做法不断引起现场哄笑,但也引起了不少观众的反感,此啦啦队的行为是与体育精神背道而驰的。

六、围棋

1. 项目简介

被人们形象地比喻为黑白世界的围棋,是我国古人所喜爱的娱乐竞技活动,同时也是人类历史上最悠久的一种棋戏。由于它将科学、艺术和竞技三者融为一体,有着发展智力,培养意志品质和机动灵活的战略战术思想意识的特点,因而,几千年来长盛不衰,并逐渐地发展成了一种国际性的文化竞技活动。

围棋棋盘由横竖各 19 道直线组成,在纵横 19 路棋盘的 361 个交叉点上,黑白双方你来我往,一人一着,可以生出无穷的变化。围棋一局棋大致可分为布局、中盘、收官和局终计算四个阶段,布局阶段是指开始下棋时,双方抢占要点的几十个回合,一般的规律是先占角,再占边,最后争夺中心;中盘是指在布局结束后,彼此着子位置逐步接近,双方寸"地"必争的过程;收官是巩固成果决定最后胜负的阶段,胜负往往在收官阶段决定;一盘棋下到双方都认为无可争之点时,就算全局终了,除一方主动认输外,要通过点目或数子来决定双方的胜负。

分先的对局,为了抵消第一着黑方先下的有利条件,可规定黑方贴出若干子给白方,以求平衡。《围棋竞赛规则》规定:黑方贴给白方 11/4 子(五目半),即终局对黑方占得 184 点为胜 3/4 子,白方占得 178 点为胜 1/4 子。正式围棋比赛中还实行计时,对双方的时限是一致的,超时判负。一方用完了可自由支配的时间,就开始"读秒",一般是每一步棋的时间不得超过 1 分钟。

2. 赛场礼仪

围棋是一项高雅的竞技运动,围棋对棋手的精神和品格都有较高的要求。

下棋的人首先要讲究弈德,在棋艺进步的同时,还要提高自身的品格与修养。棋道中的一条基本原则是"落棋无悔",棋是自己走出来的,对错都要去接受。过于追求胜负,或者太沉醉于棋局考虑中的职业棋手,可能会犯下悔棋的严重错误,如果是无意的,另当别论,如果是有意去冒犯,这就是对规则、对自己和对手的严重不尊重,也是对弈中最缺乏礼仪的一种行为。

围棋是很讲究礼仪的项目,涉及很多细节。对局前,双方要握手,或点头示意,以表尊重。下棋时,棋手应保持端正的坐姿,不要歪坐,不要抓子或玩弄棋子。在对局前猜先时,下手方应请上手方抓白子。黑棋的第一手棋如果是占角的话,应下在右上角,把距离对方右手最近的左上角留给对方,表示对对方的尊敬。对局前下手方应主动整理棋具。对局时,如对手因故离席,回来时自己有告诉对方棋下在哪里的义务。局后,胜方不可沾沾自喜,败方也不应拂袖而去。局后,双方应收好棋子、整理好棋具方可离席。

观看棋类比赛时,观众应遵循"观棋不语真君子"的原则,要保持现场绝对的安静,不能大声喧哗、为棋手出招或对棋手的棋艺指指点点。现在通信技术非常发达,棋手和观战的人都会佩挂手机,对弈开始之前,观众一定要关闭手机或将手机放在震动状态。棋手绞尽脑汁思考问题的时候,手机铃声响起,会严重地干扰棋手对弈,这是非常不礼貌的行为。

3. 案例

不适宜的手机铃声

2005 年 3 月 18 日,第五届春兰杯三番棋决赛的最终决胜局终于展开,在前两局战成平局的情况下,中韩两位高手都使出了全身法力。在裁判长宣布完比赛规则并要求在场所有人关闭手机后,比赛正式开始。突然间,人群响起了手机的铃声,在安静的对局室中犹如一颗炸弹爆起,所有人都为之一惊。此时,正好是周鹤洋准备落子,听到手机铃声,他抬起头,目光在人群中扫视了一遍后马上将全部注意力集中到棋盘上。

在围棋比赛中,棋手的注意力是高度集中的,比赛现场的任何声响都有可能打扰棋手的思路,而周鹤洋当时抬头向记者群中扫视,说明这个手机铃声已经对他形成了干扰,幸好当时只是在比赛的最初几分钟内。

七、保龄球

1. 项目简介

保龄球运动被誉为人类历史上最古老的运动之一。保龄球的历史最早可以上溯到距今 7200 年前。1920 年,英国考古学家佩德里爵士,在公元前 7200 年的古埃及墓道遗迹中发现类似现在保龄球运动的大理石球和瓶。这个游戏的玩法是用球投向石瓶,将石瓶击倒,这与现代保龄球的用具与打法十分相似。

现代保龄球运动起源于公元 3—4 世纪德国的"九柱戏"。当时的天主教徒在教堂的走廊里安放木柱以象征异教徒和邪恶,以石球的滚击之来赎罪、消灾、辟邪。至 14 世纪,9 瓶制保龄球游戏逐渐发展成为欧洲民间的体育运动。

17 世纪,荷兰移民将 9 瓶制保龄球带到了美洲。18 世纪末到 19 世纪初,美国人对 9 瓶制保龄球进行了改革,创立了 10 瓶制保龄球。1875 年世界上第一个保龄球协会成立,规定了球道的长度和球瓶的大小,为保龄球成为正规的体育运动奠定了基础。1895 年,在美国成立了美国保龄球总会(ABC),1916 年成立美国女子保龄球总会(WABC),1935 年成立了美国青年保龄球总会(YABC),从而推动了保龄球运动的普及和传播。1952 年,国际保联(FIQ)在芬兰成立,下辖世界 9 瓶保龄球协会和世界十瓶保龄球协会两个分支组织。目前全世界有 80 个国家在开展这项运动,有 60 多个国家和地区加入了国际保联。国际保联分美、欧、亚三大区域,每年在不同的国家和地区举行一次世界杯赛,每两年举行一次区域大赛,每四年举行一次世界大赛。1988 年第 24 届奥运会将保龄球列入表演项目,1992 年第 25 届奥运会将保龄球正式列入比赛项目。

保龄球一局分为 10 格,每格里有两次投球机会,如在第一次投球时全中,就不需要投第二球。每一格可能出现三种情况,第一,失球:无论何种情况,在一格两次投球,未能击倒 10 个瓶,此格的分数为击倒的瓶数。第二,补中:当第二次投球击倒该格第一球余下的全部瓶子,称为补中。补中的记分是 10 分加上下一次投球击倒的瓶数。第三,全中:当每一格的第一次投球击倒全部竖立的 10 个瓶时,称为全中。全中的记分是 10 分(击倒的瓶)加该球员下两次投球击倒的瓶数。但在第十格中情况比较特殊:(1)如第二次投球未补中,则第十格得分为第九格得分加上第十格所击倒瓶数。(2)如第二次投球补中,则追加一次投球机会,第十格得分为第九格得分加上 10 加上追加一次投球击倒瓶数。(3)如第一球为全中,则追加二次投球机会,第十格得分为第九格得分加 10 再加上追加投球击倒的瓶数。因此从第一格到第十格的两次追加投球,都为全中,则为 12 个全中,得分为满分 300 分。

2. 赛场礼仪

保龄球是一项绅士运动,也是群众比较喜欢的体育健身项目,打保龄球要遵守以下 15 条公认的球场礼仪：不可以随便地进入投球区；进投球区时，必须更换保龄专用鞋；只使用自己选定的保龄球；等到瓶完全置完之后再投球；不要进入旁边的投球区；先让给已经准备好投球姿势的人投球；同时进行投球动作的情况下，由右边的人先投球；在投球区，不可以投球的预备姿势太久；投球动作结束后，不可以长久地站在投球区；不可投出高球；不可打扰正在投球人的注意力；不在投球区挥动保龄球；成绩不好时，不要怪球道情况不良；不可批评别人缺点；不可把饮料洒在投球区。

八、台球

1. 项目简介

台球起源于 17 世纪的西欧，至今已经历了几百年历史。从那时的法国与英国王宫贵族的"时尚游戏"发展到如今的竞技、娱乐运动，足以说明台球具有顽强的生命力和无穷的魅力。19 世纪初，台球运动的发展开始走向成熟阶段，在技术提高的同时，设备用具也随之发展。1827 年，石板台面取代了原来的木质台面，1835 年弹性优良的橡胶台边取代了木质台边，法国人米佳发明了皮革杆头，随后英国人又发明了"巧克粉"，以免杆头打滑，最终球星卡尔创造的旋转球打法，开辟了台球技艺的新天地，使台球运动无论在艺术上或技术上都更为新颖玄妙、引人入胜。

英式斯诺克是当今世界台球运动的主流。据传，斯诺克台球是由一名驻扎在印度的英军青年从三球台球改进而来的。最初增加了一个黑色球，后来又加了一个粉色球；随着彩球数的增加，丰富了玩球的方法。后来又连续增加了几种不同颜色彩球，球数达到 22 个，其中有 15 个红色球，六个不同颜色的彩色球和一个白色主球。并且还制定了一套比赛方法和规则。

斯诺克球台长 12 英尺，宽 6 英尺，共有 6 个落袋。台面上的白球为"母球"亦称"主球"，用它来击打红球与彩色球落袋得分。每个红球分值为一分，6 个彩色球中分值最高的是黑色的 7 分球，彩色球落袋后将会放置到台面的指定位置。选手击落一只红球才能获得击打彩球的权利，无球落袋与出现犯规则交出球权。

顶尖斯诺克高手之间的对抗往往围绕着"黑色球"进行，"大师级"的球员可以做到"一杆清台"，并且打满 147 分。除了进攻，防守也是斯诺克比赛的精髓，斯诺克的含义即为"障碍球"。在没有良好进攻机会的情况下，选择防守最为稳妥，如果能再给对手制造一个"斯诺克"，也许就能"反客为主"。高手在制造与破解斯诺克的时候，具有极大的观赏性。斯诺克的最高级别比赛是世界锦标赛。

2.赛场礼仪

台球由于起源于过去的王公贵族,因而在台球场上有着很严格礼仪要求。早在 18 世纪的英国,对于参与台球活动的人就有了详细的礼仪规定。直至今日,斯诺克台球的礼仪与风度依然是这项运动的魅力。

2007 年温布利大师赛丁俊晖获亚军,冠军奥沙利文友好地安慰

在正式比赛的场合,台球选手需穿衬衫、马甲、西裤、皮鞋,并佩戴领结。台球运动被称为"无声的争斗",参赛选手除了与裁判进行必要的交流,其他时间要习惯保持沉默,这条由来已久的规定至今仍在沿用。在比赛开始和结束时,要和对手、裁判握手。无论何时,都要将自己所有的犯规行为进行申报。

在比赛开始时,双方通过抛硬币决定谁先开球,需要注意的是,选手不要在台球桌面上旋转硬币,以免损坏台布。当一方击球时,另一方不能站在对手的击球线上,不能站在对方的瞄准方向,更不能对视、干扰对手。打球时,选手至少要有一个脚尖接触地面,不能双脚离地。在比赛仍在进行时,不能随意对对手的运气进行评论。当对手在台面击球时,不能划火柴或点燃打火机,另外要避免咳嗽出声。在某盘或某场比赛中,当选手击失一杆或对手仍在台面击球时,不能认输,等到对手击完球后,方可认输。不能与裁判或对手进行争论。

观众在观看台球比赛时,要保持安静,不能大声喧哗,不要打手机。在比赛中严禁使用闪光灯照相。在比赛结束前,不能随意走动。观众的喝彩与鼓掌要在恰当的时机送出,在球手思考或正在击球时禁止喝彩和鼓掌;在选手结束击球之后或在选手连续进攻,台面上剩下的分值让对手已回天乏术时,在参赛选手在比赛中积分达到 100 分时,在参赛选手一杆打满了 147 分时,观众都可给予热烈的掌声。

3. 案例

裁判愤怒咆哮赛场

在 2005 年斯诺克台球中国公开赛上,虽然赛事组委会事先已提醒观众要注意看球礼节,但大多数比赛中还是会出现一些不和谐的声音。观众的说话声、手机铃声甚至小孩的哭闹声,大大有损了斯诺克比赛的庄重气氛。在比赛中,部分球迷四处走动,裁判一开始还善意提醒,但效果不佳。当一些观众违规跑到宣传牌后面看比赛时,裁判愤怒了,喊道:"出去!"央视主持人在开场前对现场的观众劝说:"请大家注意配合,让我们一起做最热情也最文明的中国观众!"斯诺克被称为"绅士运动",显然一些国人并不了解球场礼仪。

九、高尔夫

1. 项目简介

高尔夫球运动的名称 Golf 来自苏格兰的方言 Gowf,意为"击、打"。打高尔夫球是一项具有特殊魅力的运动。它是人们在天然优雅自然的绿色环境中,锻炼身体,陶冶情操,提高技巧的活动。

关于高尔夫运动的起源有种种不同的说法。

近年国内一些学者认为高尔夫球运动起源于中国。其理由是:早在苏格兰打高尔夫球之前,在中国元初宁志老人著的《丸经》一书中出现"捶丸"游戏,这是一种古代民间普遍存在的类似高尔夫球打法的游戏。《说文解字》曰:"捶以杖击也",所谓"杖"是指"持也从木";所谓"丸"是指"圆倾侧而转者",即,手持木头制作的棍棒用以敲打形状为圆形并易于滚动的东西。其玩法是在旷地上画一球基,离球基数十步至百步作一定数目的球窝(洞)当时称之为"家",旁边树彩旗,以木质球置于球基处,用下端弯曲木棍击球进球窝(洞)。"捶丸"这种游戏不论从设施和玩法上都酷似今日的高尔夫球运动。

也有人认为是古罗马军团把原始的高尔夫球带到英格兰和苏格兰的,原因是公元前 27 年至公元 395 年的古罗马有一种以木杆击打用羽毛充塞制成的球的游戏,这种游戏的打法和现在的高尔夫球打法类似。

现广为流传的说法是高尔夫球起源于 14 世纪的苏格兰,迄今为止已有600 多年的历史。据说当时一位苏格兰牧人在放牧时,偶然用一根棍子将一颗圆石击入野兔子洞中,从中得到启发,发明了后来称为高尔夫球的运动。率先涉及打高尔夫球的是苏格兰北海岸的士兵,后来逐渐引起宫廷贵族和民间青年的浓厚兴趣,最终成为苏格兰的一项传统项目。尔后传入英格兰。19 世纪末传到美洲、澳洲及南非,20 世纪传到亚洲。由于打高尔夫球最早在宫廷贵族中盛行,加之高尔夫球场地设备昂贵,故有"贵族运动"之称。

高尔夫球场一般设在丘陵地带开阔、缓坡的草坪上。标准球场长5943.60 米至 6400.80 米,宽度不定,占地面积 60~100 公顷。球场划分为 18个大小不一、形状各异的场地,每个场地均由开球台、球道、果岭和球洞 4 部分组成,18 个场地通常称为 18 个洞。以第一洞的开球台为起点,以设在果岭上的第十八洞为终点。打球从进入 1 号洞开始,依次打完 18 号洞,称为一场球。每个洞的距离长短不一,近则约 100 码,远则达 600 多码。每个洞的标准杆数取决于该洞场地的大小。美国高尔夫球协会对标准杆有如下规定:男选手标准杆,250 码之内的洞为三杆,251 码至 470 码为四杆,471 码以上为五杆。女选手的标准杆,210 码之内为三杆,211 码至 400 码为四杆,401 码至 575 码为五杆,576 码以上为六杆。高尔夫球比赛有团体赛和单打比赛两种形式。团体赛按洞计分。在一场比赛中,赢得洞数最多者为胜者。在单打比赛中,以打完一场球累计击球次数最少者为胜。目前,最著名的高尔夫球赛有不列颠列岛公开及业余锦标赛、美国公开赛及业余赛等。

2. 赛场礼仪

高尔夫运动经过 500 多年的发展,形成了"自律、自尊、礼让、宽容"的绅士文化。每一位球手和观众都应尊重这种文化,并能遵守相应的礼仪。

(1)球员礼仪

其一,要注意安全。安全在高尔夫运动中是如此之重要,以至于高尔夫规则和礼仪都将其列在开篇的首要位置。如果球员对球和球杆的坚硬程度没有足够的认识,球场将会变成一个危险之地。因此球员应予以高度重视,做到:不要对着有人的地方击球或练习空挥杆,因为击出的球或无意间打起的石块、树枝和草皮有可能打中他人而且也是不礼貌的行为;注意不要在有人走过身旁的时候挥杆,也不要在别人挥杆时从其身旁走过。

其二,服饰礼仪。球手要爱护球场,上场时要穿专用的高尔夫鞋;在高尔夫球场上,球手要穿有领子的运动衣或衬衫,穿比较正统的长西裤或短西裤,不能穿无领上衣和牛仔裤。如果天气较冷,则可穿质地较好的休闲西装或夹克衫。打球时,有一只手须戴上质地柔软的薄手套,以避免手掌与球杆猛烈摩擦时受伤。美巡回赛(PGA Tour)有一项一成不变的禁令,在正式比赛场合,选手不准穿短裤上场,理由是穿长裤能保持高尔夫球是一项绅士运动的地位。尽管像尼克劳斯这样的巨星也提出修改这项规定的建议,但 PGA 官员的立场依旧岿然不动。1992 年在弗吉尼亚州威廉斯堡帝王磨坊高尔夫俱乐部举行的安豪泽布什精英赛上,职业选手马克·韦伯(Mark Wiebe)面对 39℃的酷暑天,认为凉快舒适比传统习俗更重要,穿上短裤便上场。结果,韦伯被罚款500 美元,理由是无视规矩,表现失态。

其三,球场礼仪。球手要及时到达预定的开球区;球员不要在开球区练习挥杆;不移动草皮损坏发球区;要有耐心,尊重球场上的其他选手,就像你希望被别人尊重一样,在别人瞄球或击杆时,自己不能随意走动、说话或者站在球或洞的附近干扰和妨碍击球者;球员要始终准备打球,避免耽误比赛;球员击球后,立刻离开球座径直走到自球落点处,轮到再次击球时,应立即行动,不能耽搁时间;如果其他选手准备在相邻的任何果岭上推杆,不要做出击打动作;推杆前,把手推车放在果岭旁边,最好是放在下一个开球区旁边的区域;努力站在准备下一次击球的选手旁边;如果被迫寻找丢失的球,那就邀请下一组继续击球。

(2)观众礼仪

在美巡赛的一次赛事中,"老虎"伍兹在第 18 洞准备全力出击,然而就在他挥杆过程中,一名观众按下了相机的快门,寂静中的噪声扰乱了伍兹的心神,这次击球失误了,气急败坏的伍兹愤怒地瞪着肇事者,他的球童则扑上前去抢下相机扔进了池塘! 很难简单地判断这件事情孰是孰非,因为事实上双方都是"受害者",但是职业选手发出的"拜托,不要在挥杆时按动快门"的请求却是由衷的。

我们知道高尔夫是一项文雅的运动,要遵守很多的规则。观看高尔夫赛的观众也一样,也应该知道相关的礼仪,以免影响球员的发挥。

服饰礼仪:高尔夫运动被称为贵族运动,不仅参赛的选手要穿专业的服装,在现场的观众也有一定的服装限制。对于高尔夫观众来说,符合标准礼仪的衣着应该是有领 T 恤,休闲裤和平底鞋。高尔夫的禁忌是高跟鞋。因为高跟鞋不但会对球场的草皮造成严重的损害而且在比赛的时候,高跟鞋在球场地面上的踢踏作响,也不是一种礼貌的行为。因此看比赛之前,换上平底球鞋应该是基本的礼貌。

观赛礼仪:高尔夫比赛在选手挥杆和推杆的过程中是要保持绝对安静的,因此在一些规定严格的比赛上,普通观众是不能携带手机和相机等进入比赛区。即使是专业的摄影师在球场上也不能够在选手正式挥杆的时候拍照。

赛事单位为了规范观众看球的路线,会提前用围绳把球道和果岭围起来,观众在观看比赛时要在围绳外观看,不能进入选手比赛的球道。

第十节　本章知识点小结及项目综合实训

知识点小结

1.了解田径、球类、重竞技、体操、游泳、水上项目、全能项目、冰雪项目及其他不同体育项目在发展过程中逐渐形成自身独特的赛场礼仪。

2.了解不同体育项目的比赛礼仪和在观看这些项目时必须遵守的礼仪规范。

项目综合实训

体育项目礼仪的认知

(一)实训目的

通过演示、讨论,帮助学生对不同体育项目的比赛礼仪和观赛礼仪有直观认识,同时作为运动员或观众在比赛或观赛时的行为规范须符合项目礼仪要求。

(二)实训内容

选择有代表性的几个体育项目如跆拳道、田径、乒乓球、篮球等,分组讨论、演示该项目在比赛时用到的礼仪。

(三)实训要求

1.根据不同体育项目展示其赛场礼仪;

2.根据体育项目礼仪挖掘其内涵。

(四)实训步骤

1.对班级学生按不同体育项目分组,教师布置实训任务:以组为单位展示体育项目在比赛过程中所蕴含的礼仪(如,跆拳道是怎样体现"礼始礼终"的);

2.各小组根据本组所分配的项目讨论该项目的比赛礼仪和观赛礼仪,并分角色演练;

3.各小组展示演练成果,可以配以 PPT 或视频;

4.课堂对小组演练的项目礼仪进行交流、点评;

5.教师总结归纳。

(五)组织形式

以小组为单位进行讨论、演练、展示、分析,最终以小组为单位在课堂上展示、交流。

(六)考核要点

	考核点	考核要求	分值	备注
1	情景展示	情景展示生动、自然。	30 分	小组评议、教师评分
2	团队合作能力	分析、讨论、分工协作能力。	30 分	小组自评
3	知识点的把握	对课堂知识的理解程度,语音表达能力,表达仪态优美度。	40 分	小组互评、教师评分

第十章 体育运动仪式

理论目标

　　了解体育运动仪式的一般程序，了解这些运动仪式的渊源及其所蕴含的意义。

实务目标

　　根据奥运会开幕式的基本程序设计一般运动会开幕式，了解希腊作为现代奥运会的发源地具有独特的地位，了解奥运会取火点必须在希腊的缘由，掌握这些运动仪式的基本程序。

导入案例

2022 年北京冬奥会火炬传递

　　2021 年 10 月 18 日 12 时 08 分，扮演最高女祭司的希腊演员乔治乌向光明之神阿波罗祈祷，并利用凹面镜点燃了火种。北京冬奥会火种在希腊伯罗奔尼撒半岛的古奥林匹亚采集成功。

　　火炬在体育场内进行了 3 棒传递。三名火炬手分别为第 1 棒——2004 年雅典奥运会亚军、希腊前女子水球运动员莫赖蒂祖，第 2 棒火炬手——中国前女子自由式滑雪空中技巧运动员李妮娜，第 3 棒火炬手——希腊越野滑雪和冬季两项运动员帕拉斯凯维·亚多普卢。

　　2021 年 10 月 20 日早上 6 点 01 分，北京冬奥组委团队乘包机携带奥运火种抵达北京首都国际机场。

　　2021 年 10 月 20 日上午，北京 2022 年冬奥会火种抵达北京，北京冬奥会火种欢迎仪式在奥林匹克塔隆重举行，其间发布了北京 2022 年冬奥会火种展示和火炬接力计划。

　　2022 年 2 月 2 日至 2 月 4 日，2022 年北京冬奥会火炬在北京、延庆、张家口三个赛区进行。

2022年2月4日,北京冬奥会火炬在北京颐和园传递。

2022年2月4日,北京冬奥会火炬在北京大运河森林公园传递。

传递特色

水下接力　奥运史上首次:机器人在水下完成北京冬奥会火炬传递,在"科技冬奥"多机器人跨域协同的火炬接力环节,两名"机器人"火炬手完成水下接力。

(https://baike.baidu.com/item/％E5％8C％97％E4％BA％AC2022％E5％B9％B4％E5％86％AC％E5％A5％A5％E4％BC％9A％E7％81％AB％E7％82％AC)

体育运动仪式是指围绕一定规模的竞技体育或群众体育运动盛会而举行的一系列隆重的礼仪性活动,主要包括火炬接力仪式、开幕仪式、颁奖仪式和闭幕仪式等。体育运动仪式最初是由皮埃尔·德·顾拜旦为现代奥林匹克运动会设计的,他认为只有把现代奥运会办成一个神圣的体育祭坛,办成一个与多种文化形式合为一体的盛大的文化节日,才能发挥奥运会应有的作用。为了实现这一目标,他强调现代奥运会应当体现出美和尊严两个意思。他指出:"任何一个研究过古奥运会的人都会发现其深远影响的两个基本原因是美和尊严。如果现代奥运会要产生我们期望的影响,它也应该显示出美,激发出人们的崇敬——一种能无限制地超越我们今天最重要的体育竞赛所表现出的美和尊严。"在这种思想的指导下,奥运会逐渐形成了一整套特有的恢宏庄严、华彩而凝重的传统仪式,如作为奥运会前奏的千万人参加的圣火传递,盛大的开幕式中的入场仪式,点燃圣火,放飞和平鸽,运动员、裁判员的庄严宣誓,严肃而热烈的授奖仪式,欢快而充满激情的闭幕仪式等。奥林匹克的目的在于通过奥运会这个"人类团结的重要节日",促进人的"体力和脑力的结合、崇高的爱国主义和智慧的世界主义的结合",以实现人的身体活动、艺术和精神的统一。现代国内外体育运动会无论规模大小,其仪式大都遵从顾拜旦的模式,虽然在内容和表现手法上不断创新,但体育运动仪式的人文主义情怀以及表达在真正的、纯洁的体育精神指导下的体育运动的优美、神圣和崇高的内涵却一直是各种仪式的主旋律。

第一节　火炬传递仪式

在国际性或全国性的大型体育赛事开幕之前,往往都要举行隆重的火炬传递仪式。火炬传递仪式旨在传递人类的奥林匹克理想,即对和平的企望、对参与的渴求和对人文精神的崇尚,同时也唤起人们对即将举行的运动会的关注。

一、火种的采集

运动会圣火起源于古希腊奥运会开幕前举行的隆重点火仪式。在古希腊每届奥运会举行以前,人们都要高举着在赫拉神庙前点燃的火炬,奔赴各个城邦,去传递停战的神谕和奥运会召开的消息。火,作为一种神圣的象征,在希腊历史上代表着创世、再生和光明。

1934 年国际奥委会雅典会议决定,仿照古代奥运会,在主体育场点燃奥林匹克圣火,直至闭幕,并规定火种必须采自希腊的奥林匹亚。第十一届柏林奥运会举行了隆重的火种采集仪式,12 名身着希腊民族服装的少女,在乐曲伴奏声中点燃了第一支火炬。国际奥委会前主席顾拜旦亲临现场,并发表了演说。后来火炬用接力传送的方法传到主会场,点燃了圣火。此后,采集火种、火炬传递、点燃圣火,成了历届奥运会不可缺少的重要仪式。

从那以后现代每届奥运会的圣火火种都采集于希腊奥林匹亚山上的赫拉神庙。届时,在奥林匹亚的赫拉神庙遗址前都要举行庄重的点火仪式,国际奥委会、奥运会主办地和当地的官员都要出席。身着古装的希腊少女用聚光镜采得火种,然后用火炬将火种传到古代奥林匹克运动的发源地雅典,最后传抵奥运会的主办城市。奥林匹克火种象征着光明、团结、友谊、和平和正义。顾拜旦

在希腊奥林匹亚山进行奥运会火种采集仪式

曾说过:"要记住这是从奥林匹亚带来的太阳之火,会给你们的一生带来光明

和温暖。小心呵护,让这火在你们的心头持续燃烧。"

古希腊奥运会火种的意义是深远的,它为现代大型体育运动会的火种采集树立了典范。现代国内或国际上的大型运动会都会精心选择火种采集点,以采集点的历史文化和人文主义精神来寓意运动会的愿望和寄托,取火点肩负着向全世界表达主办城市(国家)最深厚的历史、文化以及最深重感情的重任。

例如,2021 年 10 月 18 日,北京冬奥会火种在奥林匹克运动发祥地——希腊伯罗奔尼撒半岛的古奥林匹亚采集成功。在有着两千多年历史的赫拉神庙遗址前,奥运火种再次为北京点燃。

采集仪式从当地时间 11 点 30 分左右开始,随着奥林匹克会歌在古奥林匹亚赫拉神庙遗址的上空响起,奥运五环旗帜缓缓升起。随后,现场依次播放了中国国歌与希腊国歌,并分别升起两国国旗。

希腊总统卡特里娜·萨克拉罗普卢、国际奥委会主席托马斯·巴赫、希腊奥委会主席斯皮罗斯·卡普拉洛斯与北京冬奥组委的特别代表——北京冬奥组委副主席于再清共同出席了当天的采集仪式。

巴赫在现场致辞中表示:"北京将书写历史,成为有史以来第一座既举办过夏季奥运会又举办过冬季奥运会的城市。2022 年北京冬奥会将把中国人民与世界联系起来,实现让三亿人参与冰雪运动的愿景,永远改变冬季运动历史。当中国迎接最优秀的冬季运动员之时,全世界将看到中国的激情。"

10 月 18 日,扮演最高女祭司德演员乔治乌取得圣火。新华社记者　郑焕松　摄

于再清表示,奥林匹克火种是奥林匹克精神的崇高象征。千百年来,神圣的火种将光明、团结、友谊、和平、正义的光芒传递到全世界,见证了人类文明

发展进步、交流互鉴的辉煌历史,诠释了人类挑战极限、超越自我的坚定追求,照亮了人类团结合作、战胜困难的前进道路。在新冠疫情袭来之时,奥林匹克火种又一次带给人们信心、温暖和希望,凝聚起共同战胜疫情的磅礴力量。

当地时间中午 12 时 08 分,扮演最高女祭司的希腊知名女演员乔治乌向光明之神阿波罗祈祷,并利用凹面镜点燃了火种。

二、火炬的传递

火炬传递的范围是与运动会的规模相一致的。像奥运会这样的国际赛事,火炬传递要覆盖十几个国家;国内的大型运动会像全运会的火炬传递是在国内不同的省份进行的;省运会的火炬在省内各市地之间传递。当然,由于受疫情等因素影响,火炬传递范围也会有一些变化。例如,2022 年受新冠疫情影响北京冬奥会火炬传递于 2 月 2 日至 4 日,在北京、延庆、张家口三个赛区进行,包括 11 个闭环外的封闭传递区域,和 1 个闭环内的独立传递区域。传递规模、范围都较小,时间也较短。具体为:2 月 2 日,北京冬奥会举行火炬接力启动仪式,随后火炬在北京奥林匹克森林公园、北京冬奥公园进行传递。2月 3 日上午,在延庆的八达岭长城和世界葡萄博览园进行传递;下午在张家口阳原泥河湾遗址公园、张北德胜村、张家口工业文化主题公园、崇礼富龙滑雪场、张家口大境门遗址进行传递。2 月 4 日,在颐和园、北京奥林匹克森林公园和大运河森林公园进行传递。其中在奥森公园的这场传递属于闭环内传递,来自奥林匹克大家庭的约 50 名火炬手在此完成自己的火炬手使命。从传递点的设置中可以感受到,冬奥会和冬残奥会的火炬传递中,每个传递点位都有鲜明的主题与特色。北京奥林匹克森林公园点位的主题是"中轴神韵",寓意古都历史文化和奥林匹克精神在北京中轴线上的交汇。八达岭长城点位的主题是"民族之脊",体现开放、和平的中国态度,展示不畏强敌、英勇不屈的民族精神,是中华民族敢于拼搏、敢于胜利的精神象征。张家口阳原泥河湾的考古遗址公园,以"远古足迹"为主题,展示的是中华民族祖先繁衍生息、创造文化、最终点燃人类文明火花的恢宏历程。

火炬传递的基本仪式是:火炬在具有重要象征意义的取火点取得火种并点燃,然后采用接力的形式经由不同的地点最后传抵运动会的举办城市,并在运动会开幕时将会场的火炬点燃。

火炬接力无论规模大小,其整个过程都要庄重而热烈。政界要员、著名运动员、各行各业的出色代表以及普通民众都是火炬接力的参加者。自从现代奥林匹克火炬接力诞生之日起,已有成千上万来自世界不同国家、不同肤色、

孙雯高举奥运火炬参与雅典奥运火炬传递活动

不同宗教信仰的人们参加了不同规模的运动会的火炬接力活动。火炬把奥林匹克理想和现代人类的美好愿望传播到了世界的各个角落。在火炬接力过程中,参与的公众能够切身体会到奥林匹克的光荣与梦想,而受火炬传送影响最大的当属沿途所经过的地区和城市,火炬使这些城市的人们更加感到和平、友谊、团结、毅力和拼搏的可贵。

案 例

历届奥运会火炬传递

1936 年柏林奥运会　1936 年柏林奥运会首次进行了圣火采集仪式和火炬传递活动。女祭司将采集的圣火和野生橄榄枝编织的花冠交给第一个火炬传递者,后者需要跪地接受。女祭司在诵读希腊著名诗人品达的诗句后退席,火炬接力开始。这次火炬接力穿越了希腊、保加利亚、南斯拉夫、匈牙利、奥地利、捷克斯洛伐克、德国等国家,全程 3075 公里,由 3075 名各国运动员每人持火炬跑 1 公里,经过 11 个昼夜将火种送到了柏林的奥林匹克体育场。

1948 年伦敦奥运会　这是二战后的第一届奥运会,圣火经由 1416 名传递者穿过 8 个欧洲国家,行程 3365 公里,于 7 月 29 日抵达伦敦温布利体育场。由田径选手约翰.马克点燃开幕式上的火炬。

1952 年赫尔辛基奥运会 由于仍然未能从二战创伤中恢复过来,1952 年赫尔辛基奥运会组委会请求奥运火炬的传递不要经过芬兰东部。本次奥运会首次动用飞机传递火炬。1952 年 7 月 19 日,火炬由雅典经哥本哈根运送到赫尔辛基主体育场。芬兰长跑界的两位老将飞人帕沃·鲁米和汉斯·科勒迈宁分享了点燃圣火的荣耀。帕沃·鲁米手持火炬跑进体育场,首先点燃设在场地上的圣火台,然后将火炬交给 64 岁的汉斯·科勒迈宁。当他以矫健的步伐登上 83 米高的火炬台点燃圣火时,整个体育场掌声雷动。

1956 年墨尔本奥运会 圣火两路传送。由于担心传染病,澳大利亚拒绝参加马术的马入境,国际奥委会不得不将马术改在瑞典首都斯德哥尔摩进行。圣火传递既要到达澳大利亚,又要到达瑞典。墨尔本一线圣火行程 20470 公里,经由 3118 位传递者,由著名长跑选手罗恩·克拉克点燃开幕式火炬。斯德哥尔摩一线圣火从雅典空运至斯德哥尔摩,然后由来自瑞典 16 个马术俱乐部的 150 位骑士护送,抵达斯德哥尔摩的体育场。

1960 年罗马奥运会 这一届的火炬传递让人们重温了古希腊和古罗马的辉煌岁月。火炬传

雅典奥运火炬到达西班牙巴塞罗那

递从希腊东南部港口城市比雷埃夫斯的韦斯普奇号上开始,被运送到意大利西西里岛东部的锡拉库扎市,之后在意大利境内多个城市内传递后到达罗马。奥运火炬传递路线的“中枢”是希腊和意大利境内的古代纪念碑,共有 1529 名运动员参加了火炬接力,行程 2750 公里,火炬接力的最后一棒由吉安卡罗·佩里担当,他将罗马奥林匹克体育场的火炬点燃。

1964 年东京奥运会 奥运火炬传递者首次逾十万。火炬传递从 8 月 21 日开始,火种在奥林匹亚点燃后先空运至康斯坦丁堡,然后经由贝鲁特、德黑兰、拉合尔、新德里、曼谷、吉隆坡、马尼拉、中国香港、中国台北,然后抵达日本的门户冲绳岛。火炬传递经过海陆空,行程 26065 公里,传递者创纪录

地达到 100603 人。10 月 10 日点燃东京体育场圣火的是一位 19 岁的小伙子坂井义则，他出生于 1945 年 8 月 6 日，正是美国用原子弹轰炸广岛的那一天。

1968 年墨西哥奥运会　火炬传递沿着著名航海家、探险家哥伦布当年的足迹进行。火炬从奥林匹亚点燃后被送到哥伦布的出生地热那亚，到达西班牙巴塞罗那。之后，护卫舰"索菲亚公主"号护送火炬抵达墨西哥，采用了与哥伦布"圣玛利亚"号一样的航线，历时 21 天。最后在墨西哥奥林匹克体育场点燃火炬的是 20 岁的女田径选手恩里克塔·巴西利奥，她成为奥运会历史上第一个点燃奥林匹克体育场圣火的女性。

1972 年慕尼黑奥运会　这一届奥运圣火经过希腊、土耳其、保加利亚、罗马尼亚、南斯拉夫、匈牙利、奥地利和德国共 8 个国家，历时 29 天，行程 5532 公里，共有 6000 名火炬手，其中还有摩托车手进行火炬传递。最后在慕尼黑奥林匹克体育场点燃火炬的是田径选手冈瑟·扎恩。

1976 年蒙特利尔奥运会　这一届火炬传递最大的革新是：首次用一座电子感受器将火焰变成电子脉冲，发射给卫星，经它传递到加拿大渥太华国会山上的激光装置。这个装置受到脉冲后把它转变成热射线点燃了火炬。在加拿大进行的火炬传递共有 1214 位传递者，最后在主体育馆点火的是两位 16 岁、15 岁的少男少女，这是奥运史上第一次由两人点燃奥运火炬。由于这次圣火火种不是通过火炬接力的方式，而是通过卫星用激光从雅典传送到渥太华，所以这种偷懒的做法遭到了非议，认为失去了这项活动原来的意义。

1980 年莫斯科奥运会　火炬传递经由希腊、保加利亚、罗马尼亚和苏联，行程 4915 公里，5000 名传递者参加，篮球传奇人物谢尔盖·贝洛夫点燃了开幕式上的火炬。

1984 年洛杉矶奥运会　尤伯罗斯大胆地将商业运作的方法用到了火炬接力活动中。这次火炬接力横跨美国 50 个州，共 15000 公里。与以往不同的是，任何赞助 3000 美元的个人、地区、团体或公司都可以指定一个人持火炬跑 1 英里，组委会仅此一项收益 1100 万美元。圣火接力于 5 月 8 日在美国本土开始，第一棒由吉姆·索普的孙子比尔·索普完成，7 月 28 日奥运会开幕时，由杰西·欧文斯的外孙女吉娜·亨普希尔持火炬跑进主会场，然后将火炬交给罗马奥运会十项全能冠军约翰逊，由他点燃了玫瑰碗体育场的圣火。由于这一届奥运会浓厚的商业色彩被认为违反了奥林匹克精神，因此没有得到希腊奥委会的认可，表示将不进行火炬传递。尽管火炬最终还是抵达了纽约，但希腊人在希腊境内没有进行火炬接力，并且甚至双方都没有进行火炬交接仪式。

1988 年汉城奥运会　这届奥运会火炬接力被认为是一次"伟大的火炬接力"。韩国为这一届奥运火炬传递活动准备了两年多，并且有 156 人为之奔波。圣火从雅典空运至济州岛，整个接力活动历时 26 天，行程 15250 公里，20899 名传递者参加。

1992 年巴塞罗那奥运会　这届奥运会的火种在点燃后被西班牙护卫舰加泰罗尼亚号运送到埃姆普里斯港，这里曾经是古希腊帝国的殖民地。火炬传递 51 天，行程 6307 公里后抵达巴塞罗那，前后共有 10448 位传递者。它最独特的一点是最后的点火仪式，残奥会射箭选手安东尼奥·里波罗将点燃的箭射向圣火台，将火炬点燃。

1996 年亚特兰大奥运会　本届奥运火炬在希腊奥林匹亚山点火时，当时美国总统克林顿的夫人希拉里出席了仪式，火炬传递历时 170 天，患有帕金森氏综合症的拳王阿里，用他颤巍巍的双手点燃了火炬，也点燃了全场观众的热情，他们用欢呼声表达着对这位传奇人物的崇敬和对奥林匹克运动的热爱。

2000 年悉尼奥运会　这届奥运会火炬接力在希腊境内传递了 10 天之后历经 2.7 万公里抵达澳大利亚土著圣地乌卢鲁，火炬传递共历时 127 天。其中最具特色的是，澳大利亚海洋生物学家邓肯手持经过特殊化学处理的火炬在澳大利亚东北部海底完成了 3 分钟的水下火炬接力。最后在奥运主体育馆点燃火炬的是澳大利亚土著运动员弗里曼，她也是悉尼奥运会 400 米的金牌获得者。

2004 年雅典奥运会　雅典奥运圣火火炬由希腊演员塔利亚·普罗科皮通过古老的方式，由凸透镜折射太阳光引燃。希腊标枪选手科斯塔·盖茨欧迪斯手持火炬，开始在希腊境内的第一阶段火炬传递。之后奥运圣火遵照"传递火炬，连结世界"的宗旨开始环球传递活动。这届奥运会的火炬传递经过五大洲，最后返回希腊。这是奥运会火炬传递史上第一次将火炬传递到非洲和南美洲。

火炬传递活动共 35 天，经过 27 个城市，包括所有举办过夏季奥运会的城市以及 2008 年奥运会的主办城市北京。

希腊运动员、亚特兰大奥运会帆船金牌得主卡克拉马基斯点燃了奥运会会场的火炬。

2008 年北京奥运会　2008 年 3 月 24 日，北京奥运会圣火采集仪式在奥林匹亚举行；3 月 30 日，北京奥运会圣火交接仪式在泛雅典体育场举行；3 月

最后一名火炬手、希腊运动员、亚特兰大奥运会
帆船金牌得主卡克拉马基斯即将点燃主火炬。

31 日,北京奥运会圣火抵达北京,此后,圣火继续环游世界,经过五大洲的 19 个城市和地区,然后经中国香港、澳门,最后到达中国内地。

北京奥运会火炬接力以"和谐之旅"为主题,以"点燃激情 传递梦想"为口号,传递路线包括五大洲(国家、地区)的 21 个城市,并在境内 31 个省、自治区和直辖市传递,还抵达世界最高峰——珠穆朗玛峰。传递时间为 130 天,传递总里程约 13.7 万公里。

北京奥运会火炬接力是奥运史上传递路线最长、传递范围最广、参与人数最多的一次火炬接力,在奥林匹克运动史上谱写辉煌的篇章。

2012 年伦敦奥运会　圣火采集成功后,最高女祭司将圣火交给首位火炬手、希腊游泳运动员吉安尼奥蒂斯把火炬传递给英国 19 岁的拳击小将卢库斯。此后,伦敦奥运会的火炬在希腊境内进行了 8 天传递,其中包括首都雅典、第二大城市塞萨洛尼基以及冬季运动盛行的约阿尼纳等地,全程 3000 公里,共有 500 名火炬手进行了火炬传递。贝克汉姆用圣火点燃火炬,英国帆船运动员本·安斯利作为接力第一棒,接过火炬,开启传递征程。随后,奥运火炬在主办国英国英格兰、苏格兰、威尔士、北爱尔兰和邻国爱尔兰等地进行传递,途径 5 个主要城市,行程 12800 公里,共有 8000 名火炬手和 5000 名护跑手参与火炬传递。最终于 2012 年 7 月 27 日抵达首都伦敦,在奥运开幕式上点燃主火炬。

2016 年里约奥运会　圣火在雅典正式采集。圣火交接仪式在希腊泛雅典体育场举行,里约热内卢奥组委负责人卡洛斯·亚瑟·努兹曼从希腊奥委会会长手中接过奥运会圣火点燃火种灯。圣火由飞机运抵巴西首都巴西利亚,开始在巴西国内传递,途经 329 座城市,8 月 4 日抵达里约热内卢。2016 年 8 月 5 日,圣火抵达里约热内卢奥运会开幕式主会场马拉卡纳体育场。火炬传递为期 106 天,有 1.2 万名火炬手参加传递。

2020 年东京奥运会　受新冠疫情影响,2020 年东京奥运会延期至 2021 年举行。这届奥运会圣火采集仪式与以往不同:无现场观众、嘉宾人数缩减为 100 人,且现场嘉宾座椅之间空隙超过一米。这是自 1984 年美国洛杉矶奥运会举办以来,第一次在没有观众到场的情况下进行圣火采集。

东京奥运会的火炬接力活动以"希望照亮前路(Hope Lights Our Way)"为主题。当地时间 2020 年 3 月 12 日中午,2020 年东京奥运会圣火采集仪式在希腊伯罗奔尼撒半岛上的奥运会发源地古奥林匹亚采集成功,最高女祭司将圣火交给首位火炬手、希腊女子射击运动员安娜·克拉卡奇,她将把火炬传递给日本女子马拉松运动员野口水木。当地时间 2020 年 3 月 19 日中午,2020 年东京奥运会圣火交接仪式在希腊首都雅典的帕纳辛奈科体育场交接成功。

受疫情影响,原计划于 3 月 26 日开始的东京奥运会圣火传递活动被取消。已经抵达日本的奥运圣火在东京保存,于 2021 年 3 月 25 日,圣火接力在福岛县开始,然后在接下来的 121 天内途经日本所有都道府县。火炬通过约 1 万名火炬手在 47 个都道府县传递。该次火炬传递形式新颖,方式多种多样,滑雪、乘船、骑马、游泳等别具特色的传递方式都出现在传递过程中。火炬传递期间,因为防疫,增加了"火炬传递过程中需要避免封闭空间、拥挤场所以及人群聚集,接力的每个人都必须戴口罩,不得大声说话,限制观众参与,鼓励观看直播"等防疫规定。

第二节　开幕仪式

开幕仪式是体育赛会正式宣布开始的一系列程序。届时,所有运动员、裁判员、教练员及体育爱好者欢聚在一起,庆祝赛事的召开。开幕仪式是体育赛事最为精彩的部分之一,开幕仪式表现要求热烈、壮观、神圣,能体现蓬勃向上的体育精神。重大体育赛事的开幕式还要求有极高的艺术性和地方文化色彩。成功而精彩的开幕式,对于提高运动会的境界、激发运动员的斗志以及吸引广大观众,都具有重要的意义。

一、一般运动会开幕典礼

开幕式是体育赛事的盛典,开幕式的会场要用彩旗、鲜花、气球、绸幅等进行必要的装饰,以烘托节日气氛。开幕式一般都包含着若干个礼仪活动内容,繁简程度随运动会的规格而变化,典型国内赛事的开幕式,应包括这样一些流程:主持人宣布开幕式开始;裁判员、运动员入场;升国旗、会旗,奏国歌、会歌;致欢迎词、开幕词;宣布运动会开幕;运动员、裁判员宣誓;运动员退场;团体操或文艺节目表演;点火仪式等。

1990 年第 11 届北京亚运会开幕式入场仪式

1. 主持人宣布开幕式开始

观众和主席台人员落座,赛场一切准备就绪后,主持人宣布开幕式开始。如果有领导和嘉宾到场,主持人首先要向大会做简单介绍。主持人还要简要介绍参赛代表队,最后宣布裁判员和运动员入场。

2. 裁判员、运动员入场

运动员、裁判员按一定的排列阵容步入赛会会场,绕场一周,以接受主席台上的就座者与观众的检阅。一般来说,进入赛场的全部队伍,依其先后次序应为国旗旗手礼仪方队、运动会会旗旗手礼仪方队、运动会会徽旗手礼仪方队、男子红旗礼仪方队、女子鲜花礼仪方队、裁判员代表队和运动员代表队。每个旗手礼仪方队一般由八人组成,平举旗帜进入会场。各运动员代表队方队最前面的是礼仪引导员,然后依次为旗手、领队、运动员。运动员通常按各队所在地区或队名的汉字笔画的多少来排定入场的先后顺序,不管如何排定入场序列,东道主代表队一般应居于各运动队之后。在各运动队中,礼仪引导员和运动员代表的服饰可以有特色,以反映运动队的特点,运动队里也可以打标语。在常规情况下,入场式的行进路线为逆时针方向,最后运动队进入面对主席台的场地中央,面向主席台,按先左后右的顺序成纵队排列。

3. 升国旗、会旗,奏国歌、会歌

运动员入场后,主持人宣布全体起立,首先升国旗,奏唱国歌,然后升会旗,奏会歌。升旗仪式结束后,全体人员落座。升旗仪式是一个非常严肃的、隆重的仪式,也是一种接受爱国主义教育的形式。升国旗时在场人员要行注目礼,仰视国旗冉冉升起。

4. 致欢迎词、开幕词

欢迎词和开幕词都是一种重要的迎宾礼仪语言。欢迎词一般包括以下四个方面的内容:首先,表示欢迎。一般要简洁交代致词背景,然后用热情的话语对来宾表示欢迎。其次,阐释意义。说明举办运动会的目的及意义。再次,展示优势,树立形象。致欢迎词虽然是一种礼仪需要,但是在友好的气氛中打造好东道主的"形象名片"是必须致力追求的。最后,表达祝愿。一般用简洁的句子祝愿运动会圆满成功,或者祝愿来宾生活愉快,并以"谢谢大家!""谢谢各位!"这样的礼仪结语结束讲话。

开幕词是在承办单位表示欢迎后由运动会组委会执行主任(主席)介绍运动会意义、主办人意愿的讲话。讲话一般包括这样几个方面的内容:首先,热情洋溢地欢迎来宾并向承办单位表示为承办本届运动会作出的努力表示衷心的感谢。其次,阐述运动会召开的目的以及意义。再次,表达祝愿。最后邀请组织单位最高领导宣布运动会开幕。

相关链接

习近平主席在北京 2022 年冬奥会欢迎宴会上的致辞

尊敬的巴赫主席,
尊敬的各位同事,
女士们,先生们,朋友们:

在中国人民欢度新春佳节的喜庆日子里,同各位新老朋友在北京相聚,我感到十分高兴。首先,我代表中国政府和中国人民,代表我的夫人,并以我个人的名义,对来华出席北京冬奥会的各位嘉宾,表示热烈的欢迎!向所有关心和支持北京冬奥会的各国政府、各国

人民及国际组织表示衷心的感谢！我还要特别感谢在座的各位朋友克服新冠肺炎疫情带来的困难和不便，不远万里来到北京，为冬奥喝彩、为中国加油。

昨晚，北京冬奥会在国家体育场正式开幕。时隔14年，奥林匹克圣火再次在北京燃起，北京成为全球首个"双奥之城"。中国秉持绿色、共享、开放、廉洁的办奥理念，全力克服新冠肺炎疫情影响，认真兑现对国际社会的庄严承诺，确保了北京冬奥会如期顺利举行。

让更多人参与到冰雪运动中来，是奥林匹克运动的题中之义。中国通过筹办冬奥会和推广冬奥运动，让冰雪运动进入寻常百姓家，实现了带动3亿人参与冰雪运动的目标，为全球奥林匹克事业作出了新的贡献。

女士们、先生们、朋友们！

自古以来，奥林匹克运动承载着人类对和平、团结、进步的美好追求。

——我们应该牢记奥林匹克运动初心，共同维护世界和平。奥林匹克运动为和平而生，因和平而兴。去年12月，联合国大会协商一致通过奥林匹克休战决议，呼吁通过体育促进和平，代表了国际社会的共同心声。要坚持相互尊重、平等相待、对话协商，努力化解分歧，消弭冲突，共同建设一个持久和平的世界。

——我们应该弘扬奥林匹克运动精神，团结应对国际社会共同挑战。新冠肺炎疫情仍在肆虐，气候变化、恐怖主义等全球性问题层出不穷。国际社会应当"更团结"。各国唯有团结合作，一起向未来，才能有效加以应对。要践行真正的多边主义，维护以联合国为核心的国际体系，维护以国际法为基础的国际秩序，共同建设和谐合作的国际大家庭。

——我们应该践行奥林匹克运动宗旨，持续推动人类进步事业。奥林匹克运动的目标是实现人的全面发展。要顺应时代潮流，坚守和平、发展、公平、正义、民主、自由的全人类共同价值，促进不同文明交流互鉴，共同构建人类命运共同体。

女士们、先生们、朋友们！

"爆竹声中一岁除，春风送暖入屠苏。"中国刚刚迎来农历虎年。虎象征着力量、勇敢、无畏，祝愿奥运健儿像虎一样充满力量、创造佳绩。我相信，在大家共同努力下，北京冬奥会一定会成为简约、安全、精彩的奥运盛会而载入史册。

最后，我提议，大家共同举杯，

为国际奥林匹克运动蓬勃发展，

为人类和平与发展的崇高事业，

为各位嘉宾和家人的健康。

5. 宣布运动会开幕

运动会主席致开幕词并邀请组织单位最高领导宣布运动会开幕。此时，运动会正式开幕。在宣布运动会开幕后，一般要放烟花、鸣礼炮，或放信鸽、飘飞气球，以增加喜庆气氛。

6. 运动员、裁判员宣誓

运动员和裁判员代表走向讲台，举右手，向大会宣誓。誓言大致如下：

我代表全体运动员宣誓：服从领导，遵守纪律，尊重裁判，尊重对手，比赛中做到：胜不骄傲，败不气馁，赛出水平，以饱满热情积极参加本届运动会。

宣誓人：某某某

某年某月某日

我代表全体裁判员宣誓：服从领导，遵守规程；严肃认真，公正准确，秉公执法。裁判员之间互相学习，团结协作，确保大会各项竞赛工作顺利进行。

宣誓人：某某某

某年某月某日

7. 点火仪式

运动会火炬经接力跑送入体育场，最后一名接力跑运动员沿跑道绕场一周后点燃运动会圣火，该圣火一直燃烧到运动会闭幕。

二、奥运会开幕典礼

2022 年北京冬奥会开幕式

现代奥运会最引人注目的特色之一就是它的独特而完整的仪式，开幕式更是所有仪式中最具魅力的华彩乐章。它是一届奥运会最为重要的文化活动，也是当今世界上受到最多关注的体育文化盛典。奥运会开幕式对媒体和大众的吸引力甚至超过体育比赛本身，人们甚至说精彩的开幕式意味着奥运会已成功了一半。事实上,每当奥运盛会来临,奥林匹克仪式都会给世界上数以亿计观众的心灵带来巨大震撼,留下终生难忘的印象。所以从某种程度上说,奥运会开幕式的功能已经不限于一场竞技盛会,它的意义早已经上升到展现一个国家和民族文明状态的境界。奥林匹克专家约翰·麦克阿鲁恩曾说过:"没有任何文化活动,没有任何宗教活动,没有任何国际组织的开幕式能超过奥运会开幕式的影响力。"奥运会的开幕式经过百年的发展已经形成了一整套特有的恢宏庄严、华彩而凝重的传统仪式。

根据奥林匹克宪章第 69 条的内容,奥运会开幕式必须依照国际奥委会确定的礼宾程序举行,应反映和展现奥林匹克主义的人文原则并促进其传播。

2022 年北京冬奥会开幕式

第 24 届汉城奥运会开幕式

1. 开幕式开始

由奥运会组委会主席宣布开幕式开始。

2. 东道国国家元首入座

国际奥委会主席和奥运会组委会主席在运动会场的入口迎接东道国国家元首，并引导元首到专席入座。

3. 各国代表团入场

由代表团官员（每代表团最多 6 名）带领，以国旗和国家名牌为先导，各国代表团按主办国语言的字母顺序逐一步入奥运主会场，但希腊和东道国代表团例外，希腊代表团最先入场，东道国代表团最后入场。只有参加该届奥运会并有权在奥运村住宿的运动员方可参加入场队列，举名牌的人员由奥运会组委会指派，旗手为各代表团团员，各代表团的名牌和旗帜由奥运会组委会统一提供，大小一致。参加入场队列的人员身着该代表团正式制服，不能携带旗帜、横幅、三角小旗、照相机或其他不属于其制服部分的可见饰件或物品。当代表团通过国家元首和国际奥委会主席台时，应向元首和主席致敬。各代表团在入场式结束后，到为他们保留的座位入座，以便观看开幕式，但旗手例外，仍留在运动场上。

4. 奥运会组委会主席讲话

国际奥委会主席在奥运会组委会主席的陪同下，登上设于官员席前方运动场上的讲台。奥运会组委会主席讲话，最多 3 分钟，然后说："我荣幸地邀请国际奥委会主席……讲话。"

5. 国际奥委会主席讲话

国际奥委会主席在讲话中提到皮埃尔·德·顾拜旦,并最后说:"我荣幸地邀请……(国家元首)宣布第……届奥林匹克夏季运动会(或第……届奥林匹克冬季运动会)开幕。"

6. 东道国国家元首宣布奥运会开幕

东道国国家元首宣布奥运会开幕:"我宣布……(主办城市名称)举办的第……届奥林匹克夏季运动会(或第……届奥林匹克冬季运动会)开幕。"

由国王或国家元首主持奥林匹克运动会开幕典礼,来自1896年希腊第一届奥运会,即由希腊乔治国王宣布比赛开始,这个习俗也沿袭存在每届奥运开幕典礼中,到1906年后逐渐形成条文,纳入规章中。元首致辞更有一定格式,只能说:"我宣布在某某举行的第某某届现代奥林匹克运动会开幕",一句话而已,不能擅加增减。

7. 奏奥林匹克会歌

奏奥林匹克会歌,同时奥林匹克旗以水平展开形式进入运动会场并从赛场的旗杆上升起。

在现代奥运史上,奥运会会歌是伴随着第1届奥运会的产生而出现的。在1896年于雅典举行的第1届奥运会开幕式上,当国王乔治一世宣布奥运会开幕以后,进入场内的雅典规模最大的弦乐队和合唱团,在体育场中央偏右的地方开始演奏起一首庄严而动听的歌曲《奥林匹克圣歌》。这是一首四分之三节拍的古希腊歌曲,由希腊人萨马拉斯作曲,帕拉马斯作词,是人们首次听到的国际奥林匹克圣歌,也是体育音乐(和诗歌)在现代历史上的开端。由于音乐效果令人震惊,使得从国王到平民百姓都在某种程度上受到了感染,要求重新演奏,节目于是再次演奏。《奥林匹克圣歌》在萨马拉斯的指挥下由9个合唱团和250人演出,给国际奥委会官员留下了深刻的印象。

但当时并未确定其为奥运会会歌,因为当时还有许多人认为它并不十分理想,其主要原因是它需要和五环旗、和平鸽、圣火等互相配合,才能产生庄严神圣的气氛,激励全世界的运动员,而当时这些标志和仪式尚未产生。为此曾一直争论不休。1958年以前,各奥运会承办国根据对奥林匹克精神的理解、民族文化差异和欣赏角度等,自由挑选曲目作为会歌。因此,奥运会历史上曾出现过好几首会歌。可以说,在第1届奥运会之后的相当长一段时间内,历届奥运会均由东道主确定会歌,并未形成统一的会歌形式。如1936年柏林奥运会的会歌是施特劳斯特意为这届奥运会所作的《奥林匹克之歌》,1948年奥运会则选用奎尔特作曲、基普林作词的《不为自己而为主》作为会歌。20 世纪 50 年代以后有人建议重新创作新曲,作为永久性的会歌,但几经尝试都不能令人满意。

国际奥委会在 1958 年于东京举行的第五十五次奥运会上最后确定还是用《奥林匹克圣歌》作为奥林匹克会歌,其乐谱存放于国际奥委会总部。从此以后,在每届奥运会的开、闭幕式上都能听到这首悠扬的古希腊乐曲。其主要的含义是从奥林匹克活动中去追求人生的真、善、美。这首歌歌词内容如下:

> 古代不朽之神,
> 美丽、伟大而正直的圣洁之父。
> 祈求降临尘世以彰显自己,
> 让受人瞩目的英雄在这大地苍穹之中,
> 作为你荣耀的见证。
> 请照亮跑步、角力与投掷项目,
> 这些全力以赴的崇高竞赛。
> 把用橄榄枝编成的花冠颁赠给优胜者,
> 塑造出钢铁般的躯干。
> 溪谷、山岳、海洋与你相映生辉,
> 犹如以色彩斑斓的岩石建成的神殿。
> 这巨大的神殿,
> 世界各地的人们都来膜拜,
> 啊!永远不朽的古代之神。

奥运会会歌作为奥林匹克运动会中的一棵艺术奇葩,成为艺术与奥林匹克运动结合的重要凝聚点,并已成为历届奥运会必不可少的重要组成部分。

8. 点燃奥林匹克圣火

奥林匹克火炬经接力跑送入体育场,最后一名接力跑运动员沿跑道绕场一周后点燃奥林匹克圣火,该圣火一直到奥林匹克运动会闭幕方可熄灭。圣火点燃仪式历来都是奥运会开幕式上最受关注、最为引人注目的组成部分,作为一个创意行为,点火仪式被看作是整个奥运会开幕式上最具画龙点睛的一笔,是开幕式水准高低的判定标准之一。

9. 运动员代表宣誓

所有代表团的旗手围绕讲台形成半圆形,主办国的一名参赛者登上讲台,左手执奥林匹克旗一角,举右手,宣读庄严誓言:"我以全体运动员的名义保证,为了体育的光荣和运动队的荣誉,以真正的体育道德精神参加本届奥林匹克运动会,尊重并遵守运动会各项比赛的规则,致力于一种没有兴奋剂和毒品的运动。"

宣誓活动承袭古奥委会习俗,于1920年第七届奥运会实施,奥运史上第一位宣誓者为比利时击剑选手波恩。"运动员宣誓使荣誉的观念成为一种奠基石,引导他们走向真理。"

雅典奥运会运动员、裁判员代表宣誓仪式

10. 裁判员代表宣誓

主办国的一名裁判员登上讲台,以同样的方式宣读誓言:"我以全体裁判员和官员的名义,保证以真正的体育道德精神,完全公开地执行本届奥林匹克运动会的职务,尊重并遵守运动会的各项规则。"

11. 奏或唱主办国国歌

奏或唱主办国的国歌,各代表团退场,旗手到为他们保留的座位入座。

12. 大型节目表演

大型节目表演历来都是奥运会开幕式的重头戏,节目既要反映出以和平、团结、友谊为宗旨的奥林匹克精神,也要展现出东道国的民族文化、地方风俗和组织工作的水平,同时还要表达对世界各国来宾的欢迎。

第三节　颁奖仪式

在大型体育赛事期间，一般在每项比赛结束后，都要立即在比赛场地举行隆重的颁奖仪式。无论对获奖的运动员，还是对观众来说，颁奖仪式都是运动会上最令人激动的时刻之一。它不但是对运动员拼搏精神的激励，是对优胜者运动成绩的奖赏，而且也是对优胜者及其所在的团队或所在国家的尊敬。颁奖仪式上要升国旗、奏国歌。当举行这些仪式时，观众要全体起立以示尊重。颁奖时的这些仪式更是对运动员、体育工作者及广大体育爱好者进行爱国主义和国际主义教育的最好时机。正如顾拜旦所说："在这个世俗化的世纪，有一种信仰可能用来实现世俗化目标——这就是国旗，现代爱国主义的象征。把国旗升上胜利的旗杆以奖励获胜的运动员——这样就继承了古代的崇拜，而不需要重新点燃炉火。"

颁奖仪式的一般程序是这样的：第一，宣布比赛成绩。主席台工作人员依次宣布比赛项目季军、亚军和冠军的比赛成绩。第二，优胜者就位。三名优胜者走到阶梯式领奖台前面，在大会依次宣布季军、亚军、冠军获得者名字的同时，三名优胜者依次登上领奖台。第三，为优胜者颁奖。嘉宾依次为季军、亚军、冠军获得者颁发奖牌、奖杯并握手表示祝贺。第四，升国旗奏国歌。此项仅见于国际赛事。升前三名获奖运动员代表团的国旗；奏冠军代表团的国歌。奏国歌时全场起立，表示对优胜者及其国家的尊敬。升国旗、奏国歌的颁奖仪式使运动员的个人成就与国家和民族荣耀联系起来，增加了体育运动的神圣性和使命感。

案　例

奥运会颁奖仪式

奥运会的颁奖仪式庄严、隆重而激动人心，是爱国主义和国际主义结合的典范。在奥运会中，任何国家的运动员取得的成就，都是全人类的骄傲，都值得我们高声喝彩。因此，一百多年来，无论奥运会在哪里举办，每当国歌奏响，国旗冉冉升起之时，在场的观众均肃然起立，他们既是在向优胜者致敬，也是在向人类自己致敬。

奥运会的颁奖仪式必须按照国际奥委会的颁奖礼仪规定来举行。在奥运会期间,奖牌应由国际奥委会主席(或由他选定的委员)在有关的国际单项体育联合会主席(或其代表)陪同下颁发。获得前三名的运动员在领奖时必须身着正式服装或运动服,在宣布他们的名字后,依次登上阶梯式领奖台,面向官员席,冠军站在领奖台的最高位置,亚军和第三名依次站立。升国旗时,冠军代表团的旗帜应从中央旗杆升起,第二名和第三名代表团的旗帜分别从紧靠中央旗杆右和左侧的旗杆升起。奏冠军代表团的国歌时,三名奖牌获得者应面向旗帜肃立。

奥林匹克运动通过颁奖等仪式向人们显示世界上各个民族的优秀文化、各国运动员出类拔萃的身体能力和精神风貌,教育人们尊敬其他国家,避免狭隘的民族中心主义。

第四节　闭幕仪式

闭幕式是全部赛程结束后于体育场内举行的一系列活动仪式,与开幕式突出的庄严、隆重相比,闭幕式则多一些欢乐的气氛。

一、一般运动会闭幕典礼

典型的国内体育赛事闭幕式主要有十项程序:第一,宣布闭幕式开始。主持人做开场白,宣布闭幕式开始并介绍出席领导和嘉宾。第二,运动员入场。主持人介绍入场的运动员。第三,奏唱国歌。全体起立,奏唱国歌。第四,宣布比赛成绩。第五,向代表团颁奖。第六,致闭幕词。第七,奏会歌、降会旗、熄灭火炬。第八,会旗交接。东道主送还会旗,下届东道主接会旗。第九,运动员退场。第十,文艺节目。

二、奥运会闭幕典礼

1. 进场仪式

各代表团的旗手按开幕式的顺序成一列纵队进场,在他们后面是不分国籍的运动员队伍,旗手在主席台后形成半圆形。

2. 升旗仪式

国际奥委会主席和当届奥运会组委会主席登上主席台,希腊国旗从升冠军国旗的中央旗杆右侧的旗杆升起,主办国国旗从中央旗杆升起,下届奥运会

雅典奥运会闭幕式各代表团入场

主办国的国旗从左侧旗杆升起。

3. 交旗仪式

本届主办城市市长将会旗交给国际奥委会主席,再由国际奥委会主席把会旗交给下届奥运会主办城市市长。

4. 致闭幕词

奥运会组委会主席讲话,国际奥委会主席致闭幕词。

5. 退场仪式

在鼓号声中奥林匹克圣火熄灭,与奏奥林匹克圣歌的同时,奥林匹克旗从旗杆上徐徐降下,并以水平展开形式送出运动场,旗手紧随其后退场。同时奏响欢送乐曲。各代表团退场。最后,进行精彩的文艺表演。

第五节 本章知识点小结及项目综合实训

知识点小结

1. 体育运动仪式是指围绕一定规模的竞技体育或群众体育运动盛会而举行的一系列隆重的礼仪性活动,主要包括火炬接力仪式、开幕仪式、颁奖仪式和闭幕仪式等。

2. 火炬传递仪式包括火种的采集、火炬传递等过程。

3. 开幕仪式是体育赛会正式宣布开始的一系列活动仪式。一般包括:主持人宣布开幕式开始,裁判员、运动员入场,升国旗、会旗,奏国歌、会歌,致欢迎词、开幕词,宣布运动会开幕,运动员、裁判员宣誓,点火仪式等。

4.闭幕式是全部赛程结束后于体育场内举行的一系列活动仪式,一般包括宣布闭幕式开始,运动员入场,奏唱国歌,宣布比赛成绩,向代表团颁奖,致闭幕词,奏会歌、降会旗、熄灭火炬,会旗交接,运动员退场等。

项目综合实训

体育运动仪式的认识

(一)实训目的

通过观摩、演练、展示,帮助学生了解掌握体育运动仪式如运动会开幕式、颁奖仪式、闭幕式的一般流程,同时了解这些运动仪式每个流程的文化内涵。

(二)实训内容

选择体育运动仪式中的开幕式、颁奖仪式、闭幕式进行观摩、演练、展示,掌握其基本流程。

(三)实训要求

1.掌握运动仪式中的开幕式、颁奖仪式和闭幕式流程;

2.正确、流畅展示开幕式、颁奖仪式和闭幕式。

(四)实训步骤

1.对班级学生按运动仪式种类(开幕式、颁奖仪式、闭幕式)进行分组,教师布置实训任务;

2.各小组根据本组分配到的仪式,讨论完善仪式流程,根据流程分配角色,讨论流程内涵;

3.各小组利用课余时间演练仪式流程,同时进行视频(PPT)制作;

4.课堂进行仪式流程展示,交流及点评;

5.教师总结归纳。

(五)组织形式

以小组为单位进行讨论、演练,最终以小组为单位在课堂上展示、交流。

(六)考核要点

	考核点	考核要求	分值	备注
1	仪式流程展示	流程展示正确,情景展示生动、自然。	30分	小组评议、教师评分
2	团队合作能力	分析、讨论、分工协作能力。	30分	小组自评
3	知识点的把握	对课堂知识的理解程度,语音表达能力,表达仪态优美度。	40分	小组互评、教师评分

第十一章　体育运动会标识

理论目标

　　了解体育运动标识所蕴含独特的礼仪文化内涵。

实务目标

　　了解会旗、会徽、吉祥物、宣传画、项目图案等运动标识所蕴含的意义，特别是了解历届奥运会会徽独特的礼仪语言。

　　体育运动标识是体育运动会的视觉形象，包括运动会会旗、会徽、吉祥物、宣传画等。这些体育标识往往用流畅的线条、简洁的设计表达丰富的文化内涵，能够形象地体现运动会的价值取向和精神面貌。体育标识的共同特征是：富有象征意义，具有极强的时代性和鲜明的民族特色以及新颖的艺术独创性。它是运动会独特的礼仪语言，也是运动会留给人们的宝贵财富。

第一节　会旗

　　自1913年顾拜旦构思和设计制作奥林匹克运动会的会旗以来，目前国内外各种形式的运动会都有自己独特的会旗，它是某类运动会的专用标志和永久象征。会旗图案一般造型优美，色彩明快，具有鲜明的象征意义和体育特色。会旗的放置地点代表着运动会的举办地点，会旗的交接仪式标志着一届运动会周期的开始。

　　不同形式的运动会会旗都各具特色且主旨鲜明，最富有象征性和感召力的运动会会旗当属国际奥林匹克运动会会旗。奥运会会旗为长方形，长3米，宽2米，以白色为底，象征纯洁。旗中央有五个相互套连的圆环，环的颜色自左至右为蓝、黄、黑、绿、红，五环中蓝环位置最高，靠近旗杆，最初的解释是五种颜色代表所有国家国旗颜色，后来又解释为五个不同颜色的圆环分别象征

奥林匹克会旗

着五大洲,天蓝色为欧洲、黄色为亚洲、绿色为大洋洲、红色为美洲、黑色为非洲,这种解释一直在全世界广为流传。1979 年 6 月,国际奥运会正式宣布了会旗和五个环的含义:根据奥林匹克宪章,奥林匹克旗帜和五个圆环的含义是象征五大洲的团结,以及全世界运动员以公正、坦率的比赛和友好的精神在奥运会上相见。

运动会会旗交接仪式在上一届运动会闭幕式上举行,会旗交接仪式隆重而热烈,届时运动会委员会主席从刚结束一届运动会主办城市的市长手中收回旗帜,再转送给下一届主办城市的市长。该会旗将会保存在下一届主办市市政府直到再送交给下届主办城市。

第二节　会徽

运动会会徽是一届运动会的徽记。每一届运动会的组委会都要为所举办的运动会设计会徽,会徽是一届运动会形象景观的核心,它不仅要表现出蓬勃向上的体育精神,也要反映出举办者所特有的诸如历史、地理、民族文化传统等特征。

历届现代奥运会(包括冬季奥运会)会徽是奥运会最有权威性的形象标志,是当今世界最为瞩目的主题标志。会徽设计大都简洁抽象而富有艺术性,意蕴深刻。从以下历届奥运会会徽可以看出,会徽已经成了一个具有历史纪念意义的标志。

1896 年希腊雅典第一届奥运会会徽

1896 年，雅典开创性地举办了第一届现代奥运会。原本首届奥运会既没有会徽也没有招贴画，这幅画是雅典奥委会向国际奥委会提交的报告的封面，后来被用来代表本届奥运会会徽。雄浑的雅典卫城，手执橄榄枝的雅典娜女神，深嵌的马蹄印。左上方公元前 776—1896 的字样表示现代奥运会与古代奥运会一脉相承的关系。

1900 年法国巴黎第二届奥运会会徽

1900 年巴黎奥运会会徽的主体是一位身着传统法国骑士服装的女性，右手高举法国的三种传统兵器——花剑、佩剑和重剑，设计简单，却充满了法国味道，从这届奥运会起，女性开始走进了奥林匹克大家庭，参加了表演项目的比赛。

1904 年美国圣路易斯第三届奥运会会徽

1904 年，第三届奥运会在美国的圣路易斯举行，会徽通过采用"鱼眼"特技展示了主办城市的风貌。由于举办较早，当时的会徽还是通过世界博览会宣传海报的方式出现的。

1908 年英国伦敦第四届奥运会会徽

1906 年意大利维苏威火山的爆发，使原本定于罗马举行的 1908 年奥运会临时易地伦敦举办。1908 年伦敦奥运会的会徽体现出浓郁的时代风格，跳高运动员的服装，跳高姿势以及身后的煤渣跑道和运动场中间的游泳池，都有着当时的烙印。

1912 年瑞典斯德哥尔摩第五届奥运会会徽

地处北欧的瑞典是现代体育开展较早的国家。1912 年瑞典斯德哥尔摩奥运会的会徽图案浓缩了各国运动员对奥林匹克运动的向往之情：它描述了一队身形矫健的奥运选手，挥动着各自国家旗帜奔向奥林匹克赛场的情景。从中我们能隐隐嗅到古代奥运的气息。

1920 年比利时安特卫普第七届奥运会会徽

1920 年，奥运会选择了比利时一个历史悠久的港口城市、欧洲最繁荣的商业和艺术城市安特卫普作为主办城市。比利时安特卫普奥运会会徽右上方是主办城市的盾形徽章，中间手执铁饼、健壮的半裸男子让人想起古代奥运会。背景是安特卫普著名的城塔。会标中，参加国的国旗在一起飞卷飘扬，象征着五大洲团结在一起。

1924 年法国巴黎第八届奥运会会徽

1924 年巴黎奥运会会徽的主体是巴黎城的盾形城徽，中间配以一艘在大海中航行的古帆船，同时附有"第八届奥林匹亚德巴黎1924"和"法国奥委会"的文字说明。从严格意义上讲，这是现代奥运史上的第一枚会徽，从此奥运会的会徽和招贴画正式分开。

1928 年荷兰阿姆斯特丹第九届奥运会会徽

阿姆斯特丹奥运会会徽融入了更多现代因素。蓝色的背景上，一名长跑运动员高举象征胜利的白色月桂枝。会徽底部飘扬着荷兰国旗色红、白、蓝三色波浪。会徽创造性地将荷兰、运动、胜利、奥林匹克等元素融为一体。

1932 年美国洛杉矶第十届奥运会会徽

1932 年的洛杉矶奥运会会徽的主体是东道主美国的国旗,奥运五环标志居于会徽正中,代表胜利的月桂枝穿梭其间,更快、更高、更强的奥林匹克精神首次出现在了奥运会徽中,充分展示了美国人所追求的精神。

1936 年德国柏林第十一届奥运会会徽

1936 年的奥运会址选择柏林是一个历史的错误,纳粹德国借奥运粉饰和平,蒙蔽世界。其会徽充满了霸权,一座奥林匹克钟里,奥运五环上矗立着一只象征阶级的鹰,勃兰登堡之门是柏林的象征。鹰爪下的五环和圣火以及誓言都是柏林奥运强权的符号。

1948 年英国伦敦第十四届奥运会会徽

1948 年,世界还处在二战后的恢复时期,人们对在这一时期是否需要举行体育盛会争论不休,但 1948 年伦敦奥运会最终却大受欢迎,它给深受战争创伤的人们以巨大的精神安慰。1948 年伦敦奥运会的会徽前景部分为奥林匹克五环标志。议会大楼的钟楼为会徽的主要构成。这个著名的"大本钟"的指针指向四点,这是计划中的开幕式时间。

1952 年芬兰赫尔辛基第十五届奥运会会徽

1952 年芬兰赫尔辛基奥运会会徽图案的设计简洁而清晰,主要表现了奥运主会场的标志性建筑"奥运塔楼"和"奥运五环",意味着光辉的奥林匹克来到了"千湖之国"芬兰;同时,世人也能感悟到芬兰人对奥运的那份深深的敬仰和渴望之情。

1956 年澳大利亚墨尔本第十六届奥运会会徽

绿色和环保是澳大利亚留给每个人最深刻的印象。1956 年的墨尔本奥运会会徽采用单一绿色,会徽主体是一个矗立在澳大利亚版图上熊熊燃烧着的火炬,火炬的上前方是奥林匹克的标志——五环,会徽的底部是"墨尔本 1956"字样,并向两侧延伸成为象征着胜利的月桂枝。

1960 年意大利罗马第十七届奥运会会徽

罗马奥运会会徽采用了罗马城徽的标志,标志上是一只母狼在哺乳两个婴儿的奇特图案。母狼哺乳的两个婴儿中的一个,就是传说中的罗马城第 1 任国王罗慕路。会徽居中几个大大的字母是拉丁文"1960"的意思,可见罗马城徽是古罗马历史文化的高度浓缩。

1964 年日本东京第十八届奥运会会徽

1964 年,奥林匹克的光芒首次普照亚细亚大地,在会徽的设计中体现出了东方古老文明的神韵。1964 年东京奥运会会徽为置于日本国旗前的奥林匹克标志,它象征奥林匹克就像一轮冉冉升起的红日。而一轮红日下的奥运五环标志,采用了金色,有别于传统的五环颜色。

1968 年墨西哥城第十九届奥运会会徽

墨西哥城是历史悠久的世界名城,被称作壁画之都,市内建筑物墙壁上处处可见气势磅礴、色彩绚丽的壁画,本届奥运

会会徽的创作灵感就来源于丰富的壁画素材。第十九届墨西哥城奥运会的会徽创造性地使用了黑白两色,将彩色的奥运五环标志和墨西哥的英文字样与传统壁画图形巧妙地融为一体,让人联想到古老的印第安图案。同时墨西哥的每个字母或者环形或者直线,又像运动场的跑道。简洁却丰富,单一却深刻,会徽强烈的墨西哥民族风格给人留下了深刻印象。

1972 年德国慕尼黑第二十届奥运会会徽

慕尼黑奥运会会徽设计只有黑白两种色彩，具有抽象性，主体部分是一顶光芒四射的桂冠，喻义着慕尼黑奥运会的主体精神——光明、清新、崇高，象征着一个"光芒四射的慕尼黑"。

1976 年加拿大蒙特利尔第二十一届奥运会会徽

奥林匹克领奖台和五环的组合构成了 1976 年加拿大蒙特利尔奥运会会徽的主体，而领奖台与五环的一部分又构成了三个田径跑道的图案，巧妙的是领奖台同时是变形的美术字 M，代表了主办城市的首写字母。这届奥运会尽管办得比较成功，但其窘迫的财政状况也给未来的东道主以及奥林匹克运动提出了新的课题。

1980 年苏联莫斯科第二十二届奥运会会徽

1980 年莫斯科奥运会会徽在五环上面五条平行线呈金字塔型垂直排列，象征奥林匹克更快、更高、更强的精神，同时也体现了莫斯科的城市建筑风格，顶部的五角星取材于苏联的国旗。整个标志以耀眼的红色呈现出强烈的视觉冲击力。

1984 年美国洛杉矶第二十三届奥运会会徽

1984 年的洛杉矶奥运会会徽是"运行之星"。图案主体为五角星，象征着人类的最高愿望。画面 13 条横虚线，使星显出运行状态，既寓意生命不停地运动，不停地进取，又象征美国独立时的 13 个州。红白蓝三色，是美国国旗的三种颜色。

1988 年韩国汉城第二十四届奥运会会徽

1988 年汉城奥运会会徽的设计充分体现了传统韩国文化的精髓，整个图案具有鲜明的朝鲜民族特色。1988 年汉城奥运会会徽，由蓝、红、黄 3 色呈旋涡状的条纹和象征奥林匹克的五色环组成，3 种颜色代表天、地、人"三元一体"的哲学意义。动态的条纹，意指生生不息的体育运动，旋转向上以示和谐进步。会徽中向内心的动态，比喻来自五大洲的选手走到一起；而外离心的动态，则寓意着通过奥林匹克的崇高精神，走向相互了解和世界进步。

1992 年西班牙巴塞罗那第二十五届奥运会会徽

1992 年巴塞罗那奥运会会徽充满活力。上半部由蓝、黄、红色一点和两个弯曲的线条组成，红、黄、蓝三大色块象征着地中海文化的三个永恒主题：太阳、生命、大海，一点两线既象征大地、天空，又构成了一个人的运动状态，似跑似跳。图案代表了巴塞罗那悠久的文化和现代化建设的生命活力。同时，还可理解为巴塞罗那人正张开双臂迎接来自五大洲的客人。

1996 年美国亚特兰大第二十六届奥运会会徽

1996 年是现代奥运百年诞辰，这一年在美国亚特兰大举行的第 26 届奥运会实现了奥运家庭的大团圆。会徽主体部分是一个火炬。火炬的底部由五环和阿拉伯数字 100 构成，纪念奥运会已经走过百年历史；而火炬的上半部由火焰变成的星星象征每一位运动员的卓越追求。会徽中的金色象征着金牌，绿色象征着亚特兰大的城市之树——月桂枝。

2000 年澳大利亚悉尼第二十七届奥运会会徽

2000 年悉尼奥运会的会徽——"新世纪运动员"是一个运动员正奔向新世纪的形象。由上至下不难看出悉尼歌剧院的外形曲线被用来表示火炬，而太阳、岩石及土著的回旋标的图形则被用来塑造运动员的头、手及腹部。整个会徽的色彩语言极具象征意义：蓝色的海港、黄色的太阳和沙滩以及红色的内陆土地，突出了澳大利亚本土文化的独特性。

2004 年希腊雅典第二十八届奥运会会徽

1896 年的雅典会徽给人的印象是具体、写实，一个世纪后，雅典人又有了新的创造。这就是 2004 年雅典奥运会会徽，简单而抽象，明亮而纯净。蓝色和白色两种颜色是如此和谐地统一在一起，作为欧洲古代文明发源地的雅典，似乎分外青睐橄榄枝。围成圆形的白色橄榄枝是和平的象征，同时也体现着现代雅典对全世界的包容性。

2008 年中国北京第二十九届奥运会会徽

北京奥运会会徽名为"中国印·舞动的北京"。会徽将肖形印、中国字和奥运五环有机地结合起来，巧妙地幻化成一个向前奔跑，舞动着迎接胜利的运动人形，表达北京热情张开双臂欢迎世界各国朋友到来的情感，充满青春活力。图案似印非印，似"京"非"京"，潇洒飘逸，充满张力，寓意舞动的北京；会徽中具有的中国精神、中国气派、中国神韵的汉文化符号，象征着开放、充满活力、具有美好前景的中国形象；体现了新北京、新奥运的理念和绿色奥运、科技奥运、人文奥运的内涵，再现了奥林匹克"友谊、和平、进步""更快、更高、更强"的精神。会徽是奥林匹克精神与中华优秀传统文化的完美结合，是中国人民奉献给奥林匹克运动的宝贵财富。

2012 年英国伦敦第三十届奥运会会徽

会徽以数字"2012"为主体，包含了奥林匹克五环及英文单词伦敦（London）。这一设计清晰地传达出伦敦的声音——"伦敦 2012 年奥运会将是所有人的奥运会、所有人的 2012"。会徽颜色一共有四种，分别

是粉色、橙色、蓝色和绿色，可根据不同场合的需要使用不同颜色的会徽。这一设计是百年奥运史上第一次由同一年举办的奥运会和残奥会共享"同一个会徽"。会徽象征着"活力、现代与灵活"，反映了一个崭新的、丰富多彩的世界，在这个世界上，人们特别是年轻人不再处于静止状态，而是用新技术和新媒体网络武装起来工作。"几何图形抓住了 2012 年伦敦奥运会的实质，即激励全世界的年轻人参加体育运动，体现奥运价值。"

2016 年巴西里约热内卢第三十一届奥运会会徽

2016 年里约热内卢奥运会会徽的设计采用了 3D
特效设计图。三个手拉手一起舞动着的人，组成了里
约面包山形象。深蓝色的 Rio2016 则是对这个标志
事件时间意义上的界定，还有传统的五环设计。会徽
设计基于四个理念——富有感召力的力量性、和谐的
多样性、丰富的自然性和奥林匹克精神。会徽旨在将
全世界与奥林匹克追求卓越、相互尊重和友谊的观念
连接起来，增强合作伙伴同奥运会的联系，将里约奥
运会打造成一届有特色的盛会。

2020 年日本东京第三十二届奥运会会徽

2020 年东京奥运会会徽由三种不同的长方形组
成，会徽色调为日本传统颜色靛蓝色，在由矩形组合构
成的圆形下方是"TOKYO 2020（东京 2020）"的英文
字样，再往下是奥运五环标志。奥运会会徽的三种不
同的长方形代表了不同的国家、文化和思维方式，表达
了多样性融合的意思。会徽还表达了东京奥运会将成
为一个多元化的平台，连接全世界。会徽选择了抽象
形态，表面上看似设计师的审美选择，实则凝聚着厚重
的东方历史文化，也融入了西方文化元素，在禅宗精神
影响下，富有"和"之美，"素"之美，"寂"之美。

2022 年中国北京冬奥会会徽

北京 2022 年冬奥会会徽（冬梦），主要由会徽
图形、文字标志、奥林匹克五环标志三个部分组成。
图形主体形如一个不同渐变色相间的汉字"冬"的
写意草书，将抽象的滑道、冰雪运动形态与书法结
合。会徽以蓝色为主色调，寓意梦想与未来，以及
冰雪的明亮纯洁。红色、黄色两种辅助色源自中国
国旗，代表运动的激情、青春与活力。

第三节 吉祥物

导入链接

北京冬奥会吉祥物冰墩墩

在吉祥物评审过程中,冰糖葫芦的创意作品入围前十,这就是北京冬奥会吉祥物冰墩墩最初的创意来源。这一作品来自广州美术学院设计团队。

2018 年 10 月 10 日,冬奥组委宣讲团来到广州美院进行宣讲。虽然那时距离征集截止日期已经很近,广州美院党委书记谢昌晶当即表示,要举全校之力做好设计的征集工作。他们第一时间组建了吉祥物设计团队,并按时提交了设计作品。

在初评和复评之后,2019 年 1 月 20 日,北京冬奥组委主席办公会议从 10 组吉祥物入选设计方案类别中,研究确定了深化修改类别。其中,冰糖葫芦方案位列其中。

1 月 25 日,冬奥组委遴选了 10 名吉祥物设计方案修改专家,正式组建吉祥物设计方案修改专家组,为每一组设计团队都提供指导建议。同一天,冬奥组委正式向广州美院设计团队发出邀请,要求团队对自己的入围作品进行修改。

短暂开心过后,设计团队迎来的是长达 7 个月的漫长且高压的修改过程。从最初的冰糖葫芦,到最终的冰墩墩,他们进行的大大小小修改不计其数,草图上万张,相关文件累计超过 100G。

按照冬奥组委的要求,广州美院设计团队需要在年初九递交围绕这件作品的第一轮修改方案,这就意味着他们的春节假期"泡汤"了。但大家没有怨言,正月初三早上八点半,全体成员准时出现在广美昌岗校区综合设计楼 705 工作室。这个工作室也成为接下来 7 个月,设计团队的主阵地。

冰糖葫芦的创意正是出自广州美院视觉艺术设计学院副教授刘平云之手,他说冰糖葫芦是他儿时对北京的记忆,而且糖葫芦外表的"冰壳"也与冰雪运动"或多或少有些联系"。

设计团队在元宵节前一天交出了第二份修改方案。经过短暂但又漫长的 10 天等待,新的修改意见是保留冰壳的创意,尝试围绕其他珍稀或特色动物展开设计。广美设计团队在冰壳里做了许多尝试，有鹿、虎、兔子，考虑到冬奥会正值春节，他们还设计了元宵、饺子等等。

出于保密需要，每次递交修改方案，都需要团队成员从广州"人肉快递"到北京冬奥组委，有的成员往返北京近20次，有时为了提升效率，还要当天往返。广美设计团队负责人、视觉艺术设计学院院长曹雪笑言，这7个月来京的次数已经超过他整个上半生来京的次数。

整个3月和4月，广美设计团队对吉祥物形象的概念表达、角色造型、动作比例、装饰纹样、五官细节、说明文案和设计元素进行反复修改。经过无数次的探索，他们的修改重点终于逐渐明朗——被冰壳包裹的熊猫。

评委会主席蒋效愚解释说，选择动物作为吉祥物是冬奥会一个通行的做法，但选择在各种大型活动都担当过吉祥物的熊猫，相当于给自己出了一道难题。"选择熊猫确实有出人意料的感觉，但细想又在情理当中。"

"你设计的熊猫要与以往不同，而且还要与冬奥会相匹配。"蒋效愚说，"虽然是个难题，但只要我们有创新，就会有独特魅力。因为熊猫是我们的国宝，是世界上独一无二、中国本土的珍稀动物。国际上看到熊猫，就知道它代表中国，不用任何语言解释都会被认同。"

从设计内行角度来讲，做熊猫则是把双刃剑，因为用熊猫得太多了，如何做出一个易于传播、可爱的、非传统的熊猫？

为此，广美设计团队专门成立一个资料组，把能收集到的熊猫全部收集，每天都去比对分析，无论是在冬奥组委办公室，还是广美工作间，都贴满了各式各样的熊猫。

"那是一个非常困难的时期，老觉得这吉祥物少点什么东西，虽然有冰晶外壳，跟冰有直接关系，但怎么就和冬奥会密切联系在一起，怎么就说它是冬奥会吉祥物，不是别的活动的吉祥物呢？"北京冬奥组委文化活动部高级专家林存真指出了当时遭遇的困境。

4月30日，广美设计团队又一次进驻冬奥组委。"那天大家一起探讨，突然有个想法说能不能把'冰丝带'融进去？"林存真说，这一下"点醒"了大家，当象征着冰雪运动赛道的彩色光环出现在熊猫脸庞时，这个身穿冰壳的吉祥物看上去酷似航天员，一下有了未来感、科技感，又是"冰丝带"，又有冰晶外壳，而且是中国国宝，全球人都爱的动物，这样马上定位就很清晰了。

围绕冰晶外壳和流动线条带来的速度感，设计团队又把代表互联网时代的5G概念加入其中，把熊猫头部装饰的彩色光环打造成可以赋能的能量环,让"宇航熊猫"的形象更加饱满丰富。

"(加入'冰丝带'之后)效果特别炫,跟之前完全不同,所以那是一个大突破,'宇航熊猫'抛开了之前所有(熊猫)的内容和特色。那个时候,我们感觉要天亮了!"刘平云激动地说。

突破瓶颈之后,团队朝着比较精确的方向进行小细节修改。在熊猫的掌心,为了表达爱心、和平的理念,他们画了一个心形图案。此外,还借鉴了入围十强的中小学生作品中关于雪板图形的灵感,在熊猫的背后,连接两个胳膊的黑色图案,形成了一个雪板的图形。

5月,北京冬奥组委召开主席办公会议,听取吉祥物修改方案、社会评议情况以及国际奥委会、国际残奥委会意见情况汇报。会议研究确定了4组候选方案。

随着冰壳熊猫的方案逐渐完善,起名字也被提上议事日程。"当时外国人、小孩子都帮我们起名字,还有文学作者、艺术家等等,我们收到了几百个名字,在这几百个名字中来挑选适合冬奥会、冬残奥会吉祥物的名字,其实是很难的工作。"林存真说,要让中国人和外国人读起来都顺口、能理解,理念还要好,更重要的是过得了商标查重。

冰壳熊猫的最初创意来自冰糖葫芦,"其实冰糖葫芦原来也叫糖墩儿,'墩儿'是一个特别有意思的词。有一种北方冬天的特点,也特别亲切,像邻家小孩一样特别健康、活泼、可爱。"林存真说,"一有这想法以后,马上去网上查,结果没有重复的。后来又发现,南方人和外国人很难读出'墩儿',后来我们就改成了冰墩墩,也过了查重。"

(https://baijiahao.baidu.com/s?id=16449249442203418627&wfr=spider&for=pc)

吉祥物一词,源于法国普罗旺斯语 Mascotto,直到19世纪末才被正式以 Mascotte 的拼写收入法文词典,英文 Mascot 由此衍变而来,意能带来吉祥、好运的人、动物或东西。运动会吉祥物是一届运动会的独特标志和最有代表意义的纪念品和礼物。运动会吉祥物多数是东道主熟悉的或者外国人了解的东道主特有的动物形象,以卡通形式来传达一届运动会的举办理念、主办城市的历史文化和人文精神。吉祥物是传播奥林匹克精神的重要载体,其作用是所有运动会标识中的其他形象所无法比拟的。

在体育运动史上,吉祥物第一次出现在1968年法国格勒诺布尔冬季奥运会。此后吉祥物就成为构成一届运动会形象特征的主要成分。

1968 年法国格勒诺布尔冬季奥运会吉祥物

Schuss（舒斯）的生日，是 1968 年的冬奥会。Schuss 是一个充满动感的滑雪小人，虽然其身份是非官方的，但因开创了奥运会吉祥物的先河，它出生之时还是备受欢迎。不过，舒斯变换的形象并不多，它只出现在了胸针和小玩具中，而没有像后来的吉祥物们一样，被制作成毛绒玩具。

1972 年德国慕尼黑夏季奥运会吉祥物

可爱的 Waldi（瓦尔迪）是一只短腿长身的德国纯种猎犬，代表着运动员坚韧、坚持和敏捷的特性。出现在 1972 年德国慕尼黑夏季奥运会上。这个大耳朵、身长腿短的小精灵，头和尾巴是浅蓝色的，身体用蓝、绿、红、橙、紫的五色带围成，象征奥林匹克运动。Waldi 是历史上第一个官方的奥运会纪念物，其设计与应用对奥运会的发展起到了非常重要的作用。后来，Waldi 被生产成为各种形式和尺寸的纪念品：长毛绒、塑料玩具、纽扣等等，作为一种文化形式而流传至今。

1976 年加拿大蒙特利尔夏季奥运会吉祥物

Amik（亚米克），是加拿大阿尔根金族印第安人对海狸的称呼。海狸获选为吉祥物，原因是它代表友谊、耐心宽容以及勤奋工作，从而帮助建立加拿大与其民族文化紧密相连。红色的腰带代表奥运会奖牌上的缎带，意指争取奖牌需要勤奋训练，也指在奥运会中赢得友谊。

1980 年莫斯科夏季奥运会吉祥物

这届奥运会的吉祥物是一只名叫 Misha（米沙）的俄罗斯熊，由著名的儿童书籍插图画家维克多切兹可夫花了 6 个多月时间，从 100 多幅各种各样的漫画熊中挑选出来、再设计而成的。Misha 小熊是俄罗斯的代表性动物，其可爱的造型体现了合作、热情、开放的文化特点。Misha 被赋予传播奥林匹克精神到世界各地的使命，甚至还跟两个太空人上了太空，展现的是俄罗斯民族对高科技的不断追求。Misha 小熊在莫斯科奥运会期间被用在诸如毛绒玩具、瓷器、塑料制品、玻璃器皿等上百种纪念品上，而且还被印制成了邮票。

1984 年美国洛杉矶夏季奥运会吉祥物

名为 Sam（山姆）的老鹰以美国星条旗为背景，穿着代表美国传奇人物（山姆大叔）的服装，具有十足的美国风味。鹰是美国的象征，孕育着美国人好强、超越自我、不断拼搏的文化特点。Sam 鹰由迪士尼所设计，吉祥物被商业化利用从此次开始。

1984 年萨拉热窝冬季奥运会吉祥物

Vucko（武科）是一只勇敢无畏的狼，它到世界各地宣传奥运，传递过程中还登上高山，甚至骑着骆驼越过沙漠。Vucko 改变了人们对狼的看法，表达出人与动物互为朋友的意思。

1988 年韩国汉城夏季奥运会吉祥物

韩国人选择较具东方色彩的小老虎作为汉城奥运会的吉祥物，取名为 Hodori（虎多力）。这个名叫"Hodori"的老虎被设计成为一只友善的动物，代表了韩国人热情好客的传统。Ho 来自韩语的虎，而 Dori 是韩国人称呼小男孩常用的一种爱称。奥林匹克五环标志被装饰在小老虎的脖子上，头戴一种来自韩国农村传统舞蹈的帽子，帽子上的 S 代表了汉城。它的设计很好地融入了韩国的本土文化和地域风情。

1988 年加拿大卡尔加里冬季奥运会吉祥物

吉祥物由两只拟人化的北极熊组成，分别命名为 Hidy 及 Howdy，名字传达出加拿大人的热情与欢迎（Hi，Hello）。两只北极熊穿上牛仔装成队出现，这也是奥运会吉祥物首次以一男一女成队出现。

1992 年西班牙巴塞罗那夏季奥运会吉祥物

吉祥物是一只又像山羊又像狗的动物，取名为 Cobi。组委会为了宣传奥运会，在西班牙的电视里特地为它制作连续剧。这个由西班牙当地漫画家扎维尔·玛瑞斯克设计的小狗 Cobi 一开始并未被西班牙人普遍接受，但随着奥运会的结束，Cobi 慢慢地流行了起来，并且逐渐受到了西班牙人和世界的喜爱。

1992 年法国阿尔伯特城冬季奥运会吉祥物

吉祥物的设计及命名都以小孩为主角，这个以星形为设计重点的吉祥物，取名为冰上精灵"Magique"。

1994 年挪威利勒哈默尔冬季奥运会吉祥物

吉祥物 Hakon 和 Kristin 来自挪威童话故事的两个主角，并以故事中的两个孩子 Hakon 和 Kristin 命名，使得这届奥运会的吉祥物与历届奥运会不相同，充满故事性。

1996 年美国亚特兰大夏季奥运会吉祥物

吉祥物"Izzy"是第一个用电脑制作出的吉祥物。它是一个幻想出来的生物，被起名叫做"izzy"。这个名字来源于"Whatizit"。因为没有人能看出它到底像什么。在 1992 年巴塞罗那奥运会结束以后它改变了几次形象。最后它得到了一张嘴，并在眼睛上增加了闪亮的星星，同时原先细长的腿上增加了肌肉，脸上也长出了鼻子。

1998 年日本长野冬季奥运会吉祥物

日本人选择四只小猫头鹰作为吉祥物，这是首次以四只动物做吉祥物的奥运会。四只吉祥物取名为 Snowlets，每只都还有不同的名字，分别取名为 Sukki、Nokki、Lekki、Tsukki，代表火、风、地和水四个不同的森林生命组成要素，而四个名字的英文字头加起来正好拼成 Snowlet。

2000 年澳大利亚悉尼夏季奥运会吉祥物

奥运会吉祥物是 Ollie，Syd 和 Millie 的组合体。其中 Ollie 是一只笑翠鸟、Syd 是一头鸭嘴兽、而 Millie 是一只针鼹鼠。Ollie 代表了奥林匹克的博大精深（来自奥林匹克）；Syd 表现了澳大利亚和澳大利亚人民的精神与活力（来自悉尼）；Millie 是一个信息领袖，在它的指尖上有资料和数据（来自千禧年）。吉祥物是三个澳大利亚本土动物，分别代表着土地、空气和水，结合起来既体现了澳大利亚的民族文化特色，又与奥林匹克相吻合。

2002 年美国盐湖冬季奥运会吉祥物

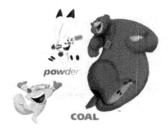

吉祥物雪靴兔 Power、北美草原小狼 Copper 和美洲黑熊 Coal 代表了奥林匹克运动会更快、更高、更强的格言。

2004 年希腊雅典夏季奥运会吉祥物

吉祥物 Athena（雅典娜）和 Phevos（费沃斯）是根据古希腊陶土雕塑玩偶"达伊达拉"为原型设计的两个被命名为雅典娜和费沃斯的娃娃。他们长着大脚丫，长长的脖子，小小的脑袋，一个穿着深黄色衣服，一个穿着深蓝色衣服，头和脚为金黄色，十分可爱。根据希腊神话故事记载，雅典娜和费沃斯是兄妹俩。雅典娜是智慧女神，希腊首都雅典的名字由此而来。费沃斯则是光明与音乐之神。雅典娜和费沃斯代表了希腊民族，代表了体现合作、公平竞争、友谊和平等奥运精神，同时体现了雅典奥运会的四个核心价值：遗产、参与、庆典和人类本身。

2008 年中国北京夏季奥运会吉祥物

吉祥物"福娃"是五个可爱的亲密小伙伴,他们的造型融入了鱼、大熊猫、藏羚羊、燕子以及奥林匹克圣火的形象,蕴含着与海洋、森林、火、大地和天空的联系,其形象设计应用了中国传统艺术的表现方式,展现了中国的灿烂文化。每个娃娃都有一个朗朗上口的名字:"贝贝"、"晶晶"、"欢欢"、"迎迎"和"妮妮",在中国,叠音名字是对孩子表达喜爱的一种传统方式,当把五个娃娃的名字连在一起,就会读出北京对世界的盛情邀请"北京欢迎您"。"福娃"向世界各地的人们传递的是友谊、和平、积极进取的精神和人与自然和谐相处的美好愿望。

2012 年英国伦敦奥运会吉祥物

文洛克和曼德维尔是两个具有金属现代感的独眼卡通吉祥物。它们的大眼睛其实是一个摄像头(代表用来捕捉大千世界的照相机镜头),头上的黄灯代表了具有标志性意义的伦敦出租车,而手上则戴着代表友谊的奥林匹克手链。

这两个独眼吉祥物据称是为儿童设计的,一些儿童和家长也参与了设计过程。儿童作家迈克尔·莫尔普戈给它们的来历写了一个小故事:工人们在工厂为奥运会场馆炼钢,在钢水出炉的刹那,两小滩钢水落在地面,后来,一个退休工人将两个冷却凝固的钢块捡回家,并且雕琢成了两个长着一只大眼睛的精灵,伦敦奥运会吉祥物就此诞生。

吉祥物文洛克名字来源于马齐·文洛克的施罗普希尔村。在那里,曾经举办过文洛克奥林匹克运动会。而这项古老的赛事正是现代奥运之父顾拜旦创造现代奥林匹克运动会的灵感来源地之一。为了纪念文洛克奥林匹克运动会,伦敦奥运会决定将吉祥物命名为"文洛克"。

伦敦残奥会吉祥物的名字曼德维尔则是受到了白金汉郡斯托克曼德维尔的启发。在 20 世纪的 40 年代,格特曼医生在斯托克曼德维尔医院建立了脊髓科,帮助所有受到脊髓疾病伤害的退役军人。在当时,并没有很好的医疗手段,所以格特曼医生鼓励他们通过参加体育运动达到康复的目的。随后,这样的体育运动演变为斯托克曼德维尔运动会,而这项赛事也被认为是现代残奥会的先行者。

2016 年里约热内卢奥运会吉祥物

2016 里约热内卢奥运会吉祥物 vinicius 和 tom("维尼休斯"和"汤姆")结合了巴西流行文化,电脑及动画元素,吉祥物的形象介于虚拟与现实之间。主色调为黄色的奥运会吉祥物的设计灵感来自巴西的动物,既有猫的灵性,猴子的敏捷也有鸟儿的优雅。而主色调为蓝色的里约残奥吉祥物的设计灵感则来自巴西热带雨林的植物,它头顶上长满了代表巴西的绿色和黄色树叶,光合作用可以让树叶不断生长,克服各种阻碍,最终将养分撒向人间。"里约奥运会及残奥会吉祥物的设计的目的就是为了将快乐传递给公众,特别是孩子们"。

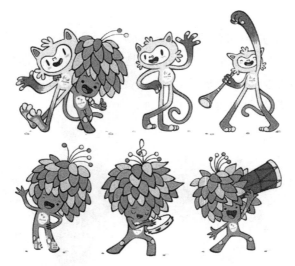

2020 年东京奥运会吉祥物

Miraitowa,源自日语单词"mirai"和"towa","mirai"意为"未来";"towa"意为"永恒",代表着东京 2020 年奥运会将给全世界每个人带来永恒希望的未来的愿望。Miraitowa 有猫一样的耳朵,大动漫风格的眼睛,和一个运动框架。其白色主体覆盖在类似于东京 2020 年会徽的蓝蓝一松图案中。脸上的图案回溯到古代武士戴的头盔。它正义感爆棚、运动神经超强,还有瞬间移动的超能力。

Someity 是 2020 年东京残奥会的吉祥物，一种流行的樱花品种。Someity 具有巨大的精神和动力。它代表残奥运动员克服障碍并重新定义挑战界限。Someity 是一个很酷的角色，可以使用其脸部两侧的樱花天线进行心灵感应发送和接收信息。它也可以使用它的 ichimatsu 图案斗篷飞行。体现了残奥会运动员的超人力量，代表着那些排除万难，重新定义可能性的残奥会运动员。

2022 年北京冬奥会和冬残奥会吉祥物

冰墩墩雪容融"冰"象征纯洁、坚强，是冬奥会的特点。"墩墩"意喻敦厚、敦实、可爱，契合熊猫的整体形象，象征着冬奥会运动员强壮有力的身体、坚韧不拔的意志和鼓舞人心的奥林匹克精神。

冰墩墩熊猫形象与冰晶外壳的结合将文化要素和冰雪运动融合并赋予了新的文化属性和特征，体现了冬季冰雪运动的特点。熊猫是世界公认的中国国宝，形象友好可爱、憨态可掬。这样设计既能代表举办冬奥的中国，又能代表中国味道的冬奥……头部彩色光环灵感源自于北京国家速滑馆——"冰丝带"，线条流动象征着冰雪运动的赛道和 5G 高科技。头部外壳造型取自冰雪运动头盔。熊猫整体造型像航天员，是一位来自未来的冰雪运动专家，寓意现代科技和冰雪运动的结合。冰墩墩抛弃了传统元素，充满未来感、时代感、速度感。

雪容融的雪，象征洁白、美丽，是冰雪运动的特点；容，意喻包容、宽容、交流互鉴；融，意喻融合、温暖，相知相融。容融，表达了世界文明交流互鉴、和谐发展的理念，体现了通过残奥运动创造一个更加包容的世界和构建人类命运共同体的美好愿景。

雪容融设计理念源自春节时期家家张灯结彩的大红灯笼这一体现中国传统文化的器具元素，代表收获、喜庆、温暖和光明，而引入"冰雪"元素，在体现拟人化的设计、凸显吉祥物可爱的同时，更是欢乐喜庆节日气氛和"瑞雪兆丰年"美好寓意的深度结合，表达了共同参与、共同努力、共同享有的办奥理念。

顶部的如意造型象征吉祥幸福；和平鸽和天坛构成的连续图案，寓意着和平友谊，突出了举办地的特色；装饰图案以剪纸艺术为载体，彰显中国传统文化根脉；基于灯笼的属性从吉祥物身体发出光芒的特点，寓意着点亮梦想、温暖世界，代表着友爱、勇气和坚强，体现了冬残奥运动员的拼搏精神和激励世界的冬残奥会理念。

第四节　项目图案与宣传画

项目图案一般出现在国际奥林匹克运动会的标识中。现代奥运会创立以来，每届奥运会均推出个性鲜明的项目图案。奥运会的项目图案为运动项目的象形图案，图案采用平面化和线条化设计，着色简单明朗。这种直观的简明标识，不仅扫除了人们之间的语言障碍，方便了国际体育盛会的组织工作，而且成为一种特殊的体育文化标识。

奥运会项目图案是奥运会基础形象元素之一，广泛应用于奥运会道路指示系统、场馆内外的标识和装饰、赛时运动员和观众参赛和观赛指南等。同时还应用于奥运会电视转播、广告宣传、市场开发等，丰富人们的奥运会体验。奥运会项目图案是构成一届奥运会景观的重要基础形象元素，它不仅具有很强的功能性，也是传达奥运会举办理念和主办国文化的重要载体。如北京2008 年奥运会项目图案以篆字笔画为基本形式，融合了中国古代甲骨文、金文等文字的象形意趣和现代图形的简化特征，符合体育图标易识别、易记忆、易使用的要求。强烈的黑白对比效果的巧妙运用，使北京奥运会体育图标显示出了鲜明的运动特征、优雅的运动美感和丰富的文化内涵，达到了"形"与"意"的和谐与统一。

2008 年北京奥运项目图案

运动会宣传画是以宣传运动会和运动会思想为目的而印制的招贴画。运动会宣传画一般都印有运动会会徽和有关标识，还常常配有介绍运动会主办国或城市的自然风光、经济发展和传统文化的文字或图案，也有以运动员占据画面的中心宣传模式。宣传画一般带有比赛海报的性质，来传播个别运动项目的比赛消息（如时间、地点等）。运动会宣传画广泛张贴于主办城市的街巷、商店和其他城市，能大大增加运动会的气氛和吸引人们对运动会的关注。

历史上第一份运动会宣传画是雅典为迎接第 1 届奥运会而印制的。1900 年在第 2 届奥运会期间，巴黎还发行了印有运

2008 北京奥运宣传画

动员照片和说明词的海报性宣传画。最初几届奥运会的宣传画不仅种类少，印数也不大，一般不过 2000～3000 份。后来，历届奥运会不仅宣传画发行量大增，而且还出现了奥运会画片、画册和明信片等。

第五节　本章知识点小结及项目综合实训

知识点小结

1.体育运动标识是体育运动会的视觉形象,包括运动会会旗、会徽、吉祥物、宣传画等。体育标识的共同特征是:富有象征意义,具有极强的时代性和鲜明的民族特色以及新颖的艺术独创性。它是运动会独特的礼仪语言,也是运动会留给人们的宝贵财富。

2.会旗的放置点代表着运动会的举办地,运动会会旗交接仪式在上一届运动会闭幕式上举行,会旗的交接仪式标志着一届运动会周期的开始。

3.运动会吉祥物多数是东道主熟悉的或者外国人了解的东道主特有的动物形象,多以卡通形式来传达一届运动会的举办理念、主办城市的历史文化和人文精神。

4.奥运会项目图案:一种直观的简明标志,无需语言解释,即可一目了然。项目图案讲究平面化、线条化,着色也是大块的单色,明朗、大方。项目图案用于此项目比赛的方方面面。

项目综合实训

体育运动标识的认识

(一)实训目的

通过练习,使学生能看懂体育运动会有关体育标识,并尝试设计有关体育标识。

(二)实训内容

以北京奥运会、北京冬奥会相关体育标识为例,了解运动会体育标识所蕴含的意义,并尝试设计有关体育标识。

(三)实训要求

1.了解 2008 年北京奥运会、2022 年北京冬奥会吉祥物蕴含的意义;

2.简单设计运动会体育标识或项目图案。

(四)实训步骤

1.对班级学生根据体育运动标识的类别(会旗、会徽、吉祥物、项目图案)进行分组,教师布置实训任务;

2.各小组根据本组特点,对体育运动标识的涵义进行归纳,并讨论设计相应的体育标识;

3.各小组选择课余时间进行讨论、设计,制作 PPT 或者小视频;

4.课堂讨论、交流及点评。

5.教师总结归纳。

(五)组织形式

以小组为单位进行讨论、设计、制作,结果以小组为单位在课堂上交流。

(六)考核要点

	考核点	考核要求	分值	备注
1	信息的采集与分析,PPT 或小视频制作	考查学生对信息的获取能力,PPT 或者小视频的制作能力。	40 分	小组评议、教师评分
2	团队合作能力	分析、讨论、分工协作能力。	30 分	小组自评
3	知识点的把握	对课堂知识的理解程度,语音表达能力,表达仪态优美度。	30 分	小组互评、教师评分

参考文献

1. 十三经注疏. 北京:中华书局,1980
2. 王文锦. 礼记译解. 北京:中华书局,2001
3. 奥林匹克运动. 北京:人民体育出版社,2005
4. 五环下的荣耀. 杭州:浙江人民出版社,2006
5. 体育竞赛规则大全. 北京:人民体育出版社,1987
6. 张思温,沈纯德. 中国田径裁判五十年. 北京:北京体育大学出版社,2001
7. 田径竞赛规则. 北京:人民体育出版社,2002
8. 足球竞赛规则. 北京:人民体育出版社,2003
9. 王倩. 田径竞赛裁判手册. 北京:人民体育出版社,1999
10. 羽毛球竞赛规则. 北京:北京体育大学出版社,2004
11. 金正昆. 国际礼仪. 北京:北京大学出版社,2005
12. 胡锐. 现代礼仪教程. 杭州:浙江大学出版社,1995
13. 何春晖,彭波. 现代社交礼仪. 杭州:浙江大学出版社,1995
14. 麻美英. 现代实用礼仪. 杭州:浙江大学出版社,2002
15. 杨学斌. 中华人民共和国体育政策法规与标准规范汇编. 北京:中科多媒体电子出版社,2003
16. 顾拜旦. 奥林匹克理想——顾拜旦文选. 北京:奥林匹克出版社,1993
17. 中国体育信息网
18. 谢亚龙. 奥林匹克研究. 北京:北京体育大学出版社,1994
19. 梁丽娟. 何振梁与奥林匹克. 北京:奥林匹克出版社,2000
20. 田径运动教程. 北京:人民体育出版社,2005
21. 李丽. 会展服务礼仪规范. 长沙:湖南科学技术出版社,2005
22. 于可红,金福春. 体育文化概论. 北京:高等教育出版社,2004

23. 张振亭．光荣与梦想．北京:中国文联出版公司,1997

24. 李诚志．教练员训练指南．北京:人民体育出版社,1992

25. 魏大鸿．运动员之路．武汉:华中师范大学出版社,1986

26. 中国奥委会官方网站

27. 第 29 届奥林匹克运动会网站

28. 中国礼仪培训网

29. 国际体操联合会男子竞技体操评分规则,2006

30. 体育史料(第 1 辑—第 3 辑)．北京:人民体育出版社,1980—1982

31. 中国体育史学会．中国体育史参考资料．北京:人民体育出版社,1988

32. 国家体委．国际体育参考资料. 1975

33. 国家体委．中国体育年鉴．北京:人民体育出版社,1993

34. 国际奥林匹克委员会．奥林匹克宪章．北京:奥林匹克出版社,1991

35. 任海．奥林匹克运动．北京:人民体育出版社,1992

36. 北京 2008 年奥林匹克运动会申办委员会．北京 2008 申奥报告．北京:奥林匹克出版社,2006

37. 任海．奥林匹克运动百科全书．北京:中国大百科全书出版社,2000

38. 谢亚龙．奥林匹克研究．北京:北京体育大学出版社,1994

39. 孙葆丽．奥林匹克运动与中国．北京:大众文艺出版社,2000

40. 崔乐泉．奥林匹克运动简明百科．北京:中华书局,2003

41. 汤铭新．奥运百周年发展史．台北:中华台北奥林匹克委员会,1996

42. 范益思,丁忠元．古代奥林匹克运动会．济南:山东教育出版社,1982

43. 马修·波班,等．奥林匹克大机遇．北京:新华出版社,2002

44. 朱金官．奥林匹克运动会趣味百科．上海:中国大百科全书出版社上海分社,1992

45. 徐永昌．中国古代体育．北京:北京师范大学出版社,1983

46. 李季芳,等．中国古代体育史简编．北京:人民体育出版社,1984

47. 旷文楠,胡山明．中国体育史话．成都:巴蜀书社,1989

48. 吴文忠．中国体育发展史．台北:三民书局,1987

49. 官杉．人类远古的活迹．北京:首都师范大学出版社,1996

50. 马克圭．世界文明史．北京:北京大学出版社,2004

51. 陈国庆．中华儒家精神．兰州:西北大学出版社,1999

52. 李斌．国际礼仪与交际礼节．北京:世界知识出版社,1982

53. ［美］伊丽莎白·波斯特. 西方礼仪集萃. 北京:北京三联书店,1991

54. ［美］罗杰·E.阿克斯特尔. 礼仪与禁忌. 上海:上海译文出版社,1998

55. ［英］埃西尔·伯奇·唐纳德. 现代西方礼仪. 上海:上海翻译出版公司,1986

56. 孔子. 论语. 沈阳:辽宁民族出版社,1996

57. 彭林. 中华传统礼仪. 北京:燕山出版社,

58. 赵红红.现代体育礼仪.杭州:浙江大学出版社,2007